Dignité de la différence
Comment éviter le choc des civilisations

I0798836

MAGGID

RABBI SACKS LEGACY

Jonathan Sacks

Dignité de la Différence

Comment éviter le choc des civilisations

Traduit par Véronique Perl
Relu par Laure Halber

The Rabbi Sacks Legacy
Maggid Books

Dignité de la différence
Comment éviter le choc des civilisations

Première édition française, 2025

Maggid Books
Édité par *Koren Publishers Jerusalem Ltd.*

BP 8531, New Milford, CT 06776-8531, USA
& BP 4044, Jerusalem 9104001, Israel
www.korenpub.com

ISBN 978-1-59264-701-9, *couverture souple*

Imprimé et relié en France

RABBI SACKS LEGACY

La Rabbi Sacks Legacy a pour vocation de perpétuer
la sagesse intemporelle et universelle propre à Lord Jonathan Sacks,
enseignant de la Torah, maître parmi les maîtres et éminente figure morale.

Consultez les archives numériques contenant une grande partie des écrits,
émissions, cours et conférences du Rav Sacks,
ou apportez votre contribution au travail de la Rabbi Sacks Legacy
sur le site www.rabbisacks.org

Restez informés sur la Rabbi Sacks Legacy
sur les plateformes sociales @RabbiSacks

Table des matières

La dignité de la différence

Jonathan Sacks, philosophe et théologien, fut Grand Rabbin des Congrégations hébraïques unies du Commonwealth à partir de septembre 1991. Il se fit connaître hors de la communauté juive par ses écrits et sa participation à nombre d'émissions dans les médias. En 1990, il donna une série de conférences radiophoniques dans le cadre des *Reith Lectures* de la BBC. Il fut professeur invité de l'université hébraïque de Jérusalem et docteur *honoris causa* des collèges Gonville et Caius à Cambridge. En 1995, il reçut le prix Jérusalem, et en 2001, l'archevêque de Canterbury, Dr George Carey, lui conféra un doctorat en Théologie, en reconnaissance des dix années pendant lesquelles il officia en qualité de Grand Rabbin.

Il est l'auteur de nombreux livres, dont *The Politics of Hope* [La politique de l'espoir] (1997) et *Radical then, Radical now* [Radical hier, radical aujourd'hui] (2001).

Préface à la seconde édition

La dignité de la différence est le plaidoyer en faveur de la tolérance le plus convaincant qu'il me soit possible de concevoir, en cette époque d'extrémisme exacerbé. Je vois dans le crescendo des tensions ethniques et des heurts civilisationnels, dans la multiplication d'actes terroristes sous couvert de religion, un danger imminent qui, aujourd'hui, menace l'humanité. Trop longtemps, le sang versé au nom de Dieu a souillé les pages de l'histoire. Conjugué aux armes de destruction massive, l'extrémisme religieux met en péril la sécurité même de la vie sur terre. Dans notre monde interconnecté, il nous faut comprendre que la différence, loin d'être une menace, est source d'enrichissement. C'est la thèse que je défends dans cet ouvrage.

Si sa première édition a suscité un grand intérêt, elle a également donné lieu à une controverse au sein de la communauté juive : en effet, quelques-uns de ses membres ont affirmé que certains passages étaient susceptibles d'être compris de façon incompatible avec la foi juive. Je croyais m'être prévenu contre cette éventualité en précisant clairement, dans la préface, que j'écrivais en ma qualité de juif orthodoxe, ce qui revient à dire que toute interprétation allant à l'encontre des fondamentaux du judaïsme ne pouvait qu'être le résultat d'une mésinterprétation. Cette mise en garde s'est pourtant avérée insuffisante. Certains passages, notamment dans le chapitre 3, ont effectivement été mal compris. J'ai donc décidé de les reformuler en termes moins équivoques. Étant donné que le propos central de ce livre est simple et, au regard du judaïsme, ne laisse nulle place à la polémique, j'ai réécrit ces passages en prenant soin d'éviter toute question sans rapport avec la thèse principale. Pour ceux qui souhaiteraient étudier le fondement théologique du chapitre 3, j'ai préparé un résumé des sources bibliques et rabbiniques, disponible sur notre site web (www.chiefrabbi.org).

La question abordée dans ce chapitre – cruciale à une époque menacée par le choc des civilisations – est de savoir si les religions peuvent devenir une force de paix, plutôt qu'une source de conflits. Tout dépend de l'espace que les différentes religions et cultures laissent à « l'autre », à celui qui n'est pas comme nous, dont la race, la couleur ou la religion sont différentes des nôtres. Considérons-nous l'autre comme une menace pour nos croyances et notre mode de vie, ou comme un enrichissement du patrimoine commun de l'humanité ? Je m'efforce de montrer comment une religion – le judaïsme – répond à cette question : comment, par son concept de double alliance (avec les hommes après le déluge, puis avec un peuple au mont Sinaï), elle tente de trouver un équilibre entre l'attention portée à l'universel (les devoirs et les droits que nous tous, êtres humains, partageons) et le respect du particulier (les codes, coutumes, narratifs et traditions qui font que nous sommes ceci plutôt que cela, en nous donnant notre identité singulière, non universelle).

L'importance du judaïsme dans le contexte mondial réside dans le fait qu'il est le premier monothéisme et donna naissance non seulement à sa propre religion, mais aussi à l'environnement d'où sont issus le christianisme et l'islam. Juifs, chrétiens et musulmans sont en désaccord sur de nombreux points, mais s'accordent sur d'autres, et non des moindres : avant tout, ils se revendiquent tous descendants spirituels et biologiques d'Abraham. En remontant aux racines du monothéisme biblique, je suggère donc qu'il serait possible de découvrir, à notre grande surprise, un fondement théologique au respect de la différence, reposant non pas sur le relativisme, mais sur le concept d'alliance.

À la fin de sa vie, Moïse, qui avait délivré son peuple de l'esclavage et l'avait conduit aux limites de la Terre promise, le rassembla et le plaça face à un choix crucial : « J'ai placé devant toi la vie et la mort, le bonheur et la calamité ; choisis la vie ! Et tu vivras alors, toi et ta postérité » (Deutéronome 30, 19). Aujourd'hui, les hommes sont confrontés au même choix. Ressasserons-nous indéfiniment les haines du passé ? Ou bien ferons-nous, cette fois, un choix différent dans l'intérêt des enfants du monde et de leur avenir ? Face à l'accroissement de notre capacité de destruction, nous devons accroître d'autant la richesse de notre imagination morale et spirituelle. Je prie pour que cette exhortation soit relayée par de nombreuses voix du monde religieux.

Chapitre 1

Prologue

> Lorsque l'Éternel, béni soit-Il, créa le premier homme, Il le prit, lui montra tous les arbres du jardin d'Éden, puis lui dit : « Contemple Mes œuvres, vois comme elles sont belles, comme elles sont excellentes. Tout ce que J'ai créé, Je l'ai créé pour toi. Garde-toi de détruire Mon monde, car si tu le fais, il ne restera personne pour réparer ce que tu as détruit. »
>
> *(Midrach, Kohelet Rabba)*

En janvier 2002, je me trouvais sur le site de « Ground Zero » où se dressait auparavant le World Trade Center, détruit le 11 septembre 2001. À mes côtés se tenaient des représentants des religions du monde entier, rassemblés à l'occasion du Forum économique mondial qui s'était déplacé de Davos en Suisse à New York, dans un geste de solidarité envers une ville qui avait subi tant de traumatismes et de pertes. L'archevêque de Canterbury récita une prière, un imam musulman en fit autant. Un gourou hindou venu d'Inde fit des méditations et répandit sur le site des pétales de roses et de l'eau sacrée du Gange. Le grand rabbin d'Israël lut un texte qu'il avait écrit pour la circonstance.

Un autre rabbin récita le *Kaddish*, la prière traditionnelle des morts. Ce fut un rare moment de solidarité face au terrible pouvoir de destruction des hommes. J'en vins à m'interroger sur le contraste entre la ferveur religieuse des pirates de l'air et l'aspiration à la paix, non moins fervente, des chefs religieux réunis en ce lieu. Juxtaposés, bien et mal, harmonie et conflit, paix mondiale et guerre sainte, m'apparut comme une métaphore pertinente du siècle qui venait de commencer. Nous avons acquis des pouvoirs funestes. Nous sommes en mesure de guérir ou blesser, réparer ou détruire, à une échelle que les générations précédentes n'auraient jamais imaginée. Les enjeux n'ont jamais été aussi graves et le choix est entre nos mains.

Cet ouvrage porte sur la mondialisation, les défis qu'elle soulève, le bien qu'elle apporte, les souffrances qu'elle cause, les résistances et les ressentiments qu'elle engendre. Nombre d'ouvrages ont déjà été écrits sur l'évolution du paysage mondial, trop peu cependant sur les questions morales et spirituelles qu'elle implique[1]. Pourtant, ce sont des questions auxquelles il nous faut répondre, si nous voulons valoriser la dignité humaine, accroître les chances de paix et éviter le « choc des civilisations » annoncé par Samuel Huntington. La porte est ouverte à l'adversité, lorsque le rythme des changements excède notre capacité à changer et que les événements se succèdent trop rapidement pour nous laisser le temps de les appréhender. Nous avons alors le sentiment de perdre le contrôle de notre vie. L'anxiété crée la peur, la peur mène à la colère, la colère alimente la violence et la violence – conjuguée aux armes de destruction massive – devient une réalité meurtrière. L'unique et le plus efficace antidote à la violence est le *dialogue*, grâce auquel nous pouvons exprimer nos peurs, écouter celles des autres et, dans le partage de nos vulnérabilités, entrevoir la genèse de l'espoir. Je tente d'apporter une voix juive à ce qui doit sans aucun doute devenir un dialogue mondial, car nous sommes tous concernés par l'avenir et nos avenirs sont désormais inextricablement liés.

Cet ouvrage, toutefois, n'est pas destiné aux seuls juifs, ni ne se limite aux thèmes religieux conventionnels. Trop souvent, dans le monde actuel, les groupes dialoguent avec eux-mêmes, au lieu de dialoguer les uns avec les autres : les juifs parlent aux juifs, les chrétiens aux chrétiens, les musulmans aux musulmans, de même que les entrepreneurs, économistes et protestataires mondiaux s'adressent eux aussi à leurs audiences respectives. Une conséquence de la prolifération des canaux de communication – courrier électronique, groupes de discussion, Internet, journaux en ligne, auxquels s'ajoutent les milliers de chaînes de télévision par câble et satellite – est que, dorénavant, nous ne diffusons plus pour un large public, mais pour un public plus ciblé. Les temps sont révolus où des adversaires, pour débattre de leurs idées, devaient partager une arène et discuter face à face. Aujourd'hui, nous avons la possibilité de cibler ceux qui sont en phase avec nous et filtrer les voix discordantes. Ceux qui souhaitent faire connaître leurs opinions cherchent à faire l'actualité, généralement par quelque forme de violence ou des manifestations, par un événement retransmis par une image sensationnelle, une phrase-choc, des scènes d'affrontements. En particulier les journaux télévisés, qui ne requièrent qu'une capacité d'attention limitée, ne sauraient se substituer à un débat argumenté ni à une confrontation sérieuse avec des opinions contraires. Le dialogue, moteur de la politique démocratique, se meurt, et avec lui, nos chances de paix nationale, d'autant plus de paix mondiale.

Si, par exemple, la rencontre de notre petit groupe de responsables religieux avait mal tourné, l'événement aurait peut-être fait du bruit. Mais nous rencontrer comme nous l'avons fait, dans l'entente, la sobriété et le recueillement, était à peine digne d'attention. L'une des idées majeures du philosophe politique américain, John Rawls, est la « raison publique[2] », selon laquelle les participants au débat politique adoptent un langage et une logique accessibles à tous, afin qu'il soit possible, comme le dit le prophète Isaïe, de « se réconcilier ». Au vingtième siècle, la possibilité de se réconcilier a reçu un coup fatal en raison de la dégradation du langage moral, de la disparition du « je dois », remplacé par « je veux », « je choisis », « je ressens ». Les devoirs peuvent faire l'objet d'un débat. Par contre, les désirs, les choix et les sentiments n'offrent que deux issues : la satisfaction ou la frustration. La télévision, média visuel par excellence, crée une culture de l'image au détriment de l'oral. En effet, l'image parle plus fort que les mots. Les images appellent l'émotion. Elles ne sont pas intelligibles en soi. Par conséquent, c'est la manifestation la plus visuelle, la voix la plus courroucée et le slogan le plus extrême qui s'imposeront. Si l'affrontement fait l'événement, alors que la conciliation ne le fait pas, nous aboutirons à une culture de l'affrontement. Cette situation compromet gravement ce dont nous aurons le plus besoin à l'avenir : notre faculté de comprendre et d'être compris par ceux dont les cultures, les croyances, les valeurs et les intérêts sont en conflit avec les nôtres ; ceux, par conséquent, à qui nous devons parler et que nous devons écouter. En présentant une perspective juive sur des questions nous concernant tous, je m'engage pour la raison publique. Quand une image visuelle parle plus fort que la petite voix pondérée de la raison et de la modération, des événements, tels que ceux du 11 septembre, sont appelés à se produire et se produiront encore.

* * *

Mon développement comportera deux volets. En premier lieu, l'incontournable dimension morale de l'économie et de la politique de la mondialisation. Leur objectif doit favoriser la dignité humaine, surtout pas la compromettre. Les marchés sont mis au service de ceux qui paient, mais qu'en est-il de ceux qui ne peuvent payer ? La politique recherche l'équilibre du pouvoir, mais qu'en est-il de ceux qui n'ont aucun pouvoir ? Les systèmes économiques créent des problèmes qui ne sauraient être résolus par l'économie seule. La politique soulève des questions auxquelles ne saurait répondre le seul calcul politique. Les grandes questions morales sont inévitables ; si nous les ignorons, l'histoire montre qu'elles se reposeront tôt ou tard sous forme de colère, de ressentiment et d'un sentiment aigu d'injustice qui rendront notre ordre fragile encore plus précaire.

En second lieu, les communautés religieuses mondiales se doivent aujourd'hui d'assumer une lourde responsabilité. Contre toute attente, en ce vingt et unième siècle de la mondialisation, elles émergent comme des forces essentielles. L'Amérique latine, l'Afrique subsaharienne, les Philippines, la Corée et la Chine connaissent une renaissance impressionnante du protestantisme évangélique. Une recrudescence de l'islam touche tous les pays musulmans, de l'Afrique du Nord à l'Asie du Sud-Est, ainsi que toutes les communautés musulmanes, où qu'elles se trouvent. L'Église catholique, qui compte quelque 800 millions de membres, a joué un rôle actif dans la chute du communisme en Europe centrale et orientale en 1989, si bien que les Chinois s'en sont alarmés. En 1992, ils ont ainsi publié un avertissement officiel : « Si la Chine ne veut pas voir ce phénomène se produire dans son pays, elle doit l'étouffer dans l'œuf[3]. » Dans les zones de conflits à travers le monde – Irlande du Nord, Balkans, Tchétchénie, Tadjikistan, Moyen-Orient, Soudan, Sri Lanka, Inde, Cachemire, Timor oriental – les affrontements religieux battent leur plein, nous rappelant la remarque mordante de Jonathan Swift : « Nous avons tout juste assez de religion pour nous haïr, mais pas assez pour nous aimer les uns les autres[4]. »

Si la religion peut être source de discorde, elle peut également être une voie vers la résolution des conflits. La première proposition nous est familière, mais la seconde n'a guère été mise à l'épreuve. C'est pourtant là et nulle part ailleurs que doit résider l'espoir, si nous voulons créer une solidarité humaine suffisamment forte pour surmonter les difficultés qui se profilent à l'horizon. Les grandes religions se doivent aujourd'hui de devenir une force de paix dynamique et œuvrer pour la justice et la compassion dont, en fin de compte, dépendra la paix. Il faudra un grand courage, et peut-être plus que du courage : la reconnaissance sincère que, aujourd'hui plus que jamais, chaque religion à sa manière doit trouver une façon de vivre avec ceux qui n'ont pas la même foi et dont il faut reconnaître l'intégrité. Pouvons-nous faire une place à la différence ? Pouvons-nous entendre la voix de Dieu dans une langue, une sensibilité, une culture qui ne sont pas les nôtres ? Pouvons-nous percevoir la présence de Dieu sur le visage d'un étranger ? La religion n'est plus marginale par rapport à la politique internationale. Après une longue éclipse, elle resurgit avec une force colossale, parfois destructrice. Voilà ce que j'ai compris lors d'une assemblée inhabituelle – ma première rencontre avec la mondialisation – à l'aube du nouveau millénaire.

Le 28 août 2000, plus de 2000 chefs religieux se sont réunis au siège des Nations Unies à New York. Un spectacle éblouissant ! Robes safran des moines tibétains, tenues grises des prêtres shintoïstes japonais, soufis coiffés de leurs toques caractéristiques, sikhs en turbans, robes noires des imams, costumes traditionnels bleus et rouges des Samis du nord de la Suède, coiffes en plumes d'aigle des amérindiens, prêtres africains en violet, col romain des anglicans. Se côtoyaient là toutes les formes et nuances imaginables de tenues vestimentaires. C'était comme marcher dans un lexique vivant du patrimoine religieux de l'humanité. Jamais auparavant le siège de l'ONU n'avait abrité un rassemblement de ce genre. Dans la vaste salle de conférence, habituellement réservée aux politiciens débattant des questions inscrites à l'ordre du jour, il y avait des hommes et des femmes qui consacraient leur vie, non pas au bruit du présent, mais à la musique de l'éternité, non pas aux sables mouvants de l'arène internationale, mais au paysage intérieur de l'esprit humain.

Pourtant, malgré les visages sereins des participants, le sentiment d'urgence était palpable. Les Nations Unies avaient annoncé que 2001 serait « l'Année internationale du dialogue entre les civilisations ». Le nouvel ordre mondial, issu de la guerre froide, évoluait rapidement vers un nouveau désordre mondial. La fin de la confrontation entre le communisme soviétique et l'Occident, loin d'avoir ramené la paix, avait donné lieu à un nombre croissant de conflits locaux entre des peuples qui auparavant coexistaient, sinon en paix, du moins sans effusion de sang. La cause de ces conflits était généralement politique ou économique, la religion n'en était que l'un des facteurs, mais elle était la ligne de fracture le long de laquelle les parties se scindaient. Voilà ce qui avait motivé ce rassemblement des dirigeants religieux, prélude à l'assemblée de 150 chefs d'État, une semaine plus tard, proclamée « Sommet mondial du millénaire pour la paix » – un titre ambitieux pour une entreprise ambitieuse.

L'objectif était de rallier les chefs de toutes les grandes communautés religieuses à la cause de la paix mondiale. Un grand nombre d'entre eux n'avait jamais participé à une assemblée de ce type. Habitués à prêcher et à enseigner au sein de leurs propres communautés, ils se retrouvèrent soudain plongés dans un vaste univers où se côtoyaient de multiples langues et religions. Compte tenu de leurs profondes différences, leur degré de convergence était surprenant. Il y eut des moments de confusion, tant étaient nombreuses les voix qui cherchaient à se faire entendre. Toutefois, un consensus significatif se dégagea quant à la nécessité du respect mutuel et des méthodes non violentes de résolution des conflits, à la responsabilité partagée face à l'avenir de la planète, à nos obligations envers les pauvres et à nos devoirs en matière de protection de l'environnement. Au terme de quatre jours de délibérations, qui se déroulèrent en général dans un climat généreux et bon enfant, ils signèrent une déclaration commune d'engagement en faveur de la paix dans ses multiples dimensions. L'émotion culmina lorsqu'un esquimau du Groenland, Angaangaq Lyberth, s'adressa posément à un public si éloigné de son monde habituel :

> Il y a une dizaine d'années, l'un de mes hommes rentra au village et rapporta un phénomène étrange : « Il y a un filet d'eau qui s'écoule du glacier. Je crois que la glace est en train de fondre. » Aujourd'hui, ce filet d'eau est devenu un ruissellement. Alors je vous le dis, pendant que nous sommes ici à partager des paroles de paix : la glace est en train de fondre… la glace est en train de fondre.

Ces paroles résumèrent le sentiment d'espoir partagé.

À peine un an plus tard, le 11 septembre 2001, non loin du siège des Nations Unies où ces mots avaient été prononcés, deux avions de ligne remplis de passagers s'écrasèrent sur le World Trade Center et bouleversèrent notre monde. La tragédie était lourde de symboles. Deux images du capitalisme mondial – l'avion et le gratte-ciel – s'étaient changées en instruments de destruction. Des employés de bureau, qui vaquaient à leurs occupations quotidiennes, se retrouvèrent soudain impliqués dans un conflit dont l'épicentre se trouvait à des milliers de kilomètres de là et dont ils ignoraient peut-être l'existence. L'attaque terroriste avait été préparée au moyen d'internet, d'e-mails cryptés et de téléphones satellites. Il est très probable qu'elle avait été planifiée en vue d'une couverture télévisuelle mondiale. Les terroristes employèrent des méthodes hypermodernes au service d'idées multiséculaires. Rien n'aurait pu démontrer de manière plus saisissante la vulnérabilité de notre monde hyperconnecté et ses tensions latentes. Soudain, la religion ressemblait moins à un glacier en train de fondre qu'à un embrasement incontrôlable. Loin d'avoir été trop longues, trop précoces, nos délibérations de l'année précédente parurent trop insuffisantes, trop tardives.

* * *

Au cours des semaines et des mois écoulés depuis, il est apparu encore plus clairement que le siècle à venir nous placerait face à de graves dangers que nous n'étions pas préparés à affronter. D'un côté, la mondialisation nous a plus que jamais rapprochés, entrelaçant nos vies au niveau national et international, de manière complexe et inextricable. De l'autre, un nouveau tribalisme – une régression vers des appartenances plus anciennes et plus conflictuelles – exacerbe une colère qui nous éloigne encore davantage les uns des autres. D'une manière ou d'une autre, la religion fait et fera partie de ces évolutions. Si elle peut nous mettre sur la voie de la paix, elle peut également être le combustible hautement inflammable qui mettra le feu aux poudres. Les politiciens ont du pouvoir, mais les religions possèdent un atout de poids : elles ont de l'influence. La politique déplace des pions sur l'échiquier, la foi transforme la vie. La paix peut se décider autour de la table de négociations, mais à moins qu'elle ne s'enracine dans le cœur et l'esprit des hommes, elle ne sera pas durable. Elle pourrait même ne jamais voir le jour.

La paix est un paradoxe. Nombre de traditions en font l'éloge, et blâment les conflits et la guerre. Pourtant, en temps de guerre, des gens ordinaires peuvent devenir des héros. Et en temps de paix, les héros hésitent souvent à prendre des risques. Ceux qui font preuve de courage dans le feu de l'action sont fêtés. Ceux qui prennent des risques pour la paix sont trop souvent assassinés – parmi eux Lincoln, Gandhi, Martin Luther King, Anwar El-Sadat et Yitzhak Rabin. La recherche de la paix peut en venir à ressembler à une forme de trahison. Elle exige des compromis. Elle signifie se contenter de moins que ce que l'on aimerait obtenir. Elle n'a rien de la pureté et de la netteté de la guerre dont les enjeux – autodéfense, honneur national, patriotisme, fierté – sont sans ambiguïté et hautement motivants. La guerre parle à notre sens de l'identité le plus fondamental : il y a un « *nous* » et il y a un « *eux* », sans aucune confusion possible. Mais quand des ennemis se serrent la main, comment désormais faire la distinction entre « *nous* » et « *eux* » ? La paix entraîne une crise identitaire des plus profondes. Les limites entre le moi et l'autre, l'ami et l'ennemi, doivent être retracées. Il n'est donc pas absurde d'affirmer, ainsi que l'a fait Sir Henry Maine, que « la guerre semble aussi vieille que l'humanité, mais la paix est une invention moderne[5] ».

Après la Seconde Guerre mondiale, la confrontation des deux superpuissances et l'épée de Damoclès de la destruction nucléaire firent obstacle à la guerre. Cependant, la paix ne fut jamais totale, et, au cours du seul vingtième siècle, la guerre fit plus de 100 millions de victimes. Pourtant, jusqu'ici, il y avait des règles de base, des conventions, des espaces diplomatiques, ainsi que des calculs du risque, des pertes et des coûts. La guerre était tragique, désastreuse et dévastatrice, mais n'était pas totalement irrationnelle.

Le 11 septembre changea la donne. Il augura une nouvelle possibilité, terrifiante, à savoir l'intervention d'acteurs non étatiques – individus et petits groupes difficiles à identifier, plus difficiles encore à localiser, poursuivre et traduire en justice – capables de s'organiser à l'échelle mondiale pour faire des ravages par des moyens imprévisibles. Ces groupes ne sont motivés ni par l'intérêt ni la raison d'État.

Ils ne sont pas mus par des considérations rationnelles, mais le plus souvent par une violente haine religieuse. Ils adoptent, et même justifient, l'idée du suicide comme moyen d'aller au paradis. Ils ne font aucune distinction entre combattants et non-combattants, innocents et coupables, jeunes ou vieux, engagés ou non-engagés. Dans un avenir proche, il se pourrait qu'ils aient accès à des armes de destruction massive. Ils ont compris que le talon d'Achille des sociétés mondiales réside justement dans leur interdépendance, leur ouverture et leur anonymat. Il ne s'agit pas de guerre au sens conventionnel du terme. Leurs méthodes sont nouvelles, mais leur motivation est des plus anciennes. C'est un conflit de foi, absolu et, par conséquent, imperméable aux accommodements et aux compromis de la paix.

Dans ces moments-là, les responsables religieux doivent prendre position. Non que nous ayons le pouvoir de prévenir l'extrémisme. Il est clair que nous ne l'avons pas. Dans un premier temps, la lutte contre le terrorisme ne sera pas religieuse. Il s'agira d'une opération complexe impliquant des collectes de renseignements, des actions militaires ciblées, la surveillance des mouvements de fonds, d'armes et des voies de communication, ainsi que des méthodes sophistiquées de prévention et de filtrage de sécurité. Néanmoins, comment les croyants resteraient-ils en retrait, au moment où l'on assassine au nom de Dieu ou d'une cause sacrée ? Lorsque la religion est invoquée pour justifier un conflit, les voix des croyants doivent s'élever en protestation. Nous devons refuser l'habit de la sainteté à ceux qui le revêtent pour couvrir des violences meurtrières. Si la religion compte parmi les causes de la guerre, une contre-volonté d'égale intensité doit se faire entendre en faveur de la paix. *Si la religion ne fait pas partie de la solution, elle fera certainement partie du problème.*

L'époque de la mondialisation pose une question, ardue mais inéluctable, aux fidèles d'une tradition religieuse. Parlons-nous à nos coreligionnaires dans le cadre limité de notre foi ? Ou bien notre conscience de la nature universelle du Divin nous conduit-elle à reconnaître l'intégrité de la quête de Dieu chez ceux qui n'appartiennent pas à notre religion ? Personne ne doit sous-estimer la complexité de la paix. Il est des moments où tout paraît si simple, comme ce fut le cas aux Nations Unies. Lors de cette assemblée, chacun des chefs religieux présents pouvait trouver, dans sa tradition, des messages de paix, paix du monde ou paix de l'âme, présentée comme un grand et noble idéal. Pourtant, même alors, un regard extérieur aurait suffi pour comprendre pourquoi la religion est tout autant cause de conflit que de conciliation. La paix dont nous parlons est trop souvent une « paix à nos conditions ». Le raisonnement est le suivant : « Notre religion parle de paix ; nos textes sacrés encensent la paix ; par conséquent, si le monde partageait notre religion et nos textes, il y aurait la paix. » Tragiquement, cette voie ne mène pas à la résolution des conflits. Dans ce monde qui attend encore l'ultime Délivrance, la paix signifie simplement vivre aux côtés de ceux qui pratiquent une religion différente et étudient d'autres textes. Il y a une différence fondamentale entre la paix de la fin des temps, où se réalisera l'unité religieuse, et la paix historique fondée sur le compromis et la coexistence. La tentative de hâter la première peut parfois constituer le pire obstacle à la seconde.

Tout au long de l'histoire et jusqu'à très récemment, la plupart des gens passaient la majeure partie de leur existence au milieu de personnes dont ils partageaient la foi, la tradition, le mode de vie, ainsi qu'un ensemble de rituels et de récits mêlant mémoire et espérance. Nous pouvions ainsi croire que notre vérité était la seule vérité, notre façon de faire la seule façon de faire. Les étrangers étaient peu nombreux, les dissidents moins encore. Aujourd'hui, la situation a changé. Nous vivons constamment en présence de la différence. Dans la rue, au travail et à la télévision, nous ne cessons de croiser des cultures dont les idées et les idéaux sont différents des nôtres, ce qui peut être ressenti comme une profonde menace pour l'identité. Il faut souligner l'une des grandes transformations, advenue entre la fin du vingtième et le début du vingt et unième siècle. : alors que le vingtième siècle était dominé par la politique *idéologique*, nous entrons à présent dans l'ère de la politique *identitaire*. C'est pourquoi, après une longue éclipse, la religion a resurgi pour devenir une présence de poids sur la scène mondiale : en fait, elle constitue l'une des grandes réponses à la question de l'identité. Cela n'est pas sans danger non plus. En effet, l'identité est facteur de division. La création d'un « *nous* » implique la création d'un « *eux* » – ceux qui sont différents de nous. Par le fait même de fonder une communauté à l'intérieur de leurs frontières, les religions peuvent susciter des conflits au-delà de ces frontières.

Notre situation, en ce début du vingt et unième siècle, est similaire à celle de l'Europe du début du dix-septième. À cette époque, le paysage était comme aujourd'hui jonché des décombres des conflits religieux, suite à la Réforme et à la fin de l'hégémonie d'une superpuissance unique en Europe. Il est juste de dire qu'à cette période, la religion ne se distinguait guère par sa conduite. Si bien que des hommes et des femmes honnêtes et réfléchis commencèrent à se dire : si la différence fait obstacle à la coexistence pacifique des croyants des diverses religions, nous devons, par souci de l'avenir, trouver une autre voie. La sécularisation de l'Europe, d'abord par les sciences, puis par les arts, puis finalement par la politique et la structure de la société, fut la conséquence directe de l'échec de la religion à relever le défi du changement. Pour moi qui crois profondément au pouvoir civilisateur de la religion et suis conscient de l'extrême urgence de la coexistence à une époque où les armes de destruction massive sont accessibles aux groupes extrémistes, nous ne pouvons absolument pas nous permettre un nouvel échec. À maintes reprises, au cours des années précédentes, il nous a été rappelé que la religion n'est pas ce que les philosophes des Lumières en Europe pensaient qu'elle deviendrait : muette, marginale et inoffensive. La religion est un feu. Comme le feu, elle réchauffe, mais brûle tout autant. Et nous sommes les gardiens de la flamme.

* * *

Deux dialogues sont maintenant nécessaires. L'un, entre les chefs religieux et les responsables politiques et économiques, concerne l'orientation à donner à la mondialisation. La technologie, le rythme et l'accroissement du commerce mondial, transforment notre monde sans doute plus rapidement que nous ne sommes en mesure de le supporter. Les uns en ont tiré profit, mais beaucoup d'autres n'ont eu en retour que désarroi, déstabilisation et pauvreté, et nous devons aussi entendre leur voix. Cette écoute, depuis les temps de la Bible hébraïque, constitue la tâche traditionnelle de la religion, ainsi que l'une de ses vertus les plus admirables. Karl Marx lui-même, l'un des plus virulents détracteurs de la religion, note que « la misère religieuse est à la fois l'expression de la misère réelle et la protestation contre cette misère réelle. La religion est le soupir de la créature opprimée, l'âme sensible d'un monde insensible, comme elle est l'esprit de situations sans esprit[6] ». Nous devons faire entendre le cri silencieux de ceux qui souffrent aujourd'hui du manque, de la faim, de la maladie, de leur impuissance et de l'absence de liberté.

Les démocraties libérales de l'Occident sont mal équipées pour faire face à ces problèmes. Non qu'elles soient sans cœur – ce n'est pas le cas, elles s'en préoccupent – mais parce qu'elles ont adopté des mécanismes qui marginalisent toute considération morale. La politique occidentale est devenue affaire de gestion et de dispositifs de gestion. Pas totalement toutefois : la Grande-Bretagne a encore un service national de santé (NHS), et la plupart des pays occidentaux disposent de quelque forme de protection sociale. Mais de plus en plus, les gouvernements se montrent peu disposés à adopter une vision du bien commun, parce qu'ainsi que l'affirment certains penseurs libertariens, nous ne pouvons guère donner de substance à l'idée de bien partagé. Nous sommes trop différents. Le mieux que l'on puisse faire est d'accorder aux individus la plus grande liberté possible de faire leurs propres choix, et le moyen le plus adapté pour y parvenir est le marché libre, où nous pouvons acheter le mode de vie qui nous convient le mieux au moment présent. Au-delà de la liberté d'agir à notre gré dans la mesure de nos moyens, la politique et l'économie contemporaines n'ont pas grand-chose à dire sur la condition humaine. Elles ne nous expliquent pas comment affronter les brutalités aléatoires du destin. Nous avons besoin de retrouver une tradition plus ancienne – plus exactement un ensemble de traditions religieuses – qui nous parle de solidarité, de justice, de compassion et de la dignité non négociable de la vie individuelle.

La mondialisation pose des problèmes énormes, voire protéiformes : trop complexes pour être conceptualisés par un seul individu ou groupe d'individus, et a fortiori trop complexes pour s'y confronter en pratique. Dans ces conditions, quelle pourrait être la contribution d'une approche religieuse ? Elle n'offre certainement pas de solutions concrètes. Les grandes religions mondiales sont apparues à la période dite « axiale » de la civilisation, bien avant l'avènement de la modernité. Pourtant, malgré les millénaires écoulés depuis, une voix religieuse, ou plutôt une diversité de voix religieuses, peut encore contribuer au dialogue collectif sur la question de savoir où nous allons et où nous devrions aller. Face à des choix cruciaux, les hommes ont besoin de sagesse ; et les traditions religieuses, aux côtés des grandes philosophies, sont notre source de sagesse la plus riche. Elles concentrent des réflexions approfondies sur la place de l'homme dans le monde, ainsi que sur la valeur des objectifs de la société et de la vie individuelle. Elles construisent des communautés, façonnent des vies et racontent les récits qui nous expliquent ce que nous sommes. Elles encadrent les rituels exprimant nos aspirations et nos identités. En territoire inconnu, chacun a besoin d'une boussole. Et les grandes religions ont toujours été la boussole de l'humanité. Dans les périodes d'incertitudes, elles nous rappellent que nous ne sommes pas seuls, ni privés des leçons du passé. La pérennité des grandes religions – qui survivent à tous les systèmes et idéologies politiques – laisse à penser qu'elles touchent à quelque chose de permanent dans le caractère de l'homme. Et avant tout, c'est la religion qui, la première, a enseigné aux êtres humains à dépasser la cité-État, la tribu et la nation, et à regarder l'humanité dans son ensemble[7]. Les religions sont des phénomènes mondiaux dont la portée est plus large et, à certains égards, plus profonde que celle de l'État-nation.

Le judaïsme est l'une de ces voix. Les prophètes de l'Israël antique furent les premiers à penser à l'échelle mondiale, à concevoir un Dieu qui transcende les frontières géographiques et nationales, et à considérer l'humanité comme une unique communauté morale, liée par une alliance de responsabilité mutuelle – l'alliance que Dieu contracta avec Noé après le déluge. Ils furent également les premiers à concevoir la société comme un lieu où « le bon droit jaillit comme l'eau, et la justice comme un torrent qui ne tarit point » (Amos 5, 24) et à envisager un avenir où la guerre serait abolie et où les peuples coexisteraient en paix. Ces visions et aspirations n'ont en rien perdu de leur force.

Non moins significativement, le judaïsme fut la première religion à se confronter à la réalité de la dispersion mondiale. Lors de la destruction du Premier Temple de Jérusalem au sixième siècle avant l'ère commune, les Juifs furent exilés à Babylone à l'Est, ou s'enfuirent vers l'Égypte à l'Ouest. Au moment de la destruction du Second Temple, en l'an 70 de l'ère commune, ils se dispersèrent dans une bonne partie de l'Europe et de l'Asie. Pendant près de 2000 ans, éparpillés dans le monde entier, ils se perçurent et furent perçus comme un seul peuple – le premier peuple mondial. Cette expérience obligea les Juifs à réfléchir à de multiples problèmes qui constituent aujourd'hui la préoccupation commune de tous les hommes : comment préserver son identité lorsque l'on appartient à une minorité, comment faire face à l'insécurité, et comment protéger la dignité humaine dans un monde qui, souvent, semble vous la dénier[8]. Par la suite, le judaïsme donna naissance à deux autres monothéismes, le christianisme et l'islam, qui représentent la religion de plus de la moitié des six milliards d'habitants de la planète. L'éthique de ces trois religions a de nombreux points communs, mais chacune la décline selon sa propre sensibilité.

Le respect, la retenue, l'humilité, le sens des limites, la capacité d'écouter et de répondre au désarroi des hommes, ne sont pas des vertus produites par le marché ; cependant, ces qualités, nourries par les profondes émotions du vécu religieux, sont indispensables à la survie de notre civilisation mondialisée. Trois faits me semblent particulièrement encourageants : tout d'abord, en 2000, un dialogue s'est établi entre les dirigeants religieux et la Banque mondiale ; par ailleurs, depuis 2001, il y a une présence religieuse au Forum économique mondial ; et enfin, récemment, l'un des programmes les plus efficaces d'allègement de la dette des pays en développement, à savoir Jubilé 2000, a réuni les responsables religieux et politiques, grâce à une initiative directement inspirée de la Bible. Les leaders religieux ne devraient jamais rechercher le pouvoir, mais ne doivent pas non plus renoncer à ce qui est au cœur de leur mission : être une « voix contrastée » dans le dialogue des peuples. La mondialisation a donné lieu à de grandes manifestations à Seattle, Washington, Prague, Londres, Davos, et partout où chefs d'entreprise et politiciens se sont rencontrés pour planifier l'avenir économique. Ces manifestations ont regroupé, dans une effervescence parfois chaotique, une coalition d'écologistes, anticapitalistes et activistes des droits de l'homme, rapprochés par le sentiment – que je partage – que quelque chose ne tourne pas rond en ce monde. Au chapitre 2, je résume les effets les plus significatifs de la mondialisation, les uns positifs, les autres profondément inquiétants. Dans les chapitres centraux de cet ouvrage, je tente de classer ces processus complexes en six catégories.

La première est la manière dont le phénomène de la mondialisation sape notre sens de la responsabilité morale. Par le passé, il était relativement aisé d'identifier « qui faisait quoi à qui ». Ce n'est plus le cas. Le marché mondial est mû par des milliards de transactions. Les médias électroniques offrent une multiplicité quasi illimitée de canaux de communication. Les États-nations peinent de plus en plus à maîtriser les évolutions économiques, politiques et environnementales, qui franchissent les frontières nationales. Les entreprises sont devenues des entités de plus en plus opaques, qui externalisent une grande partie de leurs opérations et qui, en un rien de temps, sont capables de déplacer fonds et fonctions. Qui, en ce cas, est l'auteur des événements ? Le monde est-il devenu incontrôlable ? Est-il encore possible d'employer un langage éthique, alors que le lien entre agents individuels, actions et conséquences, est devenu si ténu ? Au chapitre 4, je soutiens que nous le pouvons et le devons, si nous tenons à assumer notre responsabilité envers l'avenir.

La seconde catégorie concerne l'économie de marché elle-même. De nombreux antimondialistes s'opposent au marché libre par principe. Je soutiens au chapitre 5 que leur opposition est erronée, bien que leurs inquiétudes soient fondées. Le marché libre est le meilleur moyen que nous ayons découvert jusqu'à ce jour pour réduire la pauvreté et créer un environnement humain favorisant l'indépendance, la dignité et la créativité. Plus important encore, le marché incarne une idée, centrale dans l'argumentaire de cet ouvrage, à savoir que la *différence* est source de valeur et, en réalité, la source de la société elle-même. C'est précisément parce que les individus, les nations ou les civilisations sont différents que les échanges sont bénéfiques pour tous. C'est parce que chacun de nous possède ce dont un autre manque, et que chacun de nous manque de ce qu'un autre possède, que tout le monde sort gagnant de l'interaction. Voilà pourquoi le commerce est le contrepoids le plus efficace à la guerre.

Toutefois, le marché génère des revenus inégaux et plus il s'accélère, plus les inégalités deviennent criantes. Dans un même pays ou entre pays, elles sont aujourd'hui devenues inacceptables. La concentration de la richesse mondiale dans un nombre relativement restreint de mains, tandis que des millions d'enfants vivent dans la pauvreté, l'ignorance et la maladie, est un scandale qui ne peut plus durer. Nul besoin d'être un égalitariste convaincu pour penser que ces extrêmes sont une balafre sur la face de l'humanité. Cependant, comment sommes-nous supposés déterminer les responsabilités des riches à l'égard des pauvres ? Quels sont les critères de la justice distributive ? Au chapitre 6, je suggère que la notion biblique de *tsedaka*, qui met l'accent sur les dimensions économiques de la dignité humaine, est plus constructive que la dichotomie occidentale entre charité et justice.

L'un des moteurs de la mondialisation est la révolution des technologies de l'information. Ces technologies ont-elles une dimension éthique ? Au chapitre 7, je retrace l'histoire des trois révolutions précédentes – la naissance de l'écriture, de l'alphabet et de l'imprimerie – pour montrer comment chacune d'entre elles a ouvert de nouvelles possibilités sociales et politiques. Une approche religieuse est particulièrement utile ici, car par un détour plutôt mystérieux, chacune de ces révolutions donna naissance à de nouvelles formes de civilisation : l'écriture aux sociétés « cosmologiques », l'alphabet au monothéisme, et l'imprimerie à la Réforme. Nous ne savons pas encore quels seront les effets de la quatrième révolution, celle de la communication mondiale instantanée, mais nous pouvons d'ores et déjà dire ce qu'elle attend de nous : placer l'éducation parmi les priorités de l'aide internationale. Les technologies de l'information démocratisent l'accès à la connaissance. L'un de nos objectifs serait donc d'en permettre l'accès à tous les enfants de la planète. L'éducation est la voie incontournable vers la dignité humaine.

Toute transformation sociale comporte un danger, lorsqu'une institution dépasse ses propres limites et empiète sur des domaines fonctionnant selon une logique et une dynamique différentes. Il fut un temps, au Moyen-Âge, où c'était vrai de la religion. Au dix-huitième siècle, ce fut le cas de la science. Aux dix-neuvième et vingtième siècles, le cas de la politique. Au vingt et unième siècle, c'est le cas du marché. L'échange monétaire est le mécanisme adéquat pour certaines transactions, pas toutes cependant. La société dépend de l'existence de certaines relations qui ne reposent pas sur un calcul économique : parmi elles, les familles, les communautés, les congrégations et les associations bénévoles. Ces institutions de la société civile se sont sérieusement érodées dans les cultures consuméristes. Au chapitre 8, je montre comment les évolutions de la théorie des jeux et de la sociobiologie ont prouvé que la survie d'un groupe dépend, non seulement de la concurrence, mais aussi des habitudes de coopération. Or, ces habitudes sont mises en danger par l'intrusion de la logique de marché dans les relations que j'appelle « relations d'alliance » par opposition aux relations contractuelles.

Le danger que l'économie mondiale fait courir à l'environnement naturel n'est plus un mystère pour personne. Nous dégradons la biosphère d'une manière qui sera préjudiciable aux générations futures. Mais comment conceptualiser nos devoirs envers la nature et les générations de demain ? L'éthique post-Lumières peine à construire des relations d'obligation morale en ce point. La nature et les personnes qui n'existent pas encore n'ont pas de caractère éthique. Comment pourrions-nous avoir des devoirs envers elles ? Au chapitre 9, je suggère de nous laisser guider par une sagesse plus ancienne : au niveau individuel et collectif, nous ne sommes pas les propriétaires de la nature ; nous en sommes les dépositaires pour nos successeurs. Nous sommes des locataires et des gardiens sur cette terre.

La tentation est grande, face aux processus complexes synthétisés sous le nom de mondialisation, soit de se défausser sur les experts ou sur le cours inéluctable de l'histoire, soit de simplifier les choses en s'opposant purement et simplement au marché et à toutes ses réalisations. Or ces remèdes sont pires que le mal. Le marché est un mécanisme, ni plus ni moins. Ce qui compte, c'est de lui imposer des contraintes et de le canaliser dans la direction souhaitée. Pour ce faire, il est nécessaire que soit entamé un dialogue sérieux, engagé, entre nous – nous tous, car nous sommes tous concernés – et les politiciens, économistes et chefs d'entreprise dont les décisions influent sur l'économie mondiale. Les campagnes et les manifestations sont importantes, mais insuffisantes, parce que l'ordre mondial en devenir ne saurait être contré par des slogans et qu'une manifestation n'est qu'un prélude, non pas un substitut, à une argumentation nuancée et à la recherche d'un consensus entre des intérêts contradictoires.

La perspective qui étaye l'ensemble de mon essai est que, dans des conditions d'incertitude maximale, il est pertinent de se laisser guider par des principes moraux relativement simples : le contrôle, la contribution, la créativité, la coopération, la compassion et la conservation. Ces six « C » en appellent un septième : un nouveau contrat mondial de solidarité humaine. Ce ne sont pas des processus de décision, mais plutôt des boussoles qui nous permettent d'évaluer si nous progressons ou non dans la bonne direction. L'essentiel, cependant, est de ne pas perdre de vue l'horizon vers lequel nous souhaitons nous orienter. Mon point de vue – il est religieux, mais il n'est pas nécessaire d'être religieux pour le partager – est que les systèmes économiques doivent être jugés en fonction de leur impact sur la dignité humaine. Un système qui prive systématiquement une part considérable de l'humanité de ses dignités fondamentales, est indéfendable. Il ne s'agit pas de renoncer au marché mondial, mais de tenir compte, dans nos décisions, d'un ensemble de valeurs non marchandes, déterminantes pour notre avenir.

* * *

Il est un deuxième dialogue, non moins sérieux et urgent, qui doit se tenir entre les religions ou entre ce que Huntington appelle les « civilisations ». Pouvons-nous vivre ensemble ? Pouvons-nous nous respecter mutuellement ? Pouvons-nous dépasser de longues histoires d'aliénation et d'amertume ? En ce point, je n'ai pas hésité à retourner aux sources même du monothéisme occidental pour me demander ce que Dieu attend de nous, en cette époque nouvelle et périlleuse. Je crois que la mondialisation appelle les grandes religions à relever un défi suprême, que nous avons esquivé par le passé, mais devenu incontournable aujourd'hui. Pouvons-nous trouver dans le « *tu* » humain, un fragment du « *Tu* » Divin ? Pouvons-nous reconnaître l'image de Dieu en celui qui n'est pas à notre image ? Parfois, Dieu se présente à nous sous les traits d'un étranger. L'ère de la mondialisation a transformé notre monde en une société d'étrangers. Ce ne devrait pas constituer une menace pour notre identité, mais plutôt un appel à une générosité morale et spirituelle, plus exigeante que nous ne l'avons autrefois supposée. Moi, juif, puis-je reconnaître l'image de Dieu en celui qui n'est pas à mon image : un hindou, un sikh, un chrétien, un musulman ou un esquimau du Groenland parlant de la fonte d'un glacier ? Puis-je le faire sans me sentir diminué, mais au contraire agrandi ? Qu'advient-il alors de ma religion, qui jusqu'ici m'avait relié à mes semblables, et doit maintenant faire de la place à ceux qui sont différents et ont une autre manière d'interpréter le monde ?

En ce point, je dois faire un aveu personnel. Je ne suis pas un juif libéral. Ma foi est orthodoxe, au point que mes collègues libéraux me traitent de fondamentaliste. Or, c'est précisément aux orthodoxes de relever le grand défi contemporain. En effet, la renaissance de la plupart des religions, au cours des dernières décennies, est davantage le fait des conservateurs que des libéraux. La force des mouvements religieux conservateurs réside dans leur protestation contre la modernité, leur refus de s'accommoder avec elle. Cette protestation émane d'un sentiment de profonde consternation face à certains des effets secondaires du capitalisme mondial : les injustices, le consumérisme, l'exploitation, l'incapacité à lutter contre l'expansion de la pauvreté et des maladies, l'insensibilité destructrice aux traditions et cultures locales, ainsi que l'indigence spirituelle qui va parfois de pair avec la richesse matérielle. Ce n'est pas tant l'aspect moderne de la religion, mais plutôt son antimodernisme, qui a gagné des adeptes dans le monde actuel, et c'est là qu'il est nécessaire de lutter en faveur de la tolérance, de la coexistence et de la non-violence.

Le regretté sir Isaiah Berlin, un homme que j'ai connu et respecté, a résumé le credo libéral en une phrase devenue célèbre, à la fin de son remarquable essai *Éloge de la liberté* : « Prendre conscience de la validité relative de ses convictions, et pourtant les défendre sans faille, voilà ce qui distingue un homme civilisé d'un barbare[9]. » Il s'agit là d'un noble sentiment. À cela, l'un des critiques les plus éloquents du libéralisme, Michael Sandel, répliqua : « Si des convictions ne sont que relativement valides, pourquoi les défendre sans faille[10] ? » Ce dilemme donne matière à réflexion. Si l'on considère les libertés d'expression et d'association comme de pures conventions de la modernité occidentale, de quel droit critiquerais-je ceux qui les rejettent comme une forme de décadence ? Si le respect de la vie humaine n'est qu'une valeur parmi d'autres, pour quelles raisons devrais-je m'opposer à l'auteur d'un attentat-suicide convaincu qu'en assassinant d'autres personnes, il s'assure une place au paradis ?

Toutefois, le relativisme est trop faible pour résister à l'ouragan de la ferveur religieuse. Seule une ferveur égale et contraire peut l'endiguer. Selon moi, le caractère sacré de la vie humaine et les libertés inaliénables d'une société juste ne sont pas des notions relatives. Ce sont des absolus religieux. Ils découlent directement du postulat que ce n'est pas nous qui avons créé Dieu à notre image, mais Dieu qui nous a créés à la Sienne. Ils appartiennent à la tradition partagée par les juifs, les chrétiens et les musulmans, malgré la haine mutuelle qu'ils se portèrent pendant de longs siècles. C'est du vécu religieux de ceux qui pratiquent leur religion au quotidien que doit venir la guérison. Elle viendra du cœur même de l'ouragan. Ce qui revient à dire que nous tous, fidèles d'une religion, devons lutter contre les sources de l'extrémisme au sein de notre propre religion.

Au chapitre 3, je pars du postulat révolutionnaire suivant : depuis l'époque de Platon, un certain paradigme a dominé la pensée occidentale, *tant religieuse que séculière*. Or, ce paradigme est erroné et extrêmement dangereux. Il s'agit de l'idée que, dans notre quête de la vérité ou de l'ultime réalité, nous progressons du particulier vers l'universel. Vues sous cet angle, les particularités sont des imperfections, des sources d'erreur, les manifestations d'un esprit borné et des préjugés. La vérité, au contraire, est abstraite, intemporelle, universelle, identique en tout lieu et pour tous. Si l'on suit ce raisonnement, les particularités nourrissent la guerre, tandis que la vérité engendre la paix, car lorsque l'on accède à la compréhension de la vérité, la guerre s'abolit d'elle-même. Comment en irait-il autrement ? Le tribalisme n'est-il pas synonyme de particularité ? Et le tribalisme n'a-t-il pas été la source de tant de conflits à travers les siècles ?

Cette idée a de quoi séduire et, d'ailleurs, a piégé bien des esprits. Alfred North Whitehead a dit un jour que la philosophie occidentale était « une liste de notes au bas des pages de Platon ». Il aurait pu s'exprimer plus radicalement encore : ce n'est pas uniquement la philosophie, mais aussi la religion occidentale, qui a été hantée par le spectre de Platon. Le résultat est inévitable et tragique. Si toute vérité – religieuse aussi bien que scientifique – est la même pour tous et en tout temps, cela signifie que si j'ai raison, tu as tort. Si je respecte la vérité, je dois te convertir à mon point de vue ; et si tu refuses de t'y convertir, prends garde. Cette idée-là, à l'origine des grands crimes de l'histoire, a fait couler beaucoup de sang.

La civilisation occidentale connut cinq cultures universalistes : la Grèce antique, la Rome antique, le christianisme médiéval, l'islam et le siècle des Lumières. Trois étaient laïques, deux religieuses. Elles apportèrent au monde des œuvres inestimables, mais également de nombreuses souffrances – notamment aux Juifs, mais pas uniquement. Comme un raz-de-marée, elles balayèrent les coutumes locales, les anciennes traditions et les différents savoir-faire. Elles furent pour la diversité culturelle ce que l'industrialisation est à la biodiversité. Elles éteignirent les formes de vie les plus faibles. Elles amoindrirent la différence.

Aujourd'hui, nous connaissons le sixième ordre universel : le capitalisme mondial. C'est le premier à se fonder, non pas sur des idées, mais sur des institutions, notamment le marché, les médias, les multinationales et Internet. Cependant, son impact n'en est pas moins profond. Il menace tout ce qui est local, traditionnel et particulier. Le 11 septembre se produisit, lorsque se rencontrèrent et se télescopèrent deux cultures universalistes : le capitalisme mondial et une forme extrémiste de l'islam, chacun constituant une grave menace pour l'autre.

L'universalisme doit être contrebalancé par un respect nouveau pour le local, le particulier, l'unique. Il existe en fait des universaux religieux. La Bible hébraïque les appelle « l'alliance avec Noé ». La tradition juive l'interprète comme une référence à sept commandements fondamentaux : l'interdiction de l'idolâtrie, du blasphème, du meurtre, du vol, de la transgression sexuelle et de la cruauté gratuite envers les animaux, à quoi s'ajoute le commandement positif d'instituer un système judiciaire. Ces universaux constituent un code commun, qui précède et transcende la différence religieuse. Selon Maïmonide, un non-juif qui respecte ces lois, parce qu'il croit en la vérité de la révélation mosaïque, est un « vertueux parmi les nations » et a sa place dans l'au-delà. Celui dont l'acceptation des lois découle de la seule raison est un « sage parmi les nations[11] ». Conformément à l'enseignement juif, il n'est donc pas besoin de devenir juif pour servir Dieu.

Cette ancienne tradition a acquis une importance nouvelle dans un monde menacé par le choc des civilisations. Elle suggère que l'idée se trouvant au cœur du monothéisme a été mal interprétée : un seul Dieu, donc une seule voie vers le salut. Bien au contraire, *l'unité est célébrée dans l'existence même de la diversité.* La gloire du monde créé réside en sa stupéfiante multiplicité : les milliers de langues différentes, le foisonnement des cultures, la variété des expressions de l'imagination humaine, dans la plupart desquelles, si nous écoutons attentivement, nous entendrons la voix de la sagesse nous soufflant quelque chose que nous devons savoir. C'est ce que j'entends par *la dignité de la différence.*

C'est une idée vaste et complexe, que je n'ai comprise qu'après avoir longuement réfléchi à la place occupée par la religion dans le monde moderne et postmoderne. J'ai passé des heures entières à discuter avec des responsables d'autres religions. J'ai affectionné mes amitiés avec des chrétiens et beaucoup d'autres – hindous, sikhs, bouddhistes, jaïns, zoroastriens et baha'is. Je me suis aussi spontanément lié avec des représentants de l'islam, non seulement de Grande-Bretagne, mais aussi du Moyen-Orient. En Grande-Bretagne et dans l'espace international, nous avons travaillé ensemble et noué des relations qui nous ont permis – particulièrement durant la période de tension qui suivit le 11 septembre – d'atténuer la colère, lutter contre les flambées d'hostilités locales et créer, en partageant nos craintes, un sentiment de solidarité et de bonne volonté.

Toutefois, j'ai également pris conscience d'un non-dit. Souvent, lorsque des chefs religieux se rencontrent et discutent, ils mettent l'accent sur leurs similarités et leurs points communs, comme si les différences entre religions étaient superficielles et sans intérêt. Pourtant, ce ne sont pas ces ressemblances qui ressortent en temps de conflit. Lorsqu'une crise éclate, ce qui apparaît de l'extérieur comme des divergences mineures revêt une immense signification, apte à diviser des communautés voisines et transformer d'anciens amis en ennemis. Freud appelle cela le « narcissisme des petites différences ». Dans un contexte de tension, un petit rien risque de se transformer en marqueur d'identité et, par conséquent, en éloignement mutuel. Autrement dit, nous avons besoin non seulement d'une théologie de la ressemblance – des universaux de l'humanité – mais aussi d'une théologie de la différence : nulle civilisation n'est en droit de s'imposer aux autres par la force, car Dieu nous a demandé de respecter la liberté et la dignité de ceux qui ne sont pas comme nous.

La dignité de la différence dépasse le cadre de la religion. C'est le thème général reliant tous les fils de la réflexion que je développe dans les chapitres suivants. On avait cru dur comme fer que la modernité était la marche triomphale d'un seul ensemble d'idées interdépendantes. Son modèle était la science ; son discours, celui de la raison débarrassée des scories de la tradition. Par l'échange commercial et la division du travail, elle générerait de la richesse. Par l'industrialisation et la technologie, elle conquerrait la nature. Par le calcul utilitaire, elle maximiserait le bonheur. Le monde deviendrait une machine géante à produire de la satisfaction, à manufacturer une quantité toujours plus importante de cette mesure de toute chose appelée « progrès ». Ce mythe certes noble, mais radicalement inadapté à l'existence humaine, survit encore chez les fondamentalistes du marché et leurs adeptes. En effet, ces derniers soutiennent qu'une déréglementation maximale dans toutes les sphères de l'activité humaine, amènera d'elle-même ce que Leibniz a un jour cru être du ressort de Dieu, à savoir « le mieux dans le meilleur des mondes possibles ».

Je propose un autre modèle, une autre métaphore. Le monde n'est pas une simple machine. C'est une écologie complexe, interactive, dont la diversité – biologique, personnelle, culturelle et religieuse – est de l'ordre de l'essence. Réduire cette diversité en cédant aux multiples formes du fondamentalisme actuel – commercial, scientifique ou religieux – entraînerait un appauvrissement de la riche texture de notre vie commune et un rétrécissement potentiellement désastreux de l'horizon des possibilités. La nature, ainsi que les sociétés, les économies et les politiques élaborées par l'homme, sont des systèmes d'une complexité ordonnée. C'est ce qui les rend créatifs et imprévisibles. Toute tentative de leur imposer une uniformité artificielle, au nom d'une seule culture ou d'une seule religion, témoigne d'une tragique mécompréhension de ce qui est nécessaire à l'épanouissement d'un système. Parce que nous sommes différents, notre contribution à chacun est unique, et chaque contribution compte. Un instinct primaire, remontant au passé tribal de l'humanité, nous fait ressentir la différence comme une menace. Cet instinct est totalement dysfonctionnel, à une époque où nos destinées sont inextricablement liées. Curieusement, c'est le marché – de toute évidence, le contexte le moins spirituel – qui passe un message profondément spirituel : c'est par l'échange que la différence, loin d'être malédiction, se transforme en bienfait. Lorsque la différence mène à la guerre, les deux parties sont perdantes. Lorsqu'elle mène à un enrichissement mutuel, les deux parties y gagnent.

Les crises sont inévitables lorsque nous tentons de relever les défis d'aujourd'hui à l'aide des concepts d'hier. C'est pourquoi un changement de paradigme pourrait s'avérer nécessaire, afin d'éviter que cette époque mondialisée ne devienne le théâtre de guerres intermittentes et dévastatrices. Je m'exprime en tant que juif, mais je crois que chacun de nous, au sein de sa propre tradition, religieuse ou laïque, doit apprendre à écouter et accepter d'être surpris par les autres. Nous devons nous ouvrir à leurs récits, seraient-ils en totale contradiction avec les nôtres. Parfois, nous devons même être prêts à entendre leur douleur, leur humiliation, leur ressentiment, et à découvrir que l'image qu'ils se font de nous est tout autre que l'image que nous avons de nous-mêmes. Nous devons apprendre l'art du dialogue d'où émerge la vérité, non pas à la façon des dialogues socratiques par la réfutation du mensonge, mais par un processus tout à fait différent qui consiste à laisser notre monde s'élargir par la présence des autres qui pensent, agissent et interprètent la réalité de façon radicalement différente de la nôtre. Nous devons être attentifs au particulier, non uniquement à l'universel. Car lorsque des civilisations universelles s'affrontent, le monde vacille et des hommes meurent. Il y a beaucoup de cultures, de civilisations et de religions, mais Dieu ne nous a donné qu'un seul monde où vivre ensemble. Et il rétrécit de jour en jour.

Chapitre 2

La mondialisation et ses mécontents

> La mondialisation divise autant qu'elle unit ; elle divise en unissant, les causes de la division étant identiques à celles qui préconisent l'uniformité de la planète.
>
> (Zygmunt Bauman, *Mondialisation*)

Année 2020. Le jour se lève sur un monde de paix et de prospérité. En l'espace de vingt ans, les technologies de l'information et la communication à haut débit ont doublé les revenus réels. La généralisation des méthodes de contrôle des naissances a définitivement éloigné le risque de surpopulation. Les OGM et les variétés de plantes résistantes aux maladies ont accru la production alimentaire, au point que les famines appartiennent désormais au passé. Dans les villages africains, les écoles utilisent les programmes les plus récents, téléchargés sur Internet, et ont rattrapé le niveau des écoles occidentales. Des accords internationaux sur l'emploi, les salaires et les conditions de travail ont mis fin aux ateliers clandestins, au travail des enfants et aux bas salaires qui, au début du vingt et unième siècle, avaient été une source scandaleuse d'iniquité et d'exploitation. Les traitements médicaux à faible coût ont réussi à maîtriser le SIDA, la tuberculose et beaucoup d'autres maladies. Le génie génétique permet la prévention de maladies et de handicaps héréditaires. Les recherches sur le génome humain ont permis aux médecins d'altérer les commutateurs génétiques responsables du vieillissement. Une espérance de vie de 120 ans n'est plus rarissime. Les observateurs s'accordent à dire que l'humanité connaît un nouvel âge d'or.

Année 2020. Le monde vient d'être ébranlé par la dernière attaque terroriste sur New York. Une bombe dite « sale » a répandu des déchets nucléaires dans une vaste zone centrée sur Manhattan. On s'attend à plus de 20 millions de personnes irradiées. En même temps, lors d'une attaque coordonnée dans les métros de Londres, Paris, Munich et Rome, des bonbonnes remplies de produits chimiques toxiques ont été vidées dans les stations aux heures d'affluence. On s'attend à des milliers de victimes. Les voyages aériens ont été suspendus, à la suite d'une série de détournements très médiatisés. En Afrique, la chute de gouvernements a déclenché sur l'ensemble du continent des flambées de violence meurtrières. En même temps, des révolutions en Égypte, Jordanie, Algérie et Arabie saoudite, ont fait du Moyen-Orient une zone dominée par des régimes fondamentalistes. L'économie mondiale s'est effondrée et, dans un pays après l'autre, le taux de chômage grimpe à des niveaux records. En Occident, les centres-villes et les espaces publics sont devenus des zones « interdites » à l'abandon et délabrées, peuplées de clochards, de toxicomanes, de sans-abri et d'individus violents. Les plus riches vivent dans des enclaves clôturées, protégées par des systèmes de sécurité très performants qu'ils financent de leur poche. Des centaines de milliers de personnes meurent chaque année en conséquence de conditions climatiques désastreuses – sécheresses, inondations, cyclones – causées par le réchauffement climatique. La pollution a atteint un niveau tel, qu'il est devenu impossible de marcher dans les rues. La plupart des commentateurs s'accordent à dire que le monde traverse un nouveau Moyen-Âge.

Deux scénarios, tout aussi possibles l'un que l'autre, qui permettent de percevoir dans l'entre-deux quels seront les enjeux dans les années à venir. L'incertitude est constitutive de l'existence humaine : aussi érudits que nous soyons, nous ne pouvons jamais savoir ce que l'avenir nous réserve. Il existe toutefois différents degrés d'incertitude et le rythme même du changement au vingt et unième siècle, dans presque tous les aspects de la vie – économique, politique, culturel et technologique – balaie bon nombre de points d'ancrage qui permettaient aux générations précédentes de regarder l'avenir avec confiance.

Dès le début du vingtième siècle, Alfred North Whitehead remarqua un changement qualitatif dans notre perception du temps. Par le passé, dit-il, « la durée qui séparait un changement important d'un autre, était considérablement plus longue que la vie d'un homme ». La plupart des gens habitaient un monde dont les contours étaient plus ou moins les mêmes dans leur jeunesse et leur vieillesse. « Aujourd'hui, cette durée est considérablement plus courte que la vie d'un homme » et elle continue à raccourcir[1]. Par exemple : « J'ai dans ma bibliothèque un livre de futurologie, publié en 1990, intitulé *Megatrends 2000*. Un terme brille par son absence : le mot "Internet"[2]. » Dans un discours post-présidentiel, Bill Clinton fit remarquer que lorsqu'il prit ses fonctions en 1993, il y avait à peine 50 sites web répertoriés. À la fin de son mandat en 2000, il y en avait plus de 350 millions[3]. Le changement fait désormais partie de la texture même de la vie, et il est peu de choses plus difficiles à supporter que les fluctuations constantes et l'incertitude.

La mondialisation – l'interconnexion du monde grâce à de nouveaux systèmes de communication – est l'une des grandes transformations survenues dans l'histoire, comparable au passage de l'ère des chasseurs-cueilleurs à l'ère de l'agriculture, ou à celui du féodalisme à l'industrialisme. Comme toute autre transition majeure, elle suscite de profondes angoisses, qui se sont exprimées dans les manifestations des écologistes, des activistes des droits de l'homme et des anticapitalistes ayant défilé à Seattle, Washington, Prague, Québec et Gênes, mais également partout où chefs d'entreprise et politiciens se sont réunis pour tracer l'avenir économique du monde. Il est difficile de ne pas sympathiser avec les protestataires. Comme l'a dit Matthew Arnold, « nous semblons pris entre deux mondes ; l'un est mort, l'autre impuissant à naître ». Ce qui caractérise notre situation actuelle, c'est le sentiment que le changement va plus vite que notre capacité à tracer un avenir commun. Nos pouvoirs technologiques s'accroissent de jour en jour, alors que nos convictions morales sont de plus en plus hésitantes et confuses. Qu'est-ce qui, dans la mondialisation, nous donne l'impression de nous déplacer sans carte, à bord d'un véhicule incontrôlable ?

* * *

Le concept de mondialisation n'est pas nouveau. Il y a près de 400 ans, le poète anglais John Donne lui dédia l'un de ses poèmes les plus mémorables :

> Nul homme n'est une île,
> un tout, complet en soi ;
> Tout homme est un morceau du continent,
> une partie de l'ensemble.
> Si la mer emporte une motte de terre,
> l'Europe en est amoindrie,
> comme si les flots avait emporté un promontoire,
> le manoir de tes amis ou le tien ;
> la mort de tout homme me diminue,
> parce que j'appartiens au genre humain ;
> aussi n'envoie jamais demander pour qui sonne le glas ;
> c'est pour toi qu'il sonne[4].

Le commerce international[5], largement pratiqué par les Phéniciens, remonte quasiment à l'aube de la civilisation. À partir du quinzième siècle, les grandes aventures maritimes, illustrées par les noms de Zheng He, Vasco de Gama, Magellan et Colomb, créèrent de nouvelles routes commerciales qui permirent la multiplication des échanges à longue distance. Par la suite, cette impulsion fut encore renforcée par le perfectionnement des instruments de navigation, l'essor des banques et le financement du risque, ainsi que par la naissance d'entreprises internationales colossales, telle que la Compagnie néerlandaise des Indes orientales. L'industrialisation, l'expansion du chemin de fer et l'invention du télégraphe donnèrent une impulsion supplémentaire au cours du dix-neuvième siècle. L'intégration de régions éloignées à une économie internationale unique est un processus continu, remontant à de nombreux siècles. Un esprit fébrile conduisit les hommes à voyager toujours plus loin à la recherche du nouveau, du lointain et de l'inexploré. Lors de l'inauguration de la grande exposition universelle à Londres en 1851, le prince Albert fit un discours qui aurait pu être répété mot pour mot un siècle et demi plus tard :

> Nous vivons une période de transition extraordinaire, qui nous mène à cette fin glorieuse vers laquelle tend toute l'histoire – l'achèvement de l'unité de l'humanité [...]. Les distances qui séparent les différentes nations et parties du globe s'effacent rapidement grâce au génie créateur des inventions modernes, et nous pouvons les traverser avec une facilité inouïe [...]. La pensée est communiquée à la vitesse, et même par le pouvoir, de l'éclair [...]. Les ressources du monde entier sont à notre disposition et nous n'avons qu'à choisir ce qui est le meilleur et le plus économique pour servir nos fins, et les forces de production sont confiées au stimulus de la concurrence et du capitalisme[6].

En un sens, le monde que nous habitons est l'aboutissement logique de l'héritage légué par nos ancêtres, la dernière étape d'un voyage commencé il y a des millénaires[7]. Cependant, certaines transitions entraînent de véritables changements de nature. La rapidité et l'ampleur des progrès des technologies de la communication ont modifié les conditions d'existence d'une grande partie, voire de la majorité des six milliards d'habitants de la planète. Le pouvoir de la communication mondiale instantanée, le volume des mouvements monétaires internationaux, l'internationalisation des processus et des produits, ainsi que la facilité avec laquelle les emplois peuvent être délocalisés d'un pays à l'autre, ont fait que notre interdépendance est devenue plus immédiate, plus concrète et plus conséquente que jamais. Pour un poète comme Donne, évoquer une idée métaphysique est une chose, mais la vivre au quotidien en est une autre.

Le capitalisme mondial est un système extrêmement puissant, dont les nations ont de plus en plus de mal à se dissocier. Plus efficace que des armées, il a remporté la victoire contre des systèmes et idéologies rivaux, dont le fascisme, le communisme et le socialisme, et se présente au vingt et unième siècle comme l'option dominante pour les pays en quête de croissance économique. Tout simplement, il a donné ce que ses concurrents n'avaient fait que promettre : un niveau de vie plus élevé et de plus grandes libertés. Des pays qui ont adopté cette nouvelle économie – notamment Singapour, la Corée du Sud, Taiwan, la Thaïlande, la Chine, le Chili, la République dominicaine, l'Inde, l'île Maurice, la Pologne et la Turquie – ont connu une hausse spectaculaire de leurs niveaux de vie[8]. Avant l'industrialisation, la majorité de la main d'œuvre d'un pays était nécessaire pour produire les denrées alimentaires dont il avait besoin. Or aujourd'hui, dans les économies avancées, les améliorations de l'agriculture ont permis de n'en employer qu'environ 2%[9]. Dans l'ensemble des pays développés, les progrès de la médecine et des services de santé ont réduit la mortalité infantile et allongé l'espérance de vie. En Occident, un supermarché de taille moyenne offre aux consommateurs une variété de choix qui, il y a un siècle, aurait été hors de portée des rois.

Toutefois, la mondialisation creuse les écarts et peut s'avérer extrêmement déstabilisante. Ses bénéfices ne sont pas répartis équitablement. Il y a des gagnants et des perdants, au sein d'un même pays et entre pays. La « fracture numérique » a aggravé les inégalités. Le Nord-Américain moyen consomme cinq fois plus qu'un Mexicain, dix fois plus qu'un Chinois, 30 fois plus qu'un Indien. 1,3 milliard d'hommes, soit 22% de la population mondiale, vivent au-dessous du seuil de pauvreté ; 841 millions souffrent de malnutrition ; et 880 millions n'ont pas accès à des services médicaux. Un milliard d'individus n'ont pas de logement digne de ce nom ; 1,3 milliard n'ont pas accès à l'eau potable, et 2,6 milliards n'ont pas d'installations sanitaires[10]. Parmi les enfants, 113 millions – dont deux tiers de filles – ne sont pas scolarisés, 150 millions souffrent de malnutrition et 30 000 meurent quotidiennement de maladies évitables[11].

Dans dix-huit pays africains, l'espérance de vie est inférieure à 50 ans. En Sierra Leone, elle est d'à peine 37 ans. Les taux de mortalité infantile sont supérieurs à un sur dix dans 35 pays, surtout en Afrique, mais aussi au Bangladesh, en Bolivie, à Haïti, au Laos, au Népal, au Pakistan et au Yémen[12]. Plus de quatre-vingts pays ont vu chuter leurs revenus par tête au cours des dix dernières années. À la fin du millénaire, le cinquième supérieur de la population mondiale détenait 86% du PIB mondial, alors que le cinquième inférieur n'en détenait que 1%. Les actifs des trois milliardaires les plus riches du monde étaient supérieurs à la fortune cumulée des 600 millions d'habitants des pays les moins développés[13]. La fortune colossale d'une petite minorité contraste de manière criante avec la misère d'une grande majorité, et ébranle notre sens de l'équité et de la justice.

Même dans les pays développés, les gains ont été hautement sélectifs. Aux États-Unis, au cours des 20 dernières années, 97% des augmentations de revenus ont profité aux 20% supérieurs des familles, alors que le cinquième inférieur a vu ses revenus diminuer de 44%. En 1996, la Grande-Bretagne avait en Europe la plus grande proportion d'enfants vivant dans la pauvreté, dont 300 000 dans des conditions pires, en termes absolus, qu'ils ne l'avaient été 20 ans auparavant[14]. Les emplois sont devenus moins sûrs. Les carrières à vie ont été remplacées par des emplois à temps partiel, temporaires et provisoires. Parallèlement, sous la pression des marchés ouverts, de la déréglementation financière et de la concurrence internationale, se sont réduits les services sociaux et les filets de sécurité qui, dans l'après-guerre, avaient protégé la Grande-Bretagne et l'Amérique des effets du chômage. Le climat économique s'est durci et la solidarité sociale s'est effritée.

Dans le monde entier, l'environnement social est devenu moins prévisible, plus enclin à des changements soudains et radicaux. La possibilité de délocaliser la production d'un endroit à l'autre en fonction des fluctuations des taux de change et des salaires, signifie que les emplois – non seulement dans l'industrie manufacturière, mais aussi dans les secteurs de la gestion et des services – sont devenus vulnérables. Les flux massifs du financement international qui, insufflés dans une nouvelle économie, alimentent l'investissement spéculatif et l'explosion de l'immobilier, peuvent tout aussi rapidement se retirer, laissant dans leur sillage des faillites et de vastes poches de chômage. Des économies entières sont déstabilisées. Des pays endettés, qui demandent de l'aide auprès des institutions financières internationales, peuvent se voir imposer des politiques économiques visant davantage à protéger les investisseurs qu'à mettre en place une infrastructure à long terme, et favoriser une croissance économique durable dans leurs propres pays.

L'inégalité au sein des pays et entre les pays n'est pas nouvelle. Ce qui est nouveau, par contre, c'est que nous en avons pris conscience. Le philosophe David Hume a observé que notre sentiment d'empathie diminue au fur et à mesure que nous nous éloignons des membres de notre famille pour nous tourner vers nos voisins, vers la société et vers le monde. En général, notre intérêt pour le sort des autres est inversement proportionnel à la distance qui nous sépare d'eux. Mais aujourd'hui, la télévision et Internet ont aboli les distances. Ils introduisent dans notre quotidien immédiat les images des souffrances endurées dans des pays lointains. Notre compassion envers les victimes de la pauvreté, de la guerre et de la famine dépasse notre capacité à agir. Notre sens moral est simultanément activé et frustré. Nous sentons qu'il faut faire quelque chose, mais quoi, comment, et qui doit s'en charger ?

La mondialisation n'est pas seulement économique. Elle est également culturelle. Internet, la télévision par câble et par satellite, ainsi que les multinationales, ont imposé au niveau international la présence prégnante d'images et d'objets – ce que Benjamin Barber appelle le McWorld[15]. Dans le monde entier, on peut trouver les mêmes jeans, tee-shirts, baskets, boissons, fast-foods, la même musique et les mêmes films dans presque toutes les grandes villes, et même dans nombre de villages reculés. Le monde qu'ils représentent est majoritairement américain et tend à supplanter les traditions locales qui, si tant est qu'elles aient été préservées, sont réduites à de simples attractions touristiques. Cette expansion culturelle menace, elle aussi, l'intégrité et la dignité des civilisations non occidentales. L'Occident a souvent du mal à comprendre à quel point sa culture paraît étrangère, voire décadente, à ceux qui la perçoivent comme un produit d'importation. L'importance accordée à la consommation apparaît comme triviale à ceux dotés d'un héritage spirituel ancien, et extrêmement discriminatoire aux perdants de la course à l'argent.

* * *

Avant même l'apparition du mouvement antimondialiste, l'impact sur les institutions sociales d'une culture consumériste axée sur le marché suscitait déjà des inquiétudes en Occident. Dès 1947, Joseph Schumpeter avait averti que « le capitalisme crée un état d'esprit critique qui, après avoir détruit l'autorité morale de tant d'autres institutions, finit par se retourner contre lui-même[16] ». Dans toutes les démocraties libérales occidentales, familles et communautés sont en déclin, ce qui mène à de nouvelles concentrations de pauvreté et à une fracture sociale encore plus prononcée. En l'espace d'une génération, notamment parmi les enfants, on compte de trois à dix fois plus de syndromes liés au stress – troubles psychiatriques, désordres alimentaires, abus de drogues et d'alcool, violence, criminalité, suicides et tentatives de suicide[17]. Les individus se retrouvent privés du soutien des membres de leur famille, de leurs amis et voisins, dont la présence leur avait autrefois souvent servi de bouée de sauvetage.

Dans de nombreuses villes occidentales, les quartiers sont de plus en plus marqués par la ségrégation socio-économique. En raison de la hausse de la criminalité, ceux qui en ont les moyens déménagent dans des communautés sécurisées et des « ghettos dorés ». Les espaces publics se raréfient, remplacés par des centres commerciaux et des complexes de loisirs, accessibles seulement à ceux qui ont les moyens de payer. Les classes socio-économiques et les groupes d'âge se mélangent moins qu'auparavant, si bien que se détériore cet élément de solidarité sociale, si difficile à définir, que l'on appelle « la confiance ». Les plus fortunés sont moins susceptibles d'utiliser les services publics et, par conséquent, cessent de revendiquer leur amélioration. C'est ce que Robert Reich appelle « la sécession des plus riches[18] ».

Non seulement la prédominance du marché a eu un effet corrosif sur le paysage social, mais elle a également érodé notre vocabulaire moral, qui est sans doute notre ressource la plus précieuse pour penser l'avenir. Dans l'un de ses ouvrages les plus influents, *Après la vertu*, Alasdair MacIntyre affirme que « nous disposons en fait d'un simulacre de morale et nous continuons à utiliser la plupart de ses expressions clés. Mais de cette morale nous avons perdu presque toute compréhension théorique et pratique[19] ». Le concept d'éthique (que Bernard Williams appelle « cette institution particulière[20] ») est lui-même devenu incohérent. De plus en plus, nous en sommes venus à parler d'efficacité (comment obtenir ce que l'on veut) et de thérapie (comment ne pas se sentir coupable de ce que l'on veut). Le point commun entre ces deux termes est qu'ils ont davantage à voir avec la mentalité marketing (stimulation et satisfaction du désir) qu'avec la morale (ce que nous *devrions* désirer). Dans le domaine public, les deux termes qui dominent le discours contemporain sont *autonomie* et *droits* qui, à l'instar de la mentalité marketing, mettent l'accent sur le choix, tout en excluant la possibilité qu'il y ait des raisons objectives de faire un choix plutôt qu'un autre. De ce fait, il devient très difficile de délibérer collectivement sur certains des choix les plus cruciaux auxquels les hommes aient jamais été confrontés, notamment en matière d'environnement, de politique et d'économie. Il est difficile de parler du bien commun, lorsque faute de la possibilité de parler de devoir, d'obligation et de restriction, il ne nous reste que des désirs à assouvir.

Quand bien même notre imagination morale serait optimale, bon nombre de questions posées par la mondialisation épuiseraient les ressources de l'éthique conventionnelle. C'est ce que soutenait dans les années 1980, Hans Jonas, l'un des prophètes de l'ère technologique. Dans son ouvrage *Le principe responsabilité*, il soutient que la modernité redéfinit les paramètres de l'action et du choix des hommes[21]. L'éthique traditionnelle considérait l'action du point de vue de son effet immédiat sur les autres, qui se trouvaient généralement dans notre entourage. De nos jours, nous sommes conscients des effets à long terme du comportement humain sur ceux qui sont éloignés de nous, dans l'espace ou le temps (avec les générations à naître). Nous devons également tenir compte d'actions, insignifiantes en elles-mêmes, mais à impact cumulatif, comme la concentration accrue des aérosols ou des gaz d'échappement dans l'atmosphère terrestre.

Les générations précédentes pouvaient considérer l'environnement naturel comme donné. Ce n'est plus le cas. Nous sommes déjà en train de lui porter un coup fatal. Les questions qui nous interpellent sont difficiles à poser en termes de devoirs ou de conséquences. Quels sont nos devoirs envers la nature ? Quelles sont nos responsabilités envers les générations futures ? Une action est-elle répréhensible si elle a peu d'effet délétère en soi, mais seulement en liaison avec d'autres actions délétères ? Comment évaluer les conséquences de nos interventions, lorsque leur nature est telle que leurs effets ne seront pleinement connus que bien après notre mort ? Depuis l'époque où Hans Jonas écrivit son essai, ces dilemmes se sont multipliés. Quelle est notre responsabilité face à la pauvreté, l'ignorance et les maladies, lorsqu'elles résultent de politiques sur lesquelles nous n'avons aucun contrôle ? Et si elles étaient la conséquence de facteurs culturels dont nous nous sentons tenus de respecter l'intégrité ? Quels sont nos devoirs envers les opprimés, quand les oppresseurs sont les gouvernements dûment constitués d'États souverains ? Dans quelle mesure sommes-nous en droit d'imposer des sanctions à des régimes criminels, lorsque ces sanctions risquent d'exacerber les souffrances de leurs peuples sans déloger pour autant les tyrans qui en sont responsables ? La théorie du chaos et autres études relatives aux systèmes écologiques nous ont familiarisés avec les effets considérables et imprévisibles de perturbations locales relativement minimes. Mais cette vue organique de l'interdépendance de l'homme et de la nature – métaphore directrice de l'ère de la mondialisation – rend extrêmement difficile de déterminer les paramètres des décisions et des actions morales.

Quoi qu'il en soit, quels sont les acteurs évoluant sur la scène mondiale ? Depuis un demi-siècle, en Occident, deux institutions jouent un rôle prépondérant : les marchés et les gouvernements. Aucune des deux, cependant, n'est en mesure de supporter le poids actuellement placé sur ses épaules. Les marchés, par nature, sont transactionnels et non moraux. Leur affaire, ce sont les prix et non les valeurs. Ce sont des espaces d'échange qui n'impliquent aucun jugement sur ce qui est échangé, par qui, et en contrepartie de quoi. La politique, quant à elle, est devenue affaire de gestion et de dispositifs de gestion, plus intéressée à fournir un maximum de services publics à un moindre coût, qu'à répondre à des questions morales de fond sur le monde que nous cherchons collectivement à instaurer. John Rawls appelle cela, et c'est l'un des credo du libéralisme contemporain, « la priorité du droit sur le bien[22] ». Nombreux sont ceux qui ne croient plus à l'existence d'un consensus sur le bien commun, dans des sociétés devenues pluralistes et multiculturelles. D'autres vont plus loin et soutiennent que les gouvernements n'ont aucun droit de prendre des décisions collectives sur le « bien ». Ce bien doit toujours être laissé au choix et à la conscience de chacun. Quoi qu'il en soit, les deux acteurs les plus influents – les États et les marchés – ont effectivement écarté toute considération morale de leurs processus décisionnels.

Il en va de même de la nouvelle venue sur la scène internationale : la firme multinationale. Aujourd'hui, les multinationales exercent un énorme pouvoir. Sur les cent plus fortes économies d'aujourd'hui, 51 sont des entreprises, 49 des États-nations. Plusieurs facteurs empêchent de les intégrer à un cadre politique cohérent. Leur vocation est de réaliser des bénéfices pour les actionnaires. C'est leur raison d'être, et la logique qui sous-tend leurs prises de décisions. Assumer de plus larges responsabilités – envers l'environnement, les cultures locales et leur impact sur les communautés – n'entre pas dans leurs attributions, bien que nombre d'entre elles, sous la pression de l'opinion publique, les aient intégrées dans leurs politiques générales et leurs énoncés de mission. En tout état de cause, la mobilité des capitaux et de la production laisse entendre que les multinationales sont souvent en mesure de contourner le contrôle de l'État-nation ; pour ce faire, elles délocalisent leur production, pratiquent l'affacturage et déplacent leurs services financiers dans des pays où la fiscalité est plus avantageuse.

L'aspect humain pose aussi problème. Par le passé, il y avait un lien concret entre les propriétaires des richesses et leurs producteurs. Le seigneur féodal et l'industriel, exploiteurs ou non, avaient au moins un certain intérêt pour le bien-être de leurs employés. Les élites mondiales d'aujourd'hui n'ont guère de liens avec ceux que leurs décisions concernent. Ils ne vivent pas dans le même pays que ceux qui produisent leurs biens. Ils n'ont pas ou peu de contact avec ceux qui achètent leurs produits, qui plus est lorsque l'achat se fait par Internet. Cette constatation est importante, parce que la responsabilité morale, loin d'être une pure abstraction, se développe à partir de relations en face à face grâce auxquelles nous voyons comment nos actes affectent les autres. C'est ainsi que nous apprenons les choses à faire et à ne pas faire. La distance et la dépersonnalisation de la vie contemporaine nous ont privés du lien immédiat entre acte et conséquence, ce qui atrophie également notre sens moral.

Un fossé énorme s'est creusé entre les élites mondiales et les autres. Le cadre supérieur mondial appartient à une communauté internationale. Il passe souvent une bonne partie de son temps en voyage à travers le monde, mais logera dans le même type d'hôtel, mangera le même type de nourriture et fréquentera le même type de personnes. Par contre, la grande majorité des gens, même dans les pays développés, restent attachés à un endroit qui, désormais privé de la plupart de ses espaces publics et de ses activités communes, les a du même coup privés des liens qui, traditionnellement, cimentaient leur communauté. Les élites délocalisées, pour lesquelles la distance physique ne signifie rien et le temps représente tout, n'ont pas grand-chose en commun avec les autres, souvent au chômage ou employés à temps partiel, qui ont certes du temps en abondance, mais peu de liberté pour se déplacer d'un endroit à l'autre[23]. Le lien a rarement été si ténu entre les décideurs et ceux que leurs décisions concernent. Les opérations du marché ne peuvent se substituer au sentiment d'une communauté morale qui, liant les individus à un sort commun, les conduit à penser et à agir pour le bien commun.

En bref, le marché n'a pas uniquement creusé le fossé entre la pauvreté et la richesse. Il a subverti d'autres institutions (les familles, les communautés, les liens qui rattachent les membres d'une société à un sort commun), ainsi que le discours moral qui nous permettait jusqu'à présent de maintenir une distance critique entre le « je veux » et le « je dois ». En remplaçant une hiérarchie d'obligations collectives par un supermarché de préférences personnalisées en matière de mode de vie, il a sapé notre capacité à parler de biens publics tels que les parcs et les services publics, ainsi que des valeurs que nous n'achetons ni ne possédons, mais que nous partageons.

* * *

Cependant, le phénomène le plus inattendu de notre époque n'a pas été l'effet direct de la mondialisation, mais l'une de ses conséquences indirectes : la résurgence de la religion qui s'est imposée comme un facteur non négligeable dans maintes régions du monde.

S'il est un point sur lequel les architectes de la modernité occidentale se sont accordés, c'est que la religion organisée avait fait son temps. Toute sa superstructure de croyances et de pratiques allait être remplacée par d'autres qui, elles, se fonderaient sur la rationalité. À la suite de la Réforme, tout au long du seizième siècle et au début du dix-septième, l'Europe fut déchirée par des conflits religieux. De nombreux facteurs étaient en jeu qui n'étaient pas tous, ni même pour la plupart, d'ordre religieux. À cette époque, les gouvernants locaux voulaient affirmer leur pouvoir contre l'Église catholique ; l'alphabétisation progressa grâce à l'invention de l'imprimerie ; enfin, un nouvel individualisme vit le jour, résultant en partie de l'émergence d'une classe commerciale. Dans quelle mesure ces éléments furent-ils la cause ou la conséquence de la montée du protestantisme et du puritanisme ? Cette question a fait l'objet d'interminables débats, mais la conséquence pratique directe était simple. Lorsque la religion est à l'origine de conflits qu'elle ne peut résoudre, qu'est-ce qui peut constituer le fondement d'une société qui n'est désormais plus unie par une même appartenance religieuse ? De cette question est née la modernité.

La première réponse, la plus prestigieuse, fut la science. Descartes commença son voyage philosophique en mettant systématiquement en doute chaque vérité reçue. De là, le pas fut vite franchi : la connaissance se fonderait sur la raison et l'observation, non plus sur la tradition ou l'autorité. Copernic, Galilée, et surtout Newton, devinrent les symboles de la nouvelle épistémologie vers laquelle, en définitive, aspirait toute entreprise sociale. L'expérience instaurerait la vérité. La raison dissiperait les préjugés. Dans chaque domaine, l'éthique pourrait se bâtir sur de nouvelles fondations, soit sur l'émotion humaine (Hume), soit sur la rationalité (Kant), soit sur la maximisation des conséquences bénéfiques (Bentham). L'idée de salut évolua vers la nouvelle et puissante idée de progrès. La révolution américaine et la révolution française montrèrent que non seulement le savoir, mais aussi la politique, pouvaient être dissociés de la religion. La doctrine de la tolérance de Locke ouvrit la voie à la séparation entre l'Église et l'État, et à la sécularisation de la politique. La religion pouvait survivre dans l'intimité de l'âme, dans la famille ou la congrégation locale, mais son rôle public touchait à sa fin.

Le fait troublant, cependant, est que la religion se refusait à mourir. Dès les années 1830, un Français en visite aux États-Unis,

Alexis de Tocqueville, observa sa surprenante ténacité dans le Nouveau Monde. « Les philosophes du dix-huitième siècle, écrivit-il, expliquaient d'une façon toute simple l'affaiblissement graduel des croyances. Le zèle religieux, disaient-ils, devait s'éteindre à mesure que la liberté et les *Lumières* augmentaient. Il est fâcheux que les faits ne s'accordent point avec cette théorie[24]. » La situation de l'après-guerre froide fut repensée dans ses grandes lignes, et la découverte de Tocqueville fut réactualisée. Pour reprendre l'expression de George Weigel, la « dé-sécularisation du monde[25] » était en train d'émerger.

Après la chute du mur de Berlin et l'effondrement du communisme soviétique, un très célèbre débat sur l'avenir du monde opposa Francis Fukuyama (« La fin de l'histoire ») et Samuel Huntington (« Le choc des civilisations »). D'après Fukuyama, l'économie s'était avérée plus puissante que la politique. L'Union soviétique avait implosé sans coup férir, parce que l'économie planifiée avait échoué là où l'économie de marché réussissait. Elle n'avait pas apporté la prospérité, principale exigence du peuple. À l'avenir, le défi consisterait à produire des magnétoscopes, et non des missiles. La croissance économique exigeait un marché libre qui, par la suite, instaurerait une société libre. Pas immédiatement peut-être, mais à terme, la démocratie libérale s'imposerait inévitablement dans tous les pays, les uns après les autres. Les luttes idéologiques du passé céderaient la place à une « fin de l'histoire » hégélienne qui, si ennuyeuse qu'elle puisse paraître, serait au moins pacifique[26].

Huntington ne partageait pas du tout cette thèse. Selon lui, modernisation n'était pas synonyme d'occidentalisation. La politique de l'avenir ne serait peut-être plus idéologique au sens du vingtième siècle, mais il subsisterait des écarts et des antagonismes profonds entre l'Occident et le reste du monde. Huntington qualifiait cette situation conflictuelle de « civilisationnelle ». D'après sa théorie, les conflits n'opposeraient pas nécessairement des États-nations, des systèmes économiques ou des philosophies politiques. Il ne s'agirait pas non plus, comme ce fut le cas dans le passé, de guerres internes entre parties rivales dans les frontières de l'Occident. En tout cas, l'histoire ne se dirigerait pas vers une synthèse hégélienne. Quelque chose perdurerait par-delà les instruments de production et de consommation, du pouvoir et de sa répartition. Ce quelque chose serait la culture, ou à son niveau le plus général, la civilisation : la langue, l'histoire, la religion, la coutume, les traditions, qui n'ont jamais cessé de diviser l'humanité. Plus un conflit international se mondialiserait, plus il risquerait de devenir civilisationnel, impliquant un choc entre des codes de sens et de comportement anciens, mais encore opérationnels[27].

Rétrospectivement, l'analyse la plus prémonitoire est celle de Benjamin Barber dans son essai de 1992, *Djihad versus McWorld*[28]. Selon Barber, les deux tendances se manifestent en même temps. Le monde tend à devenir un réseau unique et interconnecté sous l'impulsion de la technologie, l'écologie, les communications et le commerce. Ces forces mêmes, toutefois, produisent leur propre contre-réaction sous la forme d'une menace de « balkanisation des États-nations où l'on verra se dresser culture contre culture, peuple contre peuple, tribu contre tribu ». La fin d'une ère où le conflit entre deux superpuissances dominant le reste du monde, conduirait, non pas à l'harmonie globale, mais à la fragmentation croissante de groupes de plus en plus petits. « La planète, conclut-il, se décompose précipitamment et se recompose au même moment. »

Peu d'écrivains exprimèrent de façon aussi saisissante que Michael Ignatieff le sentiment d'attente euphorique qui suivit les événements dramatiques de 1989 :

> À la chute du mur de Berlin, au moment où Vaclav Havel se tenait sur son balcon au-dessus de la place Venceslas à Prague, et que la foule acclamait l'effondrement des régimes communistes en Europe, j'ai pensé, comme beaucoup d'autres, que nous serions les témoins d'une nouvelle ère de démocratie libérale [...]. L'esprit léger et insouciant, nous supposions que le monde allait irrévocablement progresser au-delà du nationalisme, au-delà du tribalisme, au-delà des confins étriqués

> des identités inscrites sur nos passeports, vers une culture de marché mondial qui serait notre nouveau chez-nous[29].

Au terme d'un voyage à travers des zones de conflits en Croatie et Serbie, Allemagne, Ukraine, Québec, Kurdistan et Irlande du Nord, ses espoirs volèrent en éclats. Voici ce qu'il écrivit :

> La planète n'est pas gouvernée par des sceptiques et des railleurs, mais par des hommes armés et de vrais croyants, et le nouveau monde qu'ils vont léguer au siècle prochain semble déjà un lieu plus violent et plus désespéré que je ne l'aurais jamais imaginé. Si j'avais supposé, à la fin de la guerre froide, que le nouveau monde pourrait être gouverné par des philosophes et des poètes, c'était parce que je croyais, stupidement, que la civilité et l'ordre précaires des pays où je vis devaient être tout ce qu'on peut rationnellement désirer. Je n'en suis plus tellement sûr. J'étais libéral au début de mon voyage, et je le suis toujours à présent qu'il s'achève, mais je ne peux m'empêcher de penser que la civilisation libérale – l'État de droit, la discussion au lieu de la force, le compromis au lieu de la violence – va à l'encontre des inclinations les plus profondes de l'homme, et ne peut être instaurée et maintenue qu'au prix d'une lutte acharnée contre la nature humaine. Les vertus libérales – tolérance, compromis, raison – sont toujours aussi précieuses, mais ne peuvent être enseignées à ceux qui sont fous de peur ou fous d'un désir de vengeance[30].

Ces mots, écrits en 1993, n'ont en rien perdu de leur force avec les années.

* * *

Pourquoi la religion est-elle revenue sur la scène mondiale avec une telle violence ? Il n'y a pas de réponse unique, mais une explication générale n'est pas si difficile à donner. La mondialisation est profondément déstabilisante. Elle illustre parfaitement ce que Schumpeter a appelé « l'ouragan perpétuel de la destruction créatrice[31] ». Ceux qui se sentent menacés par le changement se tournent vers la religion qu'ils perçoivent comme une source de stabilité, une expression de ce qui est immuable. Si le marché mondial tend à tout ramener à l'économie, la religion, quant à elle, offre un réconfort d'un autre type. Elle parle de la dignité de la personne et de la puissance de l'esprit humain. Elle nous dit que nous sommes davantage, ou autre chose, que ce que nous gagnons ou achetons. Dans l'économie mondiale en plein essor, il y a des gagnants et des perdants. La vie prend la forme d'une lutte pour la survie, implacable et darwinienne. Or, la religion nous rappelle qu'il existe d'autres sources d'estime de soi. Nous ne sommes pas nécessairement dressés les uns contre les autres dans un rapport de force gagnant-perdant.

Plus important encore, aucun autre système ne se charge de ce que la religion a traditionnellement entrepris de faire, à savoir donner une explication à des questions essentielles, telles que : qui sommes-nous et pourquoi, quelle est notre place dans l'univers et quelle est la signification des événements se déroulant autour de nous ? Les grands systèmes post-Lumières – science, économie et idéologies politiques – n'assument plus le rôle de philosophies générales qu'ils avaient joué dans le passé. La science est devenue descriptive, l'économie est désormais transactionnelle, et la politique est plus que jamais devenue affaire de gestion. Ces systèmes répondent au « quoi » et au « comment », mais jamais au « pourquoi ». Nous avons recours à eux pour obtenir ce que nous voulons, non pas pour savoir ce que nous devrions vouloir. En cela consiste leur force, mais d'un autre point de vue, c'est aussi leur faiblesse. Jamais auparavant nous n'avons été placés devant autant de possibilités, mais jamais non plus les institutions façonnant la société ne nous ont donné moins d'indications sur les bons choix à faire. Les grands emblèmes de notre temps – le supermarché, Internet, la télévision par câble ou satellite – nous proposent une gamme apparemment infinie d'options, dont chacune offre la meilleure affaire, le meilleur achat, les caractéristiques techniques les plus avancées, le prix le plus bas. Mais la consommation ne permet guère d'accéder au salut. Le bonheur que nous attendions de l'achat de ce jean, de cette montre ou de cette voiture, est à chaque fois différé par la promesse que nous serons comblés par l'achat d'un prochain article que nous ne possédons pas encore. La société de consommation est mue par un mécanisme sans fin de stimulation, de satisfaction et de re-stimulation du désir. Cela ressemble davantage à une addiction qu'à une quête de l'accomplissement de soi.

Le vingt et unième siècle s'est bâti sur les ruines du vingtième, au cours duquel la plupart des grandes idéologies politiques – fascisme, socialisme, communisme et même nationalisme – ont été discréditées. Dans la vision de l'avenir de Fukuyama, nous percevons le retour d'un espoir exprimé au dix-huitième siècle, à savoir que le commerce ferait ce que la politique n'a pas réussi à faire : dompter les passions, domestiquer l'homme-guerrier et le transformer en homme-producteur et consommateur, intégrer les nations dans un réseau d'échanges mutuels gagnant-gagnant[32]. Le regroupement des États-nations d'Europe – qui se sont affrontés en guerres intermittentes au cours des siècles précédents – pour former une Union européenne, semblait en être un présage. L'effondrement de l'Union soviétique en était un autre. Ce que l'on a oublié, hier comme aujourd'hui, c'est que l'*homo sapiens* n'est pas seulement un animal calculateur choisissant rationnellement entre différentes options. Cela n'est même pas sa caractéristique principale. En réalité, il est le seul et unique animal en quête de sens, et dont les questions fondamentales sont : « Qui suis-je ? À quel récit est-ce que j'appartiens ? » Le grand espoir du libéralisme, à savoir que l'économie supplanterait la politique en remplaçant le bien public par le choix privé, était voué à l'échec. En effet, l'économie en tant que telle ne répond pas aux grandes questions du « Qui ? » et du « Pourquoi ? ». La religion le fait, et c'est là sa force dans le monde contemporain. Il se peut que la politique idéologique soit révolue, mais elle a été remplacée, non pas par « la fin de l'histoire », mais par la politique de l'identité.

On pourrait s'attendre à ce que les dirigeants religieux considèrent cette transition comme positive, et à certains égards, c'est le cas. La religion est un élément essentiel d'un point de vue humain et social. Je tenterai d'expliquer pourquoi dans les chapitres centraux de cet ouvrage. Mais c'est précisément maintenant que les dirigeants religieux devraient mettre en garde contre les dangers qui nous guettent. Parmi les systèmes propres à donner un sens et un but à la vie, les grandes religions n'ont jamais été surpassées. Lorsqu'elles se substituent à la politique, cependant, elles sont à haut risque. Or, c'est malheureusement ce qu'elles font dans certaines régions du monde. En certains cas, notamment en Afghanistan sous les talibans, des sociétés entières ont été soumises à la loi religieuse. Dans d'autres pays – l'Irak de Saddam Hussein, par exemple – des dirigeants laïcs recourent à la religion comme moyen de mobiliser et canaliser les passions populaires. Certaines combinaisons sont incendiaires, et l'association entre religion et pouvoir en est une.

Il est pertinent de rappeler l'origine des mots « politique » et « religion ». *Politique* vient du grec *polis*, la cité. Nombre de nos concepts politiques ont en effet pris naissance, avant l'apparition du christianisme, dans les cités-États grecques, notamment à Athènes. La politique renvoyait à la gouvernance de l'unité politique de base, la cité et ses affaires. Toutefois, dans le monde classique, les cités comportaient d'autres connotations. C'était là que s'exerçait le commerce et que se rencontraient des personnes de classes et de métiers différents. Les grands ports méditerranéens étaient cosmopolites selon les critères de leur époque. On y rencontrait des étrangers, des personnes venues en bateau pour acheter et vendre, ou pour y séjourner et travailler. Contrairement au village, la cité était un lieu marqué par la différence, où l'on pouvait entendre de multiples langues et accents, et rencontrer des personnes de religions et de cultures diverses. Aujourd'hui encore, la politique, en tant qu'art de concilier la différence, conserve sa relation avec la cité en arbitrant les conflits, résolvant les litiges et donnant un cadre à la coexistence pacifique. Tout cela requiert un ensemble de règles. Nous trouvons des échos de la cité dans des mots tels qu'*urbain* (*urbs* = cité), *civil* (*civis* = citoyen) et *cosmopolite*. Nombre de vertus dites libérales, comme la tolérance, le compromis et la raison, tirent leur origine de ce contexte.

Le terme de religion, en revanche, est issu du latin *religare*, relier. C'était et c'est encore aujourd'hui la mission des religions. Elles relient les hommes entre eux et avec Dieu ; elles forment des communautés. Dans certains cas, par exemple, lors de l'expansion de l'islam aux septième et huitième siècles, ou dans le Saint-Empire romain, il arrive que ces communautés soient bien plus importantes que les États-nations. Leur point commun, notamment dans le cas des grands monothéismes, est qu'elles créent des unités, des systèmes, des ensembles. Elles cimentent le groupe grâce à des rituels, des narratifs, des cérémonies et des symboles. Les religions constituent des systèmes complets de signification et, de ce fait, créent des entités. Elles le font de diverses façons : il y a une énorme différence entre l'Église du catholicisme médiéval, l'oumma des musulmans, le « sacerdoce de tous les croyants » du calvinisme et la « congrégation d'Israël » du judaïsme post-biblique. Les religions créent des communautés, hiérarchiques ou égalitaires, organiques ou fondées sur l'alliance. Mais il y a en leur cœur la vision d'une unité, d'une entité, d'un tout. C'est ce qui les distingue de la politique telle qu'elle est perçue habituellement. La différence appartient au domaine de la politique ; mais elle est aussi ce que la religion transcende. La religion est un lien. La politique est une médiation. C'est pourquoi ce que l'on pourrait considérer en politique comme des qualités nécessaires – compromis, ambiguïté, diplomatie, coexistence – est généralement assimilé à des vices d'un point de vue religieux.

La religion et la politique répondent à différentes dimensions de la condition humaine : l'une relie les hommes au sein de communautés, l'autre arbitre pacifiquement leurs différences. Les grandes tragédies du vingtième siècle advinrent quand la politique fut érigée en religion, quand la nation (dans le cas du fascisme) ou le système (dans le cas du communisme) furent absolutisés et déifiés. Le risque majeur encouru au vingt et unième siècle est que le contraire se produise : non pas que la politique soit « religionisée », mais que la religion soit politisée. La religion ne saurait être politique ; c'est ce que souligne Aristote dans sa critique de la république de Platon[33]. Platon, dans sa *République*, chercha à investir l'État des attributs d'une religion. Aristote objecta que, faute de différence, il ne saurait y avoir de politique. La politique est l'espace où toutes les tensions inhérentes aux convictions religieuses individuelles – diversité des opinions, intérêts conflictuels, multiplicité – peuvent être abordées et dépassées. Si nous avions auparavant besoin de relever ces défis au niveau local, nous devons aujourd'hui le faire à l'échelle mondiale.

Les religions furent les premiers phénomènes mondiaux de l'humanité. Le monothéisme biblique représente le moment où les hommes, pour la première fois, portèrent leur regard au-delà de la tribu, de la cité, de la nation, et perçurent l'humanité comme un tout. Aujourd'hui encore, plus que tout autre acteur de la scène internationale, les grandes religions répondent à l'impératif du vingt et unième siècle : « Penser mondialement, agir localement. » Leur vision est globale, mais leur cadre est local, qu'il s'agisse de la congrégation, de la synagogue, de l'église ou de la mosquée. La question est la suivante : les religions sont-elles prêtes à relever le plus grand des défis, à savoir se confronter à un monde où un conflit local peut avoir des répercussions mondiales ? C'était une chose pour les chrétiens et les musulmans de se combattre aux temps des croisades ; c'en est une autre de le faire à l'époque des armes nucléaires, chimiques et biologiques. C'était une chose, lors des guerres de religion, de se ranger sur un champ de bataille ; c'en est une autre lorsqu'un avion, un autobus, un immeuble de bureaux ou tout autre endroit peuvent se transformer en ligne de front et en scène de terreur.

L'économie peut éventuellement résoudre des problèmes politiques, et la politique des problèmes économiques ; seule la religion peut résoudre des problèmes issus de la situation religieuse elle-même. Pendant quatre siècles, l'Occident partit du principe que la science, la politique et l'économie prendraient la place occupée par l'Église. Le problème de la religion serait résolu en lui déniant tout pouvoir.

Mais que se passe-t-il lorsque la religion revient en force, justement parce qu'elle répond à des questions auxquelles la science, la politique et l'économie n'apportent aucune réponse ? Les grandes religions donnent un sens et un but à la vie de leurs adeptes. La question est de savoir si une religion peut faire de la place à d'autres que ses fidèles, à ceux qui chantent un autre cantique, écoutent une autre musique et racontent une autre histoire. C'est sur cette question que le sort du vingt et unième siècle pourrait se jouer.

Chapitre 3

La dignité de la différence : exorciser le spectre de platon

> Lors des forums internationaux, les politiciens auront beau répéter mille fois que le nouvel ordre mondial doit être fondé sur le respect universel des droits de l'homme, cela ne signifiera rien tant que cet impératif ne découlera pas du respect devant le miracle de l'Être [...]. Ce respect doit être enraciné dans la transcendance de soi : la transcendance comme une main tendue vers ceux qui sont proches de nous, vers les étrangers, vers la communauté humaine, vers toutes les créatures vivantes, vers la nature, vers l'univers ; la transcendance comme un besoin profond et joyeux d'être en harmonie, même avec ce que nous ne sommes pas, ce que nous ne comprenons pas, ce qui nous semble distant dans le temps et l'espace, mais avec quoi nous sommes mystérieusement reliés parce que tout cela, réuni avec nous, constitue un monde unique ; la transcendance comme la seule véritable alternative à l'extinction.
>
> (Vaclav Havel, *L'art de l'impossible*)

Pour reprendre une expression de Isaiah Berlin[1], une conviction, plus que toute autre, est responsable des vies sacrifiées sur l'autel des grands idéaux historiques : ceux qui ne partagent pas ma religion, ma race ou mon idéologie ne partagent pas mon humanité. Au mieux, ce sont des citoyens de seconde zone. Au pire, ils sont déchus du caractère sacré de la vie. Ce sont les laissés-pour-compte, les incroyants, les infidèles, les damnés ; ceux pour qui il n'est point de salut. Si la religion est ce qui nous rend humains, alors, ceux qui ne partagent pas ma religion ne sont pas pleinement humains. De cette équation découlèrent les croisades, les inquisitions, les djihads, les pogroms, le sang des sacrifices humains à travers les âges. Remplaçons race par religion ; et c'est de cette équation que découla l'Holocauste.

Je pensais que l'Holocauste nous avait immunisés contre cette idée. Qu'il était impossible de ne pas entendre les fantômes d'Auschwitz crier « Jamais plus ! » Je n'en suis plus aussi sûr. Je suis de plus en plus convaincu que si nous ne luttons pas, comme Jacob, contre l'ange noir de notre nature et de nos croyances, d'autres tragédies suivront. Il y en a déjà eu au Rwanda, au Cambodge et dans les Balkans, et il y en aura d'autres. Il n'est pas de plus grand défi pour la religion. Reste à savoir si nous serons à la hauteur. Ce défi fut lancé dès les premiers chapitres de la Bible. Le premier acte connu de dévotion religieuse fut immédiatement suivi du premier meurtre, du premier fratricide. Deux personnes apportèrent une offrande à Dieu. L'un était Abel, l'autre Caïn. J'y vois un avertissement clair et funeste, donné au tout début du Livre des livres : de même qu'il est une voie menant de la religion à la rédemption, il en est une autre menant du mauvais usage de la religion à la violence. Qu'est-ce qui conduit les hommes à verser le sang au nom de Dieu ?

Il y a une réponse que nous connaissons bien. La religion concerne l'identité ; or l'identité est facteur d'exclusion. Pour chaque « *nous* », il y a un « *eux* », ceux qui ne sont pas comme nous. Il y a les nôtres et ceux qui ne le sont pas, les amis et les étrangers, les frères et les autres, et sans ces délimitations bien précises, il est même douteux que nous possédions une identité. Le sentiment d'appartenance remonte à l'aube de l'humanité, à l'époque où faire partie d'un groupe était vital. Hors du groupe, entouré de prédateurs, l'individu ne pouvait survivre. Certains de nos instincts les plus profonds remontent à ces temps lointains et expliquent notre tendance à créer des réseaux, à nous attacher à autrui et à faire preuve de loyauté. Jusqu'à ce jour, nous qualifions encore ces prédispositions de *tribales*.

Elles sont à l'origine de certaines des expressions religieuses les plus anciennes de l'humanité. Dans le panthéon des dieux de l'Antiquité, certains dieux représentaient un peuple ou une nation. Ils veillaient sur leurs destinées, combattaient dans leurs guerres, habitaient un sanctuaire ou une montagne sacrée, et exerçaient en quelque sorte une juridiction locale. Par exemple, les Moabites pouvaient assimiler leur guerre avec les Israélites à une bataille entre leur dieu, Kemoch, et le Dieu des Israélites. Ce sentiment, enraciné depuis la nuit des temps, n'est jamais tout à fait mort. Il a repris vie dans un contexte séculier, dans le nationalisme romantique de l'Europe du dix-neuvième siècle, à travers des idées telles que le *Volksgeist*, « le génie du peuple », conçu en termes non moins mystiques que ses prédécesseurs païens. Et il perdure aujourd'hui dans les stades et les compétitions sportives à travers le monde.

Le tribalisme dispose d'une force colossale – celui qui s'est trouvé dans une foule en délire pourra en témoigner. Abdiquer son moi solitaire et s'unir à quelque chose de plus large, de plus puissant, de plus fondamental, est l'un des instincts les plus profonds de l'humanité. Le monde tribal est agonistique : c'est un lieu de conflit où les plus forts gagnent et où l'on acquiert gloire et honneur en combattant, voire en mourant, pour une noble cause. C'était l'état d'esprit des jeunes gens partis, en 1914, se battre pour la patrie lors de la Première Guerre mondiale[2]. Il fallut des millions de morts, une autre guerre mondiale et le redoutable pouvoir des armes atomiques et nucléaires, pour que l'Occident aboutît à la conclusion que le prix de la guerre était trop élevé.

Aujourd'hui, nous avons tendance à considérer la résurgence du tribalisme comme le grand danger de notre monde fragmenté. C'est vrai, mais ce n'est pas l'unique danger. Le paradoxe est que ce que nous tenons pour le contraire du tribalisme – l'universalisme – peut également s'avérer extrêmement menaçant, et tout aussi inadéquat à appréhender l'existence humaine. Une culture mondiale est une culture universelle, et les cultures universelles, malgré leurs apports positifs, ont également fait beaucoup de mal. Pour elles, en fin de compte, nous sommes tous semblables et vulnérables. Nous avons un corps et nous ressentons la faim, la soif, la peur, la douleur. Nous pensons, espérons, rêvons, désirons. Tout ceci est vrai et important. Mais nous sommes aussi différents. Chaque paysage, langue, culture, communauté est unique. Notre dignité humaine est elle-même enracinée dans le fait que nul d'entre nous – pas même les jumeaux génétiquement identiques – n'est exactement semblable à un autre. Par conséquent, nul d'entre nous n'est remplaçable ou interchangeable, ni ne constitue un simple spécimen d'une catégorie. C'est ce qui fait de nous des individus, et non de simples organismes ou machines. S'il fallait finalement n'accorder d'importance qu'à nos points communs, alors nos différences seraient des anomalies à éliminer.

J'affirme que l'universalisme est une doctrine tout à fait erronée. C'est une erreur commise à plusieurs reprises dans l'histoire de l'Occident, et nous sommes sur le point de la commettre de nouveau avec la mondialisation. Rien de ce que je dirai dans cet ouvrage ne sera plus radical et plus difficile à comprendre, parce que mon affirmation remet en cause un postulat qui, depuis deux millénaires au moins, est au cœur de la civilisation occidentale. C'est pourtant l'argument que je vais défendre : il ne nous faut rien de moins qu'un changement de paradigme dans notre compréhension de nos ressemblances et de nos dissemblances. Il peut paraître étrange de suggérer un lien entre la tragédie du 11 septembre et un philosophe grec qui vécut il y a près de 2500 ans, mais c'est ce que je vais faire. Cette croyance millénaire, que j'appelle le spectre de Platon, n'a cessé depuis lors de hanter l'imagination occidentale.

* * *

Dans la Chambre de la Signature au Vatican se trouve l'un des chefs d'œuvre de l'art de la Renaissance : la vaste fresque de Raphaël, *L'École d'Athènes.* Encadrant la scène et dominant la moitié supérieure de la fresque, se dressent de magnifiques colonnes, des statues et une arcade de l'académie, à travers laquelle on aperçoit au loin un ciel bleu, légèrement ennuagé. Au premier plan, au centre, se tiennent en petits groupes les membres de l'académie, qui parlent, écoutent, discutent, gesticulent et se querellent. Tout devant, un penseur solitaire est assis sur les marches, plongé dans ses réflexions, la tête reposant sur sa main, dans l'attitude du *Penseur* de Rodin. Cependant, notre regard est attiré par les deux personnages qui se tiennent au centre, les deux géants de la pensée grecque. À gauche, Platon, cheveux et barbe blanchis par l'âge, et à ses côtés, un homme plus jeune, Aristote, qui sera son disciple le plus illustre et dont l'influence éclipsera progressivement celle de son maître. La main gauche d'Aristote est tournée vers le sol, tandis que la droite de Platon pointe vers le ciel.

Nous n'avons pas besoin de sous-titres pour savoir ce que dit Platon :

> Si tu recherches la vérité, Aristote, ne baisse pas les yeux vers le monde qui nous entoure, vers la réalité empirique avec ses particularités désordonnées et chaotiques. Tourne ton regard vers le ciel et le monde des formes, car c'est là-bas que tu trouveras l'essence et la nature véritables des choses. Là-bas, au lieu des particularités et des conflits, tu trouveras l'unité et l'harmonie.

Dans le monde des idées, la différence se résout en ressemblance. Les particularités cèdent la place à l'universel. Dans *La République,* Platon explique dans sa célèbre allégorie de la caverne[3] que le monde que nous voyons, dans lequel nous évoluons et vivons, est un simple jeu d'ombres. La vraie nature des choses n'est pas la matière, mais les formes et les idées, et non leur incarnation concrète dans le monde des sens. C'est là que les arbres deviennent Arbre, où les hommes deviennent Homme, et où les vérités apparentes se fondent dans la Vérité.

C'est un rêve merveilleux que celui de Platon, un rêve qui ne cessa jamais de séduire ses héritiers philosophiques et religieux : le rêve de la raison, d'un monde d'ordre face au chaos de la vie, d'une éternité au-delà de l'ici et maintenant. Son idée la plus puissante est que la vérité – la réalité, l'essence des choses – est universelle. Comment en irait-il autrement ? Ce qui est vrai l'est pour tous et de tout temps. Par conséquent, plus une culture est universelle, plus elle se rapproche de la vérité. Après tout, n'est-ce pas ainsi que nous, êtres humains, atteignons la maturité ? Pendant notre enfance, nous sommes attachés à notre famille proche. Ensuite, à mesure que notre exposition au monde s'élargit, nous en venons successivement à intégrer des amis, des voisins, la communauté, la société, et plus tard, toute l'humanité. Il en va de même de la civilisation. L'histoire de l'*homo sapiens* est précisément le passage de petits groupes nomades aux tribus, aux cités-États, aux nations, et finalement, dans un avenir plus ou moins proche, à la gouvernance mondiale. La particularité, qui s'inscrit dans le monde des sens et des passions, est source de conflits, de préjugés, d'erreurs et de guerres. L'universalité est le royaume de la vérité, de l'harmonie et de la paix. Le passage du primitif au complexe, du chauvinisme au cosmopolitisme, du local au mondial, constitue le cheminement qui mène des attachements particuliers à la raison universelle.

Vu à travers ce prisme de valeurs, le judaïsme ne peut être perçu autrement qu'une révolution arrêtée à mi-chemin. Il se situe entre deux époques : d'un côté, celle des cultures tribales et des déités locales du monde antique, et de l'autre, celle des cultures universalistes, comme celles de la Grèce et de Rome, et de leurs successeurs religieux, le christianisme et l'islam. Le judaïsme est en quelque sorte né *in media res*. Il était apte à concevoir un Dieu universel, mais pas encore une religion universelle. Ici et là, dans ses textes sacrés, percèrent les rais de lumière des visions universalistes d'Amos et Isaïe, mais le judaïsme demeura une religion particulariste et, par conséquent, tribale. Il était captif de l'esprit de clocher de l'Antiquité.

Ce point de vue est parodique, mais s'il ne s'agissait que de cela, je ne prendrais pas la peine d'argumenter ici. Ma thèse est beaucoup plus radicale : l'universalisme est une réponse inadéquate au tribalisme, et non moins dangereuse. Il conduit à l'idée superficiellement convaincante, mais totalement fausse, qu'il n'existe qu'une seule vérité sur l'essentiel de la condition humaine, et qu'elle s'applique pour tous et en tout temps. Si j'ai raison, tu as tort. Si ce que je crois est la vérité, alors ta croyance qui est différente de la mienne est une erreur dont tu dois être dissuadé, guéri et sauvé. De là ont découlé quelques-uns des grands crimes de l'histoire, certains commis sous l'égide de la religion, d'autres, comme dans le cas des révolutions française et russe, sous la bannière de philosophies séculières, mais tous sous l'effet du sortilège exercé par le spectre de Platon[4].

* * *

La Bible hébraïque est un livre dont on saisit mal l'étrangeté. Elle raconte l'histoire de Dieu qui conclut une alliance avec un homme, Abraham, dont les enfants devinrent une famille, puis une tribu, puis un ensemble de tribus, puis une nation. C'est le narratif d'un peuple particulier. Pourtant, ce n'est pas par ce peuple que débute l'histoire de la Bible. Elle commence par nous raconter l'histoire de l'humanité en général. Les onze premiers chapitres évoquent Adam et Ève, Caïn et Abel, Noé et le déluge, Babel et sa tour, autant d'archétypes de l'humanité dans son ensemble. Il ne s'agit pas simplement d'un mythe étiologique, un récit des origines. Il est évident qu'il a d'autres ambitions. La Bible fait ici ce qu'elle fait également ailleurs : elle transmet un ensemble de vérités à travers un récit. Mais si l'on en croit la norme, l'ordre de ces histoires est erroné. En effet, elles *commencent* par l'humanité universelle, puis évoluent vers le particulier : un homme – Abraham, une femme – Sarah, et un peuple – leurs descendants. *En inversant l'ordre normal et traçant un parcours de l'universel au particulier, la Bible représente le grand narratif anti-platonicien de la civilisation occidentale.*

À l'inverse de Platon et ses successeurs, la Bible affirme que l'universalisme est non pas la dernière, mais la première étape de l'évolution de la pensée éthique. Le monde des onze premiers chapitres de la Genèse est global. C'est une monoculture, comme le souligne le verset suivant : « Toute la terre avait une même langue et des paroles semblables » (Genèse 11, 1). C'est à ce monde que Dieu s'adresse d'abord. Il donne à Adam un ordre, à Caïn un avertissement, et à Noé sa grâce. Mais, l'une après l'autre, ces expériences échouent. Adam désobéit ; Caïn commet un meurtre ; Noé habite un monde de violence. Un verset saisissant évoque la déception de Dieu. « L'Éternel regretta d'avoir créé l'homme sur la terre, et Il s'affligea en Lui-même » (Genèse 6, 6). Après le déluge, Dieu conclut une alliance avec l'humanité, le premier code moral. Mais l'histoire ne finit pas là. Suit un bref passage qui mériterait de devenir une parabole de notre temps :

> Toute la terre avait une même langue et des paroles semblables. Or, en se déplaçant vers l'Est, les hommes trouvèrent une vallée dans le pays de Sennaar, et s'y arrêtèrent.
>
> Ils se dirent l'un à l'autre : « Çà, préparons des briques et cuisons-les au feu. » Et la brique leur tint lieu de pierre, et le bitume de mortier. Ils dirent : « Allons, bâtissons-nous une ville, et une tour dont le sommet atteigne le ciel ; faisons-nous un établissement durable, pour ne pas nous disperser sur toute la face de la terre. »
>
> Le Seigneur descendit sur la terre, pour voir la ville et la tour que bâtissaient les fils de l'homme ; et il dit : « Voici un peuple uni, tous ayant une même langue. C'est ainsi qu'ils ont pu commencer leur entreprise, et dès lors tout ce qu'ils ont projeté leur réussirait également. Or çà, paraissons ! Et, ici même, confondons leur langage, de sorte que l'un n'entende pas le langage de l'autre. »

> Le Seigneur les dispersa donc de ce lieu sur toute la face de la terre, les hommes ayant renoncé à bâtir la ville. C'est pourquoi on la nomma Babel, parce que là le Seigneur confondit le langage de tous les hommes, et de là, l'Éternel les dispersa sur toute la face de la terre. (Genèse 11, 1-9)

Les hommes de la plaine de Sennaar font une découverte technologique. Ils apprennent comment fabriquer des briques en asséchant l'argile. Comme après tant d'autres avancées technologiques, ils en concluent immédiatement qu'ils ont désormais le pouvoir des dieux. Ils ne sont plus assujettis à la nature. Ils en sont devenus les maîtres. Ils vont conquérir les cieux. L'environnement qu'ils se sont bâti – la ville avec sa ziggurat ou montagne artificielle – reproduira la structure du cosmos, mais ce seront eux qui y régneront à la place de Dieu. Selon l'interprétation de Rabbi Naftali Zvi Yehudah Berlin, commentateur du dix-neuvième siècle, Babel fut le premier totalitarisme[5]. Babel, c'est l'hubris par excellence, commise à maintes reprises dans l'histoire, des cités-États sumériennes à la *République* de Platon, en passant par les empires antiques et modernes et l'Union soviétique. C'est la tentative d'imposer une unité artificielle à la diversité créée par Dieu. Voilà en quoi l'universalisme se trompe.

L'épisode de Babel, qui est le premier projet mondial, constitue un tournant dans le récit biblique. Il s'achève par la division de l'humanité en une multiplicité de langues, cultures, nations et civilisations. L'alliance entre Dieu et l'ensemble de l'humanité n'est pas rompue. Mais désormais, Dieu se concentrera sur une seule famille et, finalement, sur un peuple qui sera Son témoin et le porteur de Son alliance – un peuple dans l'histoire duquel Sa présence sera particulièrement transparente. Dieu demandera à Abraham et aux siens d'être prêts à tout abandonner, leur maison, leur pays natal, leur terre, toutes leurs certitudes confortables, afin d'entreprendre un voyage avec Sa présence pour unique protection. Ce peuple aura un destin unique et exemplaire. Il sera différent. Et en réalité, dans la Bible, telle est la signification du mot *kadoch*, « saint » : être différent, séparé, distinct. La question est : pourquoi ?

* * *

Le judaïsme a une particularité structurelle extrêmement déroutante et profonde. S'il est vrai que les deux monothéismes auxquels il a donné naissance, le christianisme et l'islam, lui ont beaucoup emprunté, ils n'en adoptèrent pas la spécificité suivante : le judaïsme est un monothéisme particulariste. Les Juifs croient en un seul Dieu, mais non à une unique voie vers le salut. *Le Dieu des Israélites est le Dieu de tous les hommes, mais ce qu'Il exige des Israélites, Il ne l'exige pas de tous les hommes.* Dans le judaïsme, il n'y a pas d'équivalent de la doctrine *extra ecclesiam non est salus,* « hors de l'Église, point de salut ». Au contraire, les anciens Sages du judaïsme affirment que « les justes des nations ont leur place dans le monde à venir[6] ». En fait, la Bible tient pour acquis que le Dieu d'Israël n'est pas exclusivement le Dieu d'Israël. Il est aussi le Dieu du contemporain d'Abraham, Malki-Tsedek, roi de Salem qui, sans être membre de la famille de l'alliance, était néanmoins « prêtre du Dieu suprême » (Genèse 14,18). Dieu était également reconnu par Jethro, beau-père de Moïse et prêtre madianite, qui donna à Israël sa première leçon de gouvernance, à savoir la nécessité de choisir des chefs de milliers, de centaines, de cinquantaines et de dizaines d'hommes. Deux des héroïnes bibliques, Tamar et Ruth, n'étaient pas israélites. La première venait du pays de Canaan et la seconde de Moab, mais toutes deux occupent une place d'honneur dans l'histoire d'Israël. Elles sont en effet les ancêtres de David, le plus grand roi du peuple juif. Comment cette idée est-elle née et quelles sont ses implications ?

Je suggère une réponse radicale à cette question. Dieu, Créateur de l'humanité, après avoir conclu une alliance avec tous les hommes, se tourna vers un seul peuple auquel il ordonna d'être différent, *apprenant ainsi aux hommes à faire de la place à la différence. Dieu peut parfois se trouver dans l'autre, celui qui n'est pas comme nous.* Le monothéisme biblique ne consiste pas à dire qu'il n'y a qu'un seul Dieu et, par conséquent, une seule porte d'accès à Sa présence. C'est au contraire l'idée que *l'unité de Dieu se trouve dans la diversité de la création.* Ceci vaut pour le monde physique. Ce qui est réel et fait l'objet de notre émerveillement n'est pas la forme platonicienne d'une feuille, mais les 250 000 variétés de feuilles existantes ; non pas la quintessence de l'oiseau, mais les 9000 espèces d'oiseaux existant aujourd'hui ; non pas le métalangage qui englobe tous les autres, mais les 6000 langues parlées aujourd'hui dans le monde. Grâce à notre nouvelle connaissance de l'ADN, nous savons maintenant que toute vie, dans son époustouflante complexité, a une origine unique. Matt Ridley exprime cette idée avec enthousiasme :

> Les mots de trois lettres du code génétique sont les mêmes pour tous les êtres vivants. CGA signifie arginine et GCG alanine, pour les chauves-souris, les scarabées et les bactéries. Elles signifient la même chose pour les archéobactéries au nom trompeur, vivant à température d'ébullition dans des sources sulfureuses, à des milliers de pieds au-dessous de la surface de l'océan Atlantique, ou dans ces sournoises capsules microscopiques appelées virus. N'importe où dans le monde, sachez que les animaux, les plantes, les insectes et les blobs utilisent, s'ils sont vivants, le même dictionnaire et connaissent le même code. La vie forme une seule et même entité. À l'exception de rares et minuscules aberrations locales, généralement trouvées pour des raisons inconnues chez les protozoaires ciliés, le code génétique est le même chez toutes les créatures. Nous utilisons tous exactement le même langage. Cela revient à dire, et les croyants pourront y trouver un argument utile, qu'il n'y a qu'une seule création, un unique événement présidant à la naissance de la vie[7].

L'unité dans les Cieux crée la diversité sur terre[8].

Il en va de même des civilisations. Le message essentiel de la Bible hébraïque est que l'universalité – l'alliance avec Noé – n'est que le contexte et le prélude de l'irréductible multiplicité des cultures, ces systèmes de sens par lesquels les êtres humains ont cherché à comprendre leurs relations les uns avec les autres, avec le monde et avec la source de l'être. L'assertion platonicienne de l'universalité de la vérité n'est valable que si elle s'applique aux sciences et à la description de ce qui est. Elle n'est pas valable si elle s'applique à la morale, à la spiritualité et à notre sentiment de ce qui devrait être. Il existe une différence entre *physis* et *nomos*, description et recommandation, nature et culture. Les cultures sont comme les langues. Le monde qu'elles décrivent est le même, mais les manières de le décrire sont d'une infinie variété. L'anglais n'est pas le français ; l'italien n'est pas l'allemand ; l'urdu n'est pas l'ougaritique. Chaque langue est le produit d'une communauté spécifique et de son histoire, de ses expériences et de ses sensibilités communes. Il n'y a pas de langue universelle. Nous ne pouvons parler, communiquer, ni même penser sans nous soumettre aux contraintes d'une langue particulière, dont les contours ont été modelés par les centaines de générations d'orateurs, conteurs, artistes et visionnaires qui nous ont précédés et nous ont légué l'histoire dont nous faisons à présent partie. Dans chaque langue, nous pouvons dire quelque chose de nouveau. Aucune langue n'est figée, inaltérable, complète. Nous n'avons pas la possibilité de nous placer hors des particularités de la langue pour aboutir à une vérité, à une façon d'appréhender le monde et d'y répondre, qui s'appliquerait à tous et de tout temps. Ce n'est pas là l'essence de l'humanité, mais une tentative d'échapper à l'humanité.

Il en va de même pour la religion. Dans la Bible hébraïque, la transcendance radicale de Dieu signifie que l'Infini est au-delà de notre compréhension finie. Dieu communique dans le langage humain, mais il est des dimensions du Divin qui nous échapperont toujours. En tant que juifs, nous croyons que Dieu a conclu une alliance avec un seul peuple, ce qui n'exclut pas la possibilité pour d'autres peuples, cultures et religions, de trouver leur propre relation avec Dieu dans le cadre partagé des lois noahides. Ces lois constituent, pour ainsi dire, une grammaire sous-jacente permettant de comprendre la dimension divine de l'expérience humaine : elles aident à reconnaître le monde comme l'œuvre de Dieu et à percevoir l'humanité comme le reflet de l'image de Dieu. *Dieu est le Dieu de tous les hommes, mais depuis Babel jusqu'à la fin des temps, aucune foi n'est la foi de tous les hommes.* Un tel narratif peut nous aider à respecter la quête de Dieu chez les croyants d'autres religions, et à réconcilier la particularité des cultures avec l'universalité de la condition humaine.

Cela revient à dire que, bien que Dieu ait dicté au peuple juif des exigences absolues, ces dernières, en dehors des lois noahides, ne sont pas universelles. Il est une différence, par trop souvent ignorée, entre absolu et universalité. J'ai une obligation absolue envers mon enfant, mais cette obligation n'est pas universelle. Justement, c'est cette non-universalité, cette particularité, qui constitue la parentalité – la capacité de ressentir un lien avec *cet* enfant, et non avec tous les enfants sans distinction. C'est ce qui fait que l'amour est amour : non pas une affection généralisée pour telle ou telle personne, mais un attachement particulier pour une personne dans toute sa singularité. Cette capacité à nouer un lien absolu de loyauté et d'obligation avec un individu en particulier, par opposition aux individus en général, se trouve au cœur de ce que nous entendons par « être humain ». C'est le thème exploré par Steven Spielberg dans son film *Intelligence artificielle*. Dans ce film, un couple dont l'enfant est dans le coma, fait l'acquisition d'un enfant-robot programmé pour aimer. La question est de savoir s'ils peuvent lui rendre cet amour, sachant que cet enfant-robot est l'un des articles d'une chaîne de production fabriquant des dizaines de produits identiques. La réponse donnée par le film est qu'ils en sont incapables, ce qui est très probablement vrai et constitue une bonne raison de ne jamais nous lancer dans le clonage reproductif, ni dans rien de ce qui menace de réduire des personnes à des types. L'irremplaçabilité essentielle des personnes est ce qui donne à l'amour sa vulnérabilité et sa fragilité face à la perte, au chagrin et à la souffrance. C'est ce qui distingue la science (la recherche des universaux) de la poésie (l'amour du particulier). C'est aussi ce qui distingue le Dieu des philosophes du Dieu de la Bible hébraïque.

Le Dieu que nous rencontrons dans la Bible n'est pas un concept philosophique ni scientifique, tel que la cause première, la force motrice, l'Être nécessaire. Il est un parent, comme le disent les versets : « N'avons-nous pas tous un seul père ? » (Malakhie 2, 10), ou encore « Comme un fils que sa mère console, ainsi vous consolerai-Je » (Isaïe 66, 13). Et ce parent ressent l'amour que tout parent éprouve pour un enfant qu'il a mis au monde. Le Dieu de la Bible hébraïque n'est pas platonicien ; ce n'est pas la forme abstraite de l'humanité qu'Il aime. C'est un particulariste qui aime chacun de ses enfants pour ce qu'il est : Il choisit Isaac, mais bénit aussi Ismaël ; Il préfère Jacob, mais ordonne également à ses enfants de ne pas haïr ceux d'Esaü ; c'est « l'Éternel [qui] est bon pour tous, sa pitié s'étend à toutes ses créatures[9] ». Le Dieu d'Abraham enseigne aux hommes une vérité plus complexe que ne le permettraient de simples oppositions, telles que « particulier/universel », « individu/État », ou encore « tribu/humanité ». Nous sommes particuliers *et* universels, semblables *et* différents, êtres humains en tant que tels, *mais aussi* membres de cette famille, de cette communauté, de cette histoire, de cet héritage. Notre particularité est notre fenêtre ouverte sur l'universalité, exactement comme notre langue est notre seul moyen de comprendre le monde que nous partageons avec les locuteurs d'autres langues. Tout comme un parent aimant est peiné de la rivalité entre ses enfants, Dieu nous demande à nous, Ses enfants, de ne pas nous combattre et de ne pas chercher à dominer l'autre. Dieu, créateur de la diversité, est la présence unificatrice au sein de la diversité.

* * *

C'est pourquoi l'éthique biblique revêt un caractère différent de celui de l'éthique philosophique. L'éthique philosophique, fidèle à ses origines platoniciennes, se concentre sur ce que nous avons en commun : la rationalité (Kant), l'émotion (Hume), ou encore notre goût pour le plaisir et notre aversion pour la douleur (Bentham). Devoir, obligation, sympathie, solidarité, sont des notions que nous partageons en vertu de notre universalité. Elles concernent l'Homme, non les hommes ; l'Humanité, non les individus ; l'unité du monde moral, non sa diversité. Même quand la philosophie réfléchit sur l'individu, elle tend à le faire en termes abstraits : elle parle du « moi non situé », coupé des liens fondateurs à la famille, aux amis, à la communauté et à l'histoire[10]. C'est ce qui donne à la morale philosophique son caractère « ténu » ou décontextualisé.

L'éthique biblique, en revanche, est bien plus complexe. Elle souligne la nature duelle de notre situation morale. D'un côté, nous sommes membres de la famille humaine universelle, et donc de l'alliance (noahide) avec tous les hommes. Il existe en effet des principes moraux universels, tels que le caractère sacré de la vie, la dignité de la personne humaine, le droit d'être libre, de n'être l'esclave de personne ni l'objet de la violence d'autrui. Trois épisodes de la vie de Moïse, avant qu'il ne devienne le chef des Israélites, en sont la parfaite illustration. Il intervient tout d'abord pour sauver un Israélite d'un Égyptien ; ensuite, pour sauver un Israélite d'un autre Israélite ; enfin, pour sauver les filles de Jethro (non-israélites) des bergers (non-israélites) qui les empêchent d'abreuver leur troupeau. Moïse reconnaît le caractère universel de l'injustice et la combat, indépendamment de qui la commet et de qui en est la victime.

D'un autre côté, nous sommes aussi membres d'une famille particulière qui a sa propre histoire et sa propre mémoire. Nous adhérons à une morale « dense » ou liée au contexte, représentée dans le judaïsme par les alliances abrahamique et mosaïque. Cette morale nous confère, vis-à-vis des membres de notre communauté, des engagements et des obligations dépassant le simple cadre de la justice. Nous avons des devoirs envers nos parents et nos enfants, nos amis et nos voisins, ainsi qu'envers les membres de la société considérés comme notre famille élargie (« Si ton frère vient à déchoir… »). Le terme générique pour désigner ces devoirs est *'hessed,* traduit habituellement par « bonté », mais se référant aux obligations que nous avons, par amour, envers ceux qui sont liés à nous par une alliance. Ce sont ces attentions morales qui donnent vie aux familles et aux communautés, au sein desquelles nous apprenons la grammaire et la syntaxe de la réciprocité et de l'altruisme. Michael Walzer explique pourquoi ces morales « denses », « maximales », et liées au contexte, sont plus fondamentales que les morales « ténues », « minimales », et universelles :

> Les sociétés ont nécessairement un caractère spécifique, parce qu'elles sont constituées de personnes et dotées d'une mémoire. Elles sont également constituées de personnes ayant une mémoire, non seulement de leur propre vie, mais aussi de leur vie commune. L'humanité, quant à elle, est composée d'individus, mais n'a pas de mémoire. Elle est donc dénuée d'histoire, de culture, de coutumes, de modes de vie traditionnels, de fêtes, ainsi que d'une compréhension commune du bien social. Il est humain d'avoir ce genre de choses, mais il n'y a pas une façon humaine unique de les avoir. En même temps, les individus des diverses sociétés peuvent, parce qu'ils sont humains, accepter mutuellement leurs différentes façons de faire, répondre à leurs sollicitations réciproques, apprendre les uns des autres, et (parfois) participer à leurs manifestations respectives[11].

Nous en venons à comprendre l'universalité des préoccupations morales, non grâce à une perspective morale universelle, mais à travers le vécu personnel de l'individu. Par notre propre expérience de la parentalité, nous savons que nous aimons nos enfants, et non les enfants en général, et nous reconnaissons que la parentalité chez les autres consiste également à aimer leurs enfants, et non les enfants en général. Il n'est pas de voie vers la solidarité qui ne commence par la particularité morale, autrement dit par l'apprentissage de ce que signifie être un fils, une fille, un parent, un voisin, un ami. Nous apprenons à aimer l'humanité en aimant des êtres humains particuliers. Il n'y a pas de raccourci[12].

* * *

La singularité de la morale biblique n'apparaît nulle part aussi clairement que dans la question la plus délicate de toute l'histoire des interactions humaines, à savoir *le problème de l'étranger*, celui qui n'est pas comme nous[13]. De tout temps, la plupart des sociétés se sont montrées méfiantes et agressives envers les étrangers. C'est compréhensible, même naturel. Les étrangers ne sont pas des nôtres. Ils viennent de l'extérieur de la tribu. Ils n'appartiennent pas au réseau de réciprocité qui crée et cimente les communautés. C'est justement ce qui fait la singularité du *Tanakh* dans l'histoire de la pensée morale. Comme l'ont souligné nos Sages, la Bible hébraïque peut se résumer en un seul verset : « Aime ton prochain comme toi-même ». Il ne se trouve pas moins de trente-six endroits où elle nous enjoint « d'aimer l'étranger ».

Le texte biblique revient sans cesse sur ce thème :

> Tu n'oppprimeras point l'étranger. Vous connaissez, vous, le cœur de l'étranger, vous qui avez été étrangers dans le pays d'Égypte[14].

> Si un étranger vient séjourner avec toi, dans votre pays, ne le molestez point. Il sera pour vous comme un de vos compatriotes, l'étranger qui séjourne avec vous, et tu l'aimeras comme toi-même, car vous avez été étrangers dans le pays d'Égypte. Je suis l'Éternel votre Dieu[15].

La Bible ne prétend pas que ce soit facile ou instinctif. Elle ne fonde pas le respect de l'étranger sur la raison ou l'émotion, sachant que dans les moments de tension, celles-ci ont rarement suffi à contrer la tendance de l'homme à ne pas aimer ceux qui sont différents, et à exclure du champ de ses préoccupations morales ceux qui ne lui ressemblent pas. Elle préfère évoquer l'histoire du peuple juif : « Tu sais ce que signifie être différent, parce qu'il fut un temps où toi aussi, tu as été persécuté en raison de ta différence. »

C'est d'ailleurs ce que Dieu ordonna aux Israélites de ne jamais oublier, suite à leur passé commun d'exil et d'esclavage. En leur for intérieur, ils se rappelleront ce que signifie être extérieur, dissemblable, étranger. Ce vécu est leur expérience fondatrice, rejouée chaque année le soir de Pessa'h, comme pour dire que seuls ceux qui ont connu l'esclavage comprennent au plus profond de leur conscience pourquoi il est injuste d'asservir les autres. Seuls ceux qui ont ressenti la solitude de l'étranger peuvent naturellement s'identifier aux étrangers. Même Moïse, élevé comme un prince égyptien, souffrit de son exil à Madian et nomma son fils aîné Guerchom (« là-bas j'étais un étranger »), comme pour dire : « Je suis un émigré sur une terre étrangère. »

Si Dieu se soucie de l'étranger, nous devons en faire autant. Abraham invite trois étrangers sous sa tente et découvre que ce sont des anges. Seul dans la nuit, Jacob lutte contre un adversaire anonyme, puis dit : « J'ai vu un être Divin face à face ». Accueillir l'étranger, disaient les Sages, est plus important encore que de « recevoir la Présence Divine ». Le Livre de Ruth où est retracée la généalogie de David, le plus grand roi d'Israël, atteint son point culminant lorsque Ruth dit à Booz son « rédempteur » : « Comment ai-je pu trouver grâce à tes yeux pour que tu t'intéresses à moi, qui suis une étrangère ? » (Ruth 2, 10). « L'autre humain » porte l'empreinte du Divin. Comme le dit un ancien enseignement juif : lorsqu'un homme frappe la monnaie avec le même marteau, les pièces sortent toutes identiques. Dieu a créé les hommes à la même image – à Son image – et chacun est sorti différent[16]. Le défi lancé à la pensée religieuse est de reconnaître l'image de Dieu en celui qui n'est pas à notre image. Cette approche est le contraire du tribalisme, mais est également très éloignée de l'universalisme, car la différence joue un rôle fondamental. Le prophète Malakhie dit aux Israélites : « Du levant au couchant, Mon nom est glorifié parmi les peuples, dit l'Éternel-Cebaot [...] mais c'est vous qui le déshonorez » (1, 11-12). Le Dieu d'Israël est plus important que les pratiques spécifiques d'Israël. On trouve des traces de Sa présence dans le monde entier. Il n'est nul besoin de partager un credo ou un code pour être partenaires dans l'alliance de l'humanité. Les prophètes d'Israël s'attaquent à une idée contraire à l'esprit platonicien : la morale et la dignité spirituelle s'étendent bien au-delà des limites d'une civilisation. Elles incluent l'autre, le dissemblable, l'étranger, celui qui n'est pas conforme à nos normes, à notre race ou à notre croyance.

* * *

Nous pouvons désormais cerner ce que le judaïsme représente dans la pensée occidentale. L'histoire du peuple de l'alliance commence par deux voyages : le départ de Mésopotamie d'Abraham et Sarah, le départ d'Égypte de Moïse et des Israélites. La Mésopotamie à l'époque d'Abraham, et l'Égypte à l'époque de Moïse, étaient les plus grandes puissances économiques et politiques de leur temps. *Le judaïsme a été une alternative concrète aux empires, parce que l'impérialisme et ses actuels successeurs, le totalitarisme et le fondamentalisme, sont des tentatives d'imposer un régime unique à un monde pluriel,* de réduire les hommes à l'Homme, les cultures à une culture unique, d'éliminer la diversité au nom d'un ordre sociopolitique unique.

La religion d'Israël proclame l'unicité de Dieu et la pluralité de l'homme. Elle transcende le tribalisme et son antithèse, l'universalisme. Le tribalisme et son pendant moderne, le nationalisme, affirment qu'il y a un Dieu (ou « esprit » ou « race » ou « caractère ») pour chaque nation. L'universalisme affirme qu'il y a un Dieu, et par conséquent, une vérité, une voie et un credo pour toute l'humanité. Ni l'un ni l'autre ne rend justice à l'autre, à l'étranger qui n'est pas à mon image, mais qui est néanmoins à l'image de Dieu. Le tribalisme dénie ses droits à l'étranger. L'universalisme garantit des droits, si et seulement si l'étranger se convertit, se conforme, s'assimile et par conséquent cesse d'être un étranger. Le tribalisme transforme le concept de peuple élu en celui de race supérieure. L'universalisme fait de la vérité d'une seule culture la mesure de toute l'humanité. Les conséquences en sont souvent tragiques et portent toujours atteinte à la dignité humaine.

Tous les empires ne sont pas universalistes. L'Empire ottoman, par exemple, accorda une certaine autonomie locale aux diverses cultures et communautés religieuses placées sous son égide. Il y a eu cinq cultures universalistes dans l'histoire de l'Occident : l'empire d'Alexandre, la Rome antique, le christianisme médiéval, l'islam et les Lumières. Les Juifs pâtirent de tous. Ce qui est particulièrement significatif est que trois d'entre eux – la Grèce, Rome et les Lumières – s'enorgueillissaient de leur tolérance. Mais cette tolérance, à l'instar de certaines de ses formes actuelles (comme le « politiquement correct »), était en fait très limitée : Antiochos IV interdit la pratique du judaïsme ; les Romains détruisirent le Temple ; les Lumières échouèrent à empêcher l'Holocauste. Ce qui s'avéra être la source de l'intolérance n'était pas la religion en soi– après tout, trois de ces cinq civilisations n'étaient pas religieuses. La cause de l'intolérance incombe plutôt à l'universalisme ou à ce que j'ai appelé « le spectre de Platon ». Afin d'évaluer un système, quel qu'il soit, il est bon de se demander s'il fait de la place à l'altérité. Reconnaît-il la dignité de la différence ?

C'est peut-être *la* question centrale de l'ère de la mondialisation. La différence fait désormais partie intégrante de la vie quotidienne. Au travail, dans la rue et à la télévision, nous voyons régulièrement des personnes dont la religion, la culture, l'accent, la race, la couleur de peau et les coutumes ne sont pas les nôtres. Cette expérience peut être ressentie comme enrichissante autant que menaçante. Comme Benjamin Barber l'a souligné, des forces centripètes et centrifuges sont à l'œuvre : d'une part, le McWorld, une culture majoritairement américaine véhiculée par les multinationales, les produits de marque, les vedettes médiatiques, la télévision par câble et satellite, Internet ; et d'autre part, un tribalisme résurgent qui rejette la « décadence » occidentale et réaffirme les identités originelles, parfois religieuses, parfois nationales, souvent un amalgame des deux. Lorsque ces deux forces se rencontrent et se heurtent, comme ce fut le cas le 11 septembre, le monde vacille. Maintenir un équilibre entre ces deux tendances, reconnaître nos ressemblances et nos dissemblances et leur accorder l'importance qu'elles méritent, faire la part entre l'universel et le particulier, est un défi culturel et spirituel des plus ambitieux. Mais c'est la seule façon d'éviter le choc des civilisations, et le risque d'un tel affrontement s'accroît d'année en année.

Après 1945, le monde misa, à l'instar de la Révolution française, sur un code universel des droits de l'homme, équivalent contemporain de l'alliance biblique avec Noé. Il ne fait aucun doute que ce code constitue une avancée importante, mais il ne contient que la moitié de ce qui serait nécessaire pour assurer la coexistence de cultures différentes. Nul code universel ne nous dit ce que nous perdrions si l'on mettait un frein à la multiplicité des civilisations, si une culture dominait toutes les autres, si les voix distinctes s'effaçaient du dialogue de l'humanité. Le langage abstrait des droits ne permet pas d'entrer dans la profondeur de ce que l'hindouisme signifie pour un Hindou, ou le confucianisme pour ses adeptes. Il laisse à penser que les particularités d'une culture sont de simples accrétions à notre humanité essentielle et indivisible, alors qu'elles sont la substance même du processus qui fait de nous des êtres humains. Plus particulièrement, il sous-estime la difficulté et la nécessité de faire de la place aux étrangers, ce qui est la source même du racisme et de l'exclusion dans presque toutes les sociétés de l'histoire. Si nous sommes appelés à vivre dans la proximité de la différence, comme en notre époque mondialisée, il nous faudra davantage qu'un code des droits, davantage même que la tolérance. Nous devrons comprendre que tout comme l'environnement naturel dépend de la biodiversité, l'environnement humain dépend de la diversité culturelle, parce qu'aucune civilisation à elle seule n'englobe toutes les expressions spirituelles, morales et artistiques de l'humanité.

* * *

En 1981, Isaiah Berlin rédigea quelques notes pour un ami qui s'apprêtait à donner une conférence et lui avait demandé de l'aide. Berlin partait pour l'étranger le lendemain et rédigea à la hâte les lignes suivantes qui, comme tout ce qu'il écrivit au long de sa vie, exprimaient son opposition à l'intolérance et à ce qu'il croyait en être la source :

> Peu de choses ont fait autant de mal que l'affirmation de certains individus ou groupes (ou tribus ou États ou nations ou Églises) qu'ils sont les *seuls* détenteurs de la vérité [...]. C'est une arrogance démesurée et dangereuse que de croire que vous seuls avez raison, que vous possédez un œil magique qui voit *la* vérité, et que les autres ne peuvent avoir raison s'ils sont en désaccord avec vous. C'est ainsi qu'une nation, une Église ou l'humanité entière acquiert la conviction qu'il n'y a qu'*un seul et unique* but, et que tous les sacrifices sont bons pour l'atteindre (surtout le sacrifice d'un autre peuple). Comme l'a dit Robespierre à peu près en ces termes, ils sont prêts « à traverser un océan de sang vers le Royaume de l'Amour ». Cette idée a été reprise par Hitler, Lénine, Staline, et je crois pouvoir dire que les chefs de guerre qui dressèrent les chrétiens contre les musulmans, ou les catholiques contre les protestants, croyaient sincèrement qu'il n'y avait qu'une seule bonne réponse aux questions capitales qui tourmentent l'humanité, et qu'ils la connaissaient. C'est cette conviction qui fut à l'origine des « océans de sang ». Cependant, aucun Royaume d'Amour n'en jaillit – ni ne l'aurait pu[17]...

Peu avant sa mort, en 1997, Isaiah Berlin me demanda d'officier à ses funérailles. Dans l'hommage que je lui ai rendu, j'ai cité l'une des plus troublantes histoires que les Sages juifs ont racontées sur la création de l'homme. Bien qu'elle date d'au moins mille cinq cents ans, elle me semble contenir ce qu'Isaiah Berlin a passé une grande partie de sa vie à enseigner :

> Rabbi Shimon dit : Alors que Dieu était sur le point de créer Adam, les anges tutélaires se séparèrent en deux groupes opposés, Les uns dirent : « Que l'homme soit créé. » Les autres dirent : « Que l'homme ne soit pas créé. » C'est pourquoi il est écrit, comme l'interprète le Midrach : « L'amour et la vérité se sont affrontés, la justice et la paix sont entrées en conflit » (Psaumes 85, 11).

> L'amour dit : « Qu'il soit créé, car il accomplira des actions miséricordieuses. »
> La vérité dit : « Qu'il ne soit pas créé, car il sera plein de fausseté. »
> La justice dit : « Qu'il soit créé, car il accomplira des actions justes. »
> La paix dit : « Qu'il ne soit pas créé, car il ne cessera de se quereller. »
> Que fit l'Éternel, béni soit-Il ? Il saisit la vérité et la jeta à terre.
> Les anges dirent : « Roi de l'univers, pourquoi infliger cela à Ton propre sceau, la vérité ? Laisse la vérité se relever de terre. »
> Ainsi est-il écrit : « La vérité germera du sein de la terre. » (Psaumes 85, 12)[18]

C'est là une interprétation théologique audacieuse. Elle suggère que Dieu était indécis avant de créer l'homme. Certes, l'homme est capable de belles actions altruistes, mais il est aussi constamment en guerre. Les hommes mentent et se querellent. Dieu prend la vérité et la jette à terre, ce qui signifie : pour que la vie soit vivable, la vérité sur terre ne peut être ce qu'elle est au Ciel. La vérité au Ciel peut être platonique, éternelle, harmonieuse, radieuse. Mais l'homme ne peut aspirer à une telle vérité, et s'il le faisait, c'est la guerre qu'il amènerait, non la paix. Les hommes tuent parce qu'ils sont convaincus de détenir la vérité, et persuadés que leurs adversaires ont tort. En ce cas, dit Dieu en jetant la vérité à terre, que les hommes vivent selon une norme différente de vérité, une vérité consciente de ses limites.

La parole Divine vient du Ciel, mais elle est interprétée sur terre[19]. La lumière Divine est infinie, mais pour que nous puissions la percevoir, elle doit se réfracter à travers notre compréhension partielle. La vérité Céleste transcende l'espace et le temps, mais la perception humaine est limitée par l'espace et le temps. Quand deux propositions se contredisent, ce n'est pas nécessairement parce que l'une est vraie et l'autre fausse. Il se peut, et c'est souvent le cas, que chacune représente une perspective différente de la réalité, une façon alternative de structurer l'ordre, ni plus ni moins comparable qu'un sonnet de Shakespeare, une toile de Michelangelo ou une sonate de Schubert. Dieu, écrit le Rav Avraham Kook, « a agi avec bienveillance envers son monde, en ne plaçant pas tous les talents au même endroit, dans un seul homme ou une seule nation, dans une seule génération ou même dans un seul monde[20] ». Chaque culture contribue à la totalité de la sagesse humaine. Les Sages ont dit : « Qui est sage ? Celui qui apprend de tous les hommes[21]. » Le plus sage n'est pas celui qui se sait plus sage que les autres : c'est celui qui, sachant que tous les hommes ont une part de sagesse, est disposé à écouter ce qu'un autre peut lui apprendre. En effet, nul d'entre nous ne connaît toute la vérité ; chacun n'en connaît qu'une partie.

Rien, dans l'histoire des civilisations, ne s'est avéré plus difficile que de reconnaître Dieu, le bien ou la dignité humaine, en ceux dont la langue n'est pas la nôtre, dont la peau est d'une autre couleur, dont la religion n'est pas notre religion, ni la vérité notre vérité. Il y a certainement bien des voies pour parvenir à cette générosité de l'esprit, et chaque religion trouvera la sienne. J'ai découvert la mienne en me penchant sur les textes sacrés du judaïsme, dans le contexte des tragédies du vingtième siècle et des incertitudes du vingt et unième siècle : j'ai la conviction qu'au cœur du monothéisme, Dieu transcende les particularités des cultures et les limites de la compréhension humaine. Il est mon Dieu, mais aussi le Dieu de tous les hommes, même ceux dont les coutumes et le mode de vie ne ressemblent pas aux miens. Cela ne veut pas dire qu'il y ait de nombreux dieux. Cela, c'est le polythéisme. Cela ne veut pas dire non plus que Dieu cautionne tous les actes commis en Son Nom. Au contraire : Dieu est un Dieu de justice qui se tient à mes côtés comme aux vôtres. Il nous apprend à nous accepter mutuellement, écoute nos requêtes et y répond équitablement. Seul un tel Dieu est transcendant – plus grand que l'univers naturel, plus grand même que l'univers spirituel, capable d'être compris dans n'importe quelle langue humaine, quelle que soit la perspective. Seul un tel Dieu pourrait enseigner aux hommes à faire la paix, sans conquête ni conversion, et dans un dessein plus noble que la nécessité pratique.

Que serait alors la religion ? Ce serait comme être en sécurité chez soi, tout en restant sensible à la beauté de lieux étrangers dont nous saurions qu'ils sont la demeure d'un autre, mais aussi une partie de la gloire du monde qui est nôtre. Ce serait comme parler couramment l'anglais, mais se laisser captiver par les rythmes et les sonorités d'un sonnet italien compris à moitié. Ce serait savoir que je suis une phrase dans l'histoire de mon peuple et de sa foi, mais qu'il y a d'autres histoires, chacune écrite avec les lettres des vies unies en une communauté, chacune faisant partie de l'Histoire des histoires, celle de l'homme qui cherche Dieu, et celle de Dieu qui appelle l'homme. Ceux qui ont confiance en leur religion ne sont pas menacés, mais agrandis par la religion des autres. Au milieu de nos innombrables inquiétudes, nous avons besoin de cette confiance, maintenant.

Chapitre 4

Le contrôle : le devoir de responsabilité

> Nous ne sommes pas de simples instruments de la nouvelle économie, ni ne sommes esclaves de ses tendances technologiques. Et nous ne devons pas rejeter la responsabilité de ses conséquences les moins souhaitables, les plus inquiétantes. En qualité de citoyens, nous avons le pouvoir d'adapter la nouvelle économie à nos besoins, et ce faisant, déterminer la forme de notre civilisation.
>
> (Robert Reich, *L'avenir de la réussite*)

La confiance est une denrée rare en une époque de changement. À l'heure même où j'écris, un homme politique de premier plan vient d'être assassiné en Hollande. Des émeutes ont éclaté dans les rues de Paris pour protester contre Jean-Marie Le Pen, le candidat d'extrême droite à la présidentielle. En Autriche, Suisse, Italie du Nord, Allemagne, Belgique, Pays-Bas, Danemark et Norvège, la rhétorique populiste et raciste gagne du terrain et les partis populistes d'extrême droite se multiplient. Des synagogues ont été incendiées et des Juifs agressés en France, en Belgique, en Hollande et en Tunisie. Une vague de violence – attentats-suicides perpétrés par des Palestiniens, suivis des représailles israéliennes – conduit le Moyen-Orient au bord du précipice. À l'été 2001, en Grande-Bretagne, des émeutes raciales ont éclaté dans plusieurs villes des Midlands, déversant sur les écrans de télévision des images de voitures en flammes, de magasins pillés et de policiers armés de matraques. Les manifestations antimondialistes de Seattle et d'ailleurs, loin d'être de simples incidents locaux, se sont révélées être les premières secousses d'un séisme, d'un changement sismique de l'état d'esprit du monde. Nous sommes entrés dans le plus dangereux des environnements : la politique de l'insécurité.

Dans ce chapitre, je me propose de mettre en lumière la nature de cette insécurité, parce que c'est elle, avant tout, qui a donné naissance à l'extrémisme politique et religieux, ainsi qu'au populisme autoritaire qui menace les sociétés libres. Ce phénomène s'explique notamment par le rythme accéléré des transformations technologiques, culturelles et économiques que nous vivons. Mais ce n'est pas tout. Le dix-neuvième siècle a également été une époque d'immense changement. L'industrialisation, le développement des chemins de fer et la croissance du commerce ont douloureusement altéré la vie des populations. Les populations rurales se sont déplacées vers la ville. Le travail est passé de la maison à l'usine. Les écrivains, de Dickens à Disraeli, ont évoqué le travail des enfants, la pauvreté, la morosité du paysage urbain et les nouvelles formes de division sociale (*Les deux nations* de Disraeli). La violence urbaine était telle, qu'il était dangereux de marcher dans les rues la nuit. Pourtant, ces problèmes, bien que dénoncés par la critique sociale et l'activisme politique, n'engendrèrent pas la même insécurité que nous ressentons aujourd'hui. En Grande-Bretagne, en tout cas, l'ère victorienne fut exempte de révolution. Ce fut, d'une manière qui nous semble lointaine aujourd'hui, une époque de confiance. En quoi notre situation actuelle est-elle si anxiogène et déstabilisante ?

Un premier facteur est incontestable : les changements que nous avons vécus ont été les plus rapides et les plus spectaculaires de l'histoire de l'humanité. Au cours du seul vingtième siècle, les progrès techniques se sont succédé à un rythme sans précédent. Jusqu'alors, aucune tentative n'avait encore abouti pour réaliser l'un des plus vieux rêves de l'humanité : le vol motorisé. La première expérience réussie fut celle des frères Wright en 1903. Il n'y avait pas non plus de transmission radio transatlantique. Nous la devons à Marconi en 1901. Aujourd'hui, les navettes spatiales font partie de la routine, et nous pouvons communiquer instantanément à travers le monde. En un siècle sont nés la télévision, l'ordinateur, Internet, le rayon laser, la carte de crédit, l'intelligence artificielle, les communications par satellite, la transplantation d'organes et la microchirurgie. En l'espace d'une génération, des voyages qui auraient pris des mois ne durent aujourd'hui que quelques heures. Nous avons envoyé des sondes spatiales sur des planètes lointaines, photographié la naissance des galaxies, découvert les origines de l'univers et décodé les structures biologiques de la vie. Les frontières du possible reculent de jour en jour.

Quel que soit notre point de vue sur la nature et la préhistoire de l'humanité, il n'en reste pas moins que nous ne sommes pas faits pour évoluer à un rythme sans cesse accéléré. Ainsi que l'a dit Maïmonide, « tout comme il est impossible de passer d'un extrême à l'autre, l'homme, de par sa nature, ne saurait quitter brusquement toutes ses habitudes[1]. » C'est pourquoi, soutient-il, la génération que Moïse délivra de l'esclavage n'était pas, à deux exceptions près, destinée à traverser le Jourdain et entrer en Terre promise. Ce privilège fut réservé à leurs enfants, nés libres. (Comme le dit le proverbe juif : il fallut un jour pour faire sortir les Israélites d'Égypte, mais quarante ans pour faire sortir l'Égypte des Israélites.) Ce qui distingue l'*homo sapiens* des autres espèces est que son comportement se transmet d'une génération à l'autre, non par les gènes, mais par la culture, ce qui lui permet de s'adapter beaucoup plus rapidement et consciemment aux changements environnementaux et autres types de changement. L'homme est par excellence un animal-apprenant. Toutefois, l'histoire spirituelle et morale de l'humanité (passant par l'abolition de l'esclavage, la reconnaissance des droits de l'homme et l'abandon des préjugés) a été désespérément lente. Nous sommes certes capables de nous adapter, mais nous ne sommes pas faits pour des transformations incessantes de nos conditions de vie.

Aujourd'hui, ces transformations ont lieu à une vitesse toujours plus grande. La radio a mis trente-huit ans à atteindre 50 millions d'auditeurs aux États-Unis. Les ordinateurs en ont mis seize. Internet a atteint 50 millions d'utilisateurs en quatre ans. La puissance des ordinateurs double tous les dix-huit mois et ne montre aucun signe de ralentissement. Celle d'Internet double tous les ans. Le nombre de séquences d'ADN que nous pouvons analyser double tous les deux ans. Un fossé énorme s'est creusé entre les transformations qui se produisent autour de nous et notre capacité à y répondre. Au début du vingtième siècle, William Ogburn inventa le concept de « décalage culturel[2] » – une situation – la nôtre maintenant – où la culture matérielle, telle que la technologie, se transforme plus vite que la culture immatérielle, telle que les modes de gouvernance et les normes sociales. Quand le monde extérieur change plus vite que notre monde intérieur (constitué de nos réactions mentales et émotionnelles), notre environnement se fait déconcertant et menaçant. Les sociétés prennent du temps à changer. Les hommes aussi.

En 1994, j'ai réalisé un documentaire télévisé sur la famille. Au cours de mes recherches, j'ai rencontré une femme qui avait conçu une méthode innovante pour soigner le bégaiement chez les jeunes enfants. Dans cette approche thérapeutique, la famille était son partenaire incontournable. Selon elle, les comportements dysfonctionnels étaient souvent renforcés par les relations familiales et, si elle voulait soigner les enfants, elle devait travailler avec les parents aussi. Dans le cadre de son programme, elle demanda aux parents quel était leur bien le plus précieux. Pour les uns, c'était une alliance, pour les autres, un héritage familial, mais pour tous, il s'agissait d'un objet investi d'une profonde valeur sentimentale. Ensuite, elle leur demanda d'imaginer l'avoir perdu et de décrire leurs réactions. Ces dernières furent très variées, allant d'un état de panique et de choc émotionnel à des sentiments de profonde tristesse et de deuil. Elle leur dit ensuite : « Maintenant, vous savez ce que ressentira votre enfant lorsqu'il perdra son bégaiement. »

Il y eut un moment d'incompréhension totale. Jusque-là, les parents avaient toujours supposé que leur enfant désirait parler normalement. En effet, son bégaiement perturbait sa vie sociale ; il compliquait les choses à l'école et les relations avec ses amis. En bref, il s'agissait d'un dysfonctionnement. Ce que la thérapeute voulait faire comprendre aux parents, c'est qu'un dysfonctionnement peut parfois être moins redoutable que le changement en soi. Nous nous habituons à nos handicaps et les intégrons à nos relations. Ils nous sont familiers, deviennent indissociables de notre monde et de l'image que nous avons de nous-mêmes. Il peut alors être extrêmement douloureux de s'en défaire. Le changement, même s'il est bénéfique, peut s'avérer déroutant, menaçant, traumatique. C'est pourquoi le vingt et unième siècle, avec ses transformations incessantes, sera extrêmement perturbant.

* * *

Mais ce n'est pas tout. Un autre facteur, plus important encore, est la dégradation des institutions de la vie sociale. Par le passé, l'adaptation au changement était moins difficile, parce que les individus avaient le soutien de ce qu'Alvin Toffier appelle « des zones de stabilité personnelle[3] ». Certains aspects de leur existence ne changeaient pas. Parmi eux, les plus importants étaient un emploi permanent, un mariage à vie et un lieu d'habitation fixe. Ce n'était pas le cas pour tous, mais ce n'était pas rare. Ces éléments donnaient aux gens un sentiment de stabilité économique, personnelle et géographique. Un cadre connu les aidait à surmonter l'inconnu. Aujourd'hui, cette situation s'est raréfiée. Il n'y a presque plus d'emplois permanents sur le marché mondial. La plupart du temps, ce sont des emplois à temps partiel, temporaires et contractuels. Certaines entreprises, comme les grandes sociétés japonaises et IBM, qui s'enorgueillissaient d'assurer des emplois à vie à leurs employés, ne sont plus en mesure de tenir cet engagement dans le contexte de mutation rapide des entreprises modernes. Le mariage, matrice même de la stabilité dans les sociétés traditionnelles, est rapidement érodé par les liaisons successives, la cohabitation et le divorce. Le mariage se raréfie ou dure rarement toute la vie. En Grande-Bretagne, quatre enfants sur dix naissent hors mariage. Quatre mariages sur dix s'achèvent par un divorce. Le sentiment d'appartenir à un lieu, à un quartier, à une localité, à un quelque part que nous appelons chez-nous, a pratiquement disparu. Nous voyageons et nous nous déplaçons, souvent pour les besoins de notre travail. Aux États-Unis, 20% des gens déménagent tous les ans. Nous faisons face à un maximum d'incertitude avec un minimum de ressources pour nous protéger contre l'insécurité. Le changement est devenu systémique. Il ne se produit plus dans le cadre d'éléments durables.

Plus important encore, nous avons le sentiment d'avoir perdu le contrôle de notre vie. Les grandes forces qui nous entourent – les marchés financiers, les mouvements monétaires, les changements technologiques, le climat économique, l'espace international, l'environnement naturel – deviennent de plus en plus fluctuants, complexes et imprévisibles. Elles n'ont plus d'agents identifiables. Elles sont le résultat des réponses non coordonnées de milliards de décisions individuelles. Les gouvernements eux-mêmes, face aux puissantes multinationales, ont des pouvoirs très limités. Si les entreprises sont mécontentes de la politique économique ou fiscale d'un pays, elles délocalisent leur production ou leur siège financier. Si certains individus sont mécontents que leur pays interdise le clonage reproductif ou l'achat d'organes à des fins de transplantation, ils vont dans un autre pays où ces pratiques ne sont pas encore prohibées. Quand les États-nations sont limités dans leur capacité d'influencer les événements, nous avons l'impression grandissante de rouler dans une voiture sans conducteur.

Nous n'avons pas non plus l'assurance que les processus complexes qui façonneront notre avenir présentent une tendance naturelle à l'équilibre. Vers la fin des années 1990, la crise économique en Asie du Sud-Est entraîna l'effondrement financier de la Russie et, par ricochet, celui du Brésil. Le succès fulgurant d'Internet et l'effondrement économique qui a suivi, ont été alimentés par des schémas d'achat et de vente informatisés qui ont amplifié les mouvements à la hausse et à la baisse des cours boursiers. Thomas Friedman a inventé une expression imagée pour décrire les acteurs du marché mondial, notamment les investisseurs. Selon lui, ils forment un « troupeau électronique[4] » enclin à la débandade au moindre signe d'inquiétude. La métaphore principale de la modernité était la physique newtonienne et sa majestueuse chorégraphie de mouvements prévisibles. Ses contreparties postmodernes sont le principe d'incertitude, la théorie du chaos et la réflexivité d'Heisenberg, qui mettent tous l'accent sur l'imprévisibilité et les issues incertaines. Récemment, un best-seller de Malcolm Gladwell, *Le point de bascule*, s'est proposé de montrer comment les variations des tendances sociales, de la mode à la criminalité, sont plus compréhensibles si on les conçoit d'après le modèle de l'épidémiologie, qui décrit le processus selon lequel des cas de maladies relativement isolés deviennent épidémiques[5]. Plus les réseaux informatiques, les voyages internationaux, l'interdépendance économique et environnementale amplifient notre interconnexion, plus il est probable que de légères perturbations auront de larges répercussions, en partie par contagion, en partie par la simple mathématique de la progression géométrique qui, au fil du temps, multipliera les effets des perturbations. Rien de tout cela n'est source de bien-être et de sécurité. « Le progrès, écrit Robert Bellah, devient moins attirant lorsqu'il se révèle être un progrès vers l'abîme[6]. »

Une série d'expériences plus anciennes ont analysé la relation entre le stress et le sentiment de contrôle. L'une d'entre elles consistait à soumettre les sujets à des électrochocs d'intensité croissante. Les uns avaient la possibilité d'appuyer sur un bouton pour interrompre l'expérience ; les autres ne l'avaient pas. Ceux qui disposaient d'un bouton pouvaient endurer des chocs beaucoup plus forts que les autres[7]. Une autre expérience, menée sur des personnes âgées en maison de retraite, a montré que lorsque ces personnes étaient capables de choisir elles-mêmes l'heure des visites, leurs menus et leurs activités de la journée, elles se sentaient en meilleure santé et, en fait, vivaient même plus longtemps que celles dont les décisions étaient prises par le personnel[8]. La sensation d'un manque de contrôle est stressante et invalidante. Si cette perte de contrôle est ressentie dans maintes dimensions majeures de notre vie, cela expliquerait l'angoisse systémique qui affecte le vingt et unième siècle.

* * *

J'aimerais maintenant explorer les principes sous-jacents de la culture occidentale, en examinant le paradoxe fondamental, inhérent au concept dominant de l'ère du marché : la notion de choix. Le marché d'une part, la vie et les sciences sociales, d'autre part, envoient des messages contradictoires. Les supermarchés, Internet et le commerce en ligne offrent une multiplicité de choix que n'auraient jamais imaginé les générations précédentes. Nous pouvons rechercher dans le monde entier n'importe quel l'objet et le trouver en quelques minutes. Autrefois, j'aimais faire le tour des librairies d'occasion en quête d'un ouvrage en rupture de stock. Parfois, la plupart du temps même, il me fallait des années pour le trouver. Aujourd'hui, grâce au commerce en ligne et aux moteurs de recherche, trouver un livre ne me prend que quelques secondes. Je tape le nom de l'auteur et le titre, et presque instantanément, j'obtiens les résultats de plusieurs milliers de libraires dans le monde entier. J'y perds le sens de l'aventure et le plaisir de la découverte, mais le côté pratique compense largement cet inconvénient. Les marchés optimisent le choix.

Par ailleurs, au cours des quatre siècles précédents, toute une série de déterminismes quasi scientifiques nous ont convaincus que le choix est une illusion. Spinoza, Marx, Durkheim et Freud, chacun dans son domaine, ont miné notre image de l'homme en tant qu'animal-choisissant. Nous sommes ce que nous sommes, affirment-ils, non en raison de ce que nous avons choisi d'être, mais en raison de la structure sociale, des forces économiques, de l'inéluctabilité historique ou du conditionnement de la première enfance. La véritable liberté, dit Spinoza, est la conscience de la nécessité. La manière dont nous comprenons le monde, dit Marx, est en fait le résultat de la tentative réussie d'une classe à maintenir son pouvoir sur une autre. Même les décisions les plus personnelles, comme le suicide ou la tentative de suicide, dit Durkheim, sont des phénomènes sociaux qui peuvent être prédits sans rapport avec l'intention individuelle. Sous la surface d'un comportement apparemment rationnel, dit Freud, sont enfouis des souvenirs et des instincts irrationnels dont nous n'avons que vaguement conscience.

Rien n'a peut-être plus contribué à miner la relation entre le caractère, le choix et la responsabilité que les influences combinées du darwinisme, de la psychologie évolutive et des progrès dans notre connaissance du génome humain. Selon les néodarwiniens, nos actions sont le résultat d'instincts qui sont en grande partie encodés génétiquement, et issus de la transmission des gènes d'une génération à l'autre. Si nous prenons des risques pour protéger nos enfants, ce n'est pas par conscience de notre responsabilité morale ou par amour parental, mais parce que nos gènes, transmis à travers le temps, nous dictent ce comportement. Ces héritages intellectuels réunis aboutissent à une « herméneutique du soupçon ». Rien n'est ce qu'il y paraît, moins encore le comportement humain. Le courage, la compassion, les hauts faits d'une vie héroïque ne sont que des façades illusoires, qui masquent la lutte, dans une large mesure inconsciente, pour la domination et la survie. En conséquence, au moment même où nous sommes confrontés à des choix sans précédent, nous avons perdu confiance dans l'importance du choix lui-même.

Toutefois, cela ne suffit pas à expliquer la nature de notre confusion. Nous franchissons un seuil critique, un « point de bascule », lorsque tout est ouvert au choix et que rien, pour ainsi dire, ne nous choisit. Autrefois, ce qui rendait le monde en partie intelligible aux générations précédentes, était le caractère *inné* de bien des événements de la vie. Notre identité, notre statut social, notre conjoint, notre métier, et bien d'autres choses encore, découlaient du hasard de la naissance. Et encore, là non plus on ne pouvait à proprement parler de hasard. La naissance s'intégrait dans une conception globale de l'univers. Les structures de la société, qu'elles soient hiérarchiques, organiques ou décrétées par Dieu, se fondaient au sein du cosmos. L'individu avait sa place dans un cadre plus large, caractérisé par une cohésion et une organisation globales. Cela donnait à l'identité une densité quasi incompréhensible pour nous de nos jours.

Cette vision du monde avait bien des mauvais côtés et, pour ma part, je n'ai nulle envie d'y retourner. La modernité, ce vaste ensemble de changements qui se produisirent entre le dix-septième et le vingtième siècle, libéra l'individu des contraintes de la naissance. Les sociologues la décrivent de maintes manières : du statut au contrat, du *Gemeinschaft* au *Gesellschaft*, de la communauté à la société, de l'honneur à la dignité, du destin au choix[9]. Le nouvel ordre économique et politique, annoncé par le marché d'une part et la démocratie représentative d'autre part, marqua un changement décisif pour l'individu et sa capacité à choisir ses activités, son lieu de résidence, et la manière de construire sa vie. Mais nul processus social ne s'arrête là où l'on aimerait qu'il s'arrête.

« L'individu », cette création du dix-septième siècle, avait une identité, c'est-à-dire une perception de soi stable, de la naissance à la mort. Sa vie pouvait se raconter comme un récit, factuel dans l'autobiographie, fictionnel dans le roman, deux genres devenus très populaires à l'époque moderne. À quoi faut-il s'attendre quand les changements sont si rapides que plus rien n'a de sens ? Quand la vie se réduit à des modes de vie, et les engagements à des expériences ; quand les relations deviennent provisoires, et les carrières de simples contrats ; quand la vie elle-même cesse d'avoir le caractère d'un récit pour devenir une série d'épisodes sans fil conducteur… Jeremy Seabrook trace le portrait pittoresque d'une jeune femme, Michelle, issue des logements sociaux des Midlands :

> À quinze ans, elle avait un jour les cheveux roux, un autre jour, blonds, et le suivant, noirs de jais ; ensuite ils étaient crêpés à

> l'afro, coiffés en queue-de-rat, puis en nattes, ensuite rasés tout près du crâne [...]. Ses lèvres étaient écarlates, puis mauves, puis noires. Son visage était aussi blême qu'un fantôme, puis couleur pêche, puis bronze comme s'il était moulé dans du métal. Elle rêvait de prendre son envol et quitta la maison à seize ans avec son petit ami qui en avait vingt-six [...].
>
> À dix-huit ans, elle retourna chez sa mère avec deux enfants [...]. Elle s'assit dans la chambre qu'elle avait fuie trois ans plus tôt ; sur les murs, les photos fanées des pop stars d'hier la regardaient encore. Elle dit qu'elle avait le sentiment d'avoir cent ans. Elle avait essayé tout ce que la vie avait à offrir. Il ne lui restait plus rien[10].

Ce genre d'épuisement existentiel constitue un danger de notre temps. Michelle se trouve tout en bas de l'échelle socio-économique, mais le même sort guette son homologue de la jet-set dans les hautes sphères du monde des affaires : celle qui vole d'hôtel en hôtel, son portable à l'oreille et son ordinateur à la main, suivant l'évolution des marchés financiers mondiaux, toujours exposée au risque d'une réduction des effectifs de son entreprise, de moins en moins en contact avec ceux dont la vie sera affectée par ses décisions, et guidée par la philosophie brutale de l'autocollant américain qui décore sa voiture : « Qui possèdera le plus de joujoux à sa mort a gagné[11]. »

Les cultures consuméristes avancées sont bâties sur une succession rapide de désirs artificiellement induits et temporairement satisfaits. Quand le marché n'est plus un mécanisme d'échange, mais le principe directeur de la vie, tout perd son sens. Comme le dit Zygmunt Bauman, de « pèlerins » nous nous transformons en « touristes[12] ». La société ressemble de moins en moins à un chez-soi, de plus en plus à un hôtel. Nous n'avons de place nulle part, personne à qui nous devons fidélité et qui nous doit fidélité, personne avec qui partager une destinée, personne pour qui nous sommes importants à long terme. La vie est en apesanteur, de moins en moins ancrée dans du solide et du durable au-delà du soi. Nous viennent alors à l'esprit les paroles d'Edmund Burke, plus pertinentes encore aujourd'hui qu'elles ne l'étaient quand il les écrivit, en 1790 :

> En détruisant à loisir la constitution originelle de la société avec une telle facilité, dénuée de tous principes, pour changer les gouvernements autant, aussi souvent, et d'autant de manières qu'il y a de fluctuations dans les modes et dans les imaginations, toute la chaîne et toute la continuité de la chose publique serait rompue ; il n'y aurait pas une seule génération qui eût des rapports avec une autre ; les hommes ne vaudraient guère mieux que les mouches qu'un même été voit naître et périr [...]. Ainsi la chose publique elle-même, après bien peu de générations, finirait par se dissoudre, et par se réduire dans la poussière et la cendre de l'individualité, et être enfin dispersée par tous les vents du ciel[13].

Oscar Wilde définissait le cynique comme celui qui connaît le prix de tout, mais la valeur de rien, nous rappelant ainsi que la valeur de certains sentiments (amour, loyauté, altruisme, fidélité) n'est pas commercialisable ; qu'ils se méritent et ne s'achètent pas ; qu'ils font partie de ce que nous sommes, et non de ce que nous possédons. Une culture dans laquelle tout peut être acheté est une culture qui a dévalué la valeur et institutionalisé le cynisme.

Progressivement, nous en venons à acheter non seulement des marchandises, mais aussi des services personnels. Ce processus a également des effets réducteurs sur nos actes, du fait que ce que nous faisions auparavant individuellement ou avec d'autres, se transforme en produits que nous obtenons contre paiement. Au cours des dix-neuvième et vingtième siècles, cette évolution a pris la forme d'un transfert de responsabilité des familles et communautés vers l'État, notamment en matière d'éducation, de protection sociale, de santé et de maintien de l'ordre. Aujourd'hui, ce transfert dépasse le cadre de l'État pour s'étendre au marché. Une grande partie des relations personnelles font l'objet d'une marchandisation dans le cadre d'une prolifération apparemment infinie de nouveaux services : conseillers, guides spirituels, coachs, stylistes, conseillers en shopping, massothérapeutes, aromathérapeutes, professeurs d'aérobic ou de fitness – toute la gamme de ce que Robert Reich appelle « payer pour de l'attention personnalisée[14] ».

Auparavant, ce qui faisait des relations un élément constitutif de l'identité personnelle et de l'estime de soi, c'est justement qu'elles restaient *en dehors* des contrats et des échanges marchands : la famille, les amis, les voisins et les mentors étaient des personnes avec lesquelles vous nouiez des liens de réciprocité morale. Des personnes présentes à vos côtés dans les mauvais moments comme dans les bons, quand vous aviez besoin d'elles, non quand vous pouviez les payer. Elles vous disaient ce que vous ne vouliez pas entendre, aussi bien que ce que vous aimiez entendre. Comparez ces relations à l'amitié commerciale vantée dans cette publicité pour un « coach personnel » (citée par Robert Reich) : « C'est formidable d'avoir des amis. Mais votre meilleur ami est-il un professionnel avec qui vous pourriez travailler en confiance sur les aspects les plus importants de votre vie ? » La réponse à cette question rhétorique est « oui » : on fait confiance à un ami, précisément parce qu'on ne le paie *pas* pour son amitié.

Les exigences professionnelles toujours croissantes font que l'on a moins de temps à consacrer à nos relations, qu'il s'agisse de nos enfants, de nos parents, de nos amis, des membres de notre communauté, ou encore de nos collaborateurs dans des groupes bénévoles ou philanthropiques. Ce phénomène rétrécit et fragmente encore davantage notre sens de l'identité et crée de nouvelles fractures sociales entre ceux qui peuvent ou non « payer pour de l'attention personnalisée ». Rappelons que c'est Adam Smith lui-même qui écrivit que « cette disposition à admirer, et presque à vénérer les riches et les puissants, ainsi qu'à mépriser, ou du moins à négliger, les personnes pauvres et d'humble condition » est « la cause la plus grande et la plus universelle de la corruption de nos sentiments moraux[15]. »

Nous avons délégué un bon nombre de nos responsabilités, en partie aux gouvernements, forces de police, juges, tribunaux, assistants sociaux, gestionnaires et enseignants, et en partie aux thérapeutes, conseillers, guides, coachs et gourous que nous payons par le biais d'impôts ou d'honoraires, pour gérer nos affaires, nos relations, nos conflits ou nos émotions, mieux que nous ne pouvons ou n'avons le temps de le faire. Déléguer nos responsabilités entraîne une énorme perte de souveraineté sur notre vie, de sorte que, si les choses tournent mal, ce qui arrive fatalement de temps à autre, nous sombrons dans le désespoir puisque notre destin repose désormais en d'autres mains que les nôtres. Voilà ce qui risque de se produire si nous confions des dimensions importantes de notre vie à des sous-traitants, au lieu d'en assumer la responsabilité personnelle et morale.

* * *

Le mot « moral » est crucial ici. La morale a été bien malmenée au cours des cinquante dernières années. Elle en est venue à représenter tout ce dont nous croyions avoir été libérés : l'autorité, la répression, la maîtrise des instincts, tout ce qui allait de pair avec la culture victorienne, religieuse et puritaine de nos grands-parents. Des vertus autrefois admirables, telles que la pudeur, l'humilité, la discrétion et la retenue, sont à présent des objets poussiéreux relégués au musée des curiosités culturelles. Des termes comme « devoir », « obligation », « jugement », « sagesse », portent une charge négative, si tant est qu'ils aient encore un sens. Ce que je n'ai jamais vu clairement formulé, c'est le simple fait que les règles morales ont parfois constitué une tentative de *lutter contre le désespoir au nom de l'espoir*, et de recouvrer notre dignité humaine, en nous restituant le statut de sujets et d'auteurs de nos actions et de notre vie.

Il n'est pas fortuit que le mot « démoralisation » puisse s'entendre dans une double acception[16]. Il renvoie à la fois à une perte du sens moral et à une perte de l'espoir. Ce qui échappe à notre contrôle nous angoisse profondément. Les civilisations anciennes étaient dominées par la peur des catastrophes naturelles – sécheresse, inondations, famine – et consacraient donc une grande part de leur énergie créatrice à personnifier ces forces dans des dieux, susceptibles d'être amadoués par des incantations, des rituels ou des pratiques magiques. Aujourd'hui, nous n'avons pas moins peur de forces puissantes comme la technologie, la dégradation de la biosphère, la mondialisation de l'industrie et l'internationalisation de la terreur. Mais nous n'avons ni récit ni mythe pour les personnifier, les rendre intelligibles et susceptibles d'être influencées par nos actions. Nous plaçons nos espoirs dans des gouvernements auxquels nous demandons toujours plus et dont nous attendons toujours moins, ou dans les marchés qui, par nature, sont capricieux et indifférents à ceux qui en bénéficient comme à ceux qui en pâtissent. Notre culture est minée par la certitude que ce qui nous arrive échappe trop souvent à notre contrôle, et n'est que le résultat de choix économiques et de décisions politiques, prises à distance par des personnes que nous ne rencontrerons ni n'identifierons jamais. Au-delà du cercle étroit de notre moi s'étend un monde dans lequel nous ne sommes pas des créateurs, mais des créatures. Telle est la genèse du désespoir.

À l'opposé de ce scénario, il y a quelque 4000 ans, vit le jour une différente conception de la vie qui affirmait que les individus ne sont pas impuissants face à l'impersonnel et qu'il est possible de fonder des familles, des communautés, voire des sociétés, sur les idéaux de l'amour, de la fraternité et de la confiance. Dans ces sociétés, les individus ne sont pas estimés pour ce qu'ils possèdent, ni pour le pouvoir qu'ils exercent, mais pour ce qu'ils sont. Ils ne sont pas à l'abri des conflits et des tragédies, mais quand cela arrive, ils ne sont pas seuls. Ils sont entourés de réseaux d'entraide, de familles élargies, d'amis et de voisins. Ces relations ne sont pas le fruit du hasard. En effet, ce type de communautés œuvrent efficacement pour assurer l'existence de ces relations par le biais de l'éducation, de la sanction sociale et de la protection attentive des institutions humaines. Les enfants sont initiés aux vertus morales et aux règles de conduite. Ils apprennent aussi bien la valeur du « *nous* » que celle du « *je* ». Un ordre moral donne bien des gratifications. Il crée un îlot de signification interpersonnelle sur un océan de forces impersonnelles. Il sauve les individus de la solitude. La morale est la tentative la plus remarquable d'humaniser le destin.

La force de cette vision du monde est qu'elle situe la source de l'action en nous-mêmes. Elle rétablit la dignité de l'action et de la responsabilité. Elle nous permet de voir nos vies, non pas comme le jeu aveugle de causes externes – le génome, le marché libre, les intérêts économiques, les forces sociales et les modes induites par la publicité – mais comme une série de choix dans la quête du bien et du mal, pour lesquels nous n'optons pas à l'aveuglette, mais forts de l'expérience que l'histoire met à notre disposition. Elle nous rappelle que nos actes et nos décisions jouent un rôle déterminant pour notre famille, nos amis, nos associés, mais aussi pour notre sentiment d'accomplissement personnel. Elle nous apprend à chérir et à préserver notre mariage, notre famille, nos amitiés, notre communauté, autant de relations qui nous donnent la force d'affronter les aléas d'un avenir incertain. Elle ôte le caractère hasardeux d'une vie écartelée entre nos désirs et ceux des autres. Elle nous suggère que la vie est un voyage entamé par ceux qui ont vécu avant nous et dont nous partageons les récits, et qui sera poursuivi par ceux qui vivront après nous et de l'espoir desquels nous sommes les gardiens. Un voyage vers une destination lointaine mais intelligible, celle de la société juste que nous sommes appelés à construire ensemble.

Ce n'est pas à l'université où j'ai le mieux compris ce qu'était une vie qui vaut la peine d'être vécue, mais lorsque j'ai commencé ma carrière de rabbin et que j'ai été appelé, pour la première fois, à officier à des funérailles. Il est très éprouvant de tenter de réconforter une famille en deuil ; ces moments sont difficiles, mais extrêmement instructifs. Dans mes oraisons funèbres, je devais tracer le portrait d'hommes et de femmes que je n'avais souvent pas connus personnellement. J'interrogeais donc la famille et les amis pour essayer de comprendre ce que le défunt représentait pour eux. Les réponses se ressemblaient. Tous avaient été de bons époux et bonnes épouses, des parents aimants. Ils avaient été des amis sincères, toujours disposés à aider en cas de besoin. Personne ne mentionnait jamais ce qu'ils gagnaient ou achetaient, ni la voiture qu'ils conduisaient, ni où ils passaient leurs vacances. Les personnes les plus regrettées n'étaient ni les plus riches, ni celles qui avaient le mieux réussi socialement. C'étaient celles qui enrichissaient la vie des autres. Des personnes de valeur sur qui on pouvait compter. Elles avaient le sens des responsabilités. Elles consacraient du temps et de l'argent à des causes bénévoles. Elles faisaient partie d'une communauté, en partageaient les valeurs, les chagrins et les fêtes. À mesure que ces conversations se répétaient, j'ai compris que ce que j'apprenais ne concernait pas seulement les défunts. J'apprenais ce que signifiait une vie bien vécue.

Une vie bien vécue n'a pas grand-chose à voir avec les valeurs d'une société de marché, et tout à voir avec la morale. Une vie bien vécue est faite de bonnes actions, de sollicitude, de sacrifices en faveur de valeurs collectives, et d'appartenance à une communauté attachée à des idéaux. Ce sont des valeurs qui confèrent stabilité et dignité à la vie. C'est dans une large mesure ce que la plupart d'entre nous entendent par bonheur. Ces valeurs sont curieusement égalitaires. Elles concernent nos actions et notre être, et non le pouvoir ou la fortune, le succès ou le prestige. Elles sont singulièrement en décalage aussi bien avec les principes d'une société consumériste, qu'avec ceux du déterminisme scientifique.

La morale nous donne des raisons d'espérer, parce qu'elle nous fait sentir que nos actions, nos principes et nos relations comptent, et peuvent contribuer au changement social. Elle nous voit autres que les rouages interchangeables d'un système économique ; elle nous garantit une forme d'indépendance par rapport à l'intérêt versatile et passager des autres. Au sein d'une communauté morale, le mariage assure une permanence à l'amour. La loyauté donne de la force à la parentalité. L'éducation devient un dialogue intergénérationnel. La parenté et la relation d'alliance nous unissent à nos frères humains, qui sauront ainsi qu'ils peuvent compter sur nous, et nous sur eux. Savoir que nous sommes étrangers nous apprend à dépasser le « *nous* », et à étendre l'amitié et la réciprocité à « *eux* ». Savoir aussi que la terre ne nous appartient pas, que nous sommes des résidents temporaires qui l'avons héritée de nos prédécesseurs et qui la préservons pour nos successeurs, nous détourne de la guerre, de manipulations génétiques hâtives ou de l'exploitation abusive, autant de pulsions destructrices qui peuvent parfois s'emparer de ceux qui ne se soucient pas d'un avenir au-delà de leur vie terrestre.

* * *

Il se pourrait bien que les communautés religieuses constituent l'un des rares environnements où ces valeurs soient encore intactes. Durkheim, il y a un siècle, affirma que c'était l'une de leurs fonctions premières : incarner des jugements collectifs sur le bien, la valeur morale et la sainteté. C'est d'ailleurs peut-être l'une des raisons pour lesquelles la religion a connu un tel renouveau à travers le monde. L'idée qu'acheter et dépenser puisse procurer le bonheur – une fiction entretenue par les économies avancées – n'a jamais été sérieusement défendue par aucun penseur, religieux ou philosophe, qui se soit un tant soit peu penché sur la question. La richesse, la célébrité et le succès sont des critères par trop aléatoires, trop déconnectés de ce que nous sommes, trop vaguement associés à nos mérites, notre valeur intrinsèque ou nos capacités, pour s'appliquer à une vie porteuse de sens. L'une des conditions minimales d'un ordre social propice à la dignité humaine, est de permettre un accès égal aux sources de l'estime de soi. Cet accès ne doit donc pas être aussi aléatoire qu'un statut dans un système économique.

La force des grandes religions est qu'elles ne se contentent pas de proposer une vision du bien. On pourrait en dire autant des systèmes philosophiques. Contrairement à ces derniers, cependant, elles concrétisent cette vision dans la vie d'une communauté. Elles lui donnent vie et substance dans la prière et les rituels, dans des récits éloquents et des cérémonies collectives. Je ne voudrais en aucun cas affirmer que les religions, à titre individuel ou collectif, soient notre seule source de morale. De toute évidence, ce serait faux. Elles demeurent toutefois un espace signifiant, extérieur et opposé à la culture occidentale qui, au cours des dernières décennies, a systématiquement effacé les valeurs et les vertus apportant un sens à la vie. C'est peut-être la raison pour laquelle les religions sont devenues, en dehors de l'Occident, et dans une large mesure même en Occident, une forme pertinente de protestation contre les valeurs occidentales.

En ce point, il est particulièrement important de souligner les principes et les limites liés à la dignité de la différence. Les religions, de même que les philosophies laïques, divergent dans leur approche de certaines grandes questions morales, notamment l'avortement, l'euthanasie, la fécondation *in vitro*, la recherche sur les cellules souches, l'homosexualité, le concubinage et autres sujets de discorde. L'anticipation d'âpres conflits autour de ces questions conduit parfois à opter, soit pour le relativisme moral (si les religions ne s'accordent pas, alors la morale est affaire de choix), soit pour le libertarianisme (la société n'a pas le droit d'émettre de jugement collectif sur des questions morales ; la morale est une affaire privée). Je pense que ces deux positions sont erronées. Nous discutons de la morale avec un sérieux que nous n'avons pas pour des questions de nature très relative (comment s'habiller pour sortir, par exemple). Et il est inconcevable que les questions morales soient une affaire privée : si elles l'étaient, il n'y aurait pas de manifestations en faveur de l'environnement ou des droits de l'homme, il n'y aurait pas de débat public du tout. Toutefois, la question est réelle et urgente : comment coexister avec la diversité morale, tout en préservant l'unité de la communauté ?

La réponse, je l'ai déjà suggéré, réside dans le *dialogue*. Je ne parle pas de débat, mais de l'acte discipliné de communiquer (rendre ses vues intelligibles à celui qui ne les partage pas), et d'écouter (entrer dans le monde intérieur d'un autre dont les idées sont opposées aux miennes). C'est une forme authentique de respect, d'intérêt pour l'autre, une manière de conférer de la valeur à ses opinions, quand bien même ce ne seraient pas les miennes. Dans un débat, l'un gagne, l'autre perd, mais les deux en sortent inchangés. Dans un dialogue, il n'y a pas de gagnant, mais les deux locuteurs en sortent transformés, parce qu'ils ont appris qu'il est possible de voir la réalité sous un angle différent. Ils ne renonceront pas pour autant à leurs convictions. Ce n'est pas le but du dialogue. Cependant, le dialogue permet à chacun d'éclairer son point de vue de manière convaincante, de sorte que chacun, de son côté, reconnaîtra l'importance de tenir compte d'une idée profondément ancrée chez l'autre. C'est ainsi que se construit la morale publique dans une société plurielle : non par une seule voix dominante, ni par le rejet des questions morales dans la sphère privée du foyer et de la communauté locale, mais en cherchant à comprendre et à se faire comprendre au-delà des frontières de la différence.

Dans une société plurielle, à plus forte raison dans un monde pluriel, nous sommes appelés à faire plus de concessions que dans nos interactions avec des croyants. Un catholique peut estimer que l'avortement est un meurtre, un juif ou un musulman que les relations sexuelles hors mariage sont interdites, et ces convictions imprègnent la vie de nos communautés de foi respectives. Mais nous ne pouvons imposer qu'elles aient force de loi pour ceux qui ne sont pas membres de notre communauté ; pour des groupes qui, en profond désaccord avec nous, revendiquent le droit de construire une vie selon d'autres principes. Cependant, ce que nous y perdons est plus que compensé par le fait qu'ensemble, nous sommes les co-architectes d'une société plus large que celle que nous aurions construite chacun de notre côté ; une société où notre voix est entendue et prise en compte, même si elle ne l'emporte pas. De même que la formation d'une communauté repose sur la volonté du « *je* » de se laisser modeler par le « *nous* », de même la création d'une société exige du « *nous* » de notre communauté de se laisser limiter par la nécessité de faire de la place aux autres communautés et à leurs convictions profondes. Grâce au dialogue, la société devient une partition écrite pour plusieurs voix. C'est justement dans ce dialogue et à travers lui que nous devenons les co-auteurs de notre avenir collectif, plutôt que de la poussière dispersée au vent des forces économiques. Un dialogue respectueux, engagé et réciproque, faisant appel à nos plus grandes forces d'empathie et de compréhension, est la manifestation morale d'un monde régi par la dignité de la différence.

* * *

Il n'y a aucun moyen d'éliminer les conditions objectives qui engendrent l'insécurité. Nous entrons dans un siècle dont la trajectoire est totalement imprévisible, et ce sont les libertés auxquelles nous attachons tant de valeur qui en sont responsables. Malgré tout, j'ai soutenu dans ce chapitre que nous disposons des ressources intellectuelles nécessaires pour surmonter les difficultés. Parmi elles, la plus importante est d'avoir une vision morale. Le dix-neuvième siècle en avait une ; aujourd'hui, par contre, nous en manquons trop souvent. C'est ce qui a permis à Abraham Lincoln de guérir les blessures laissées par la guerre civile (« sans méchanceté pour personne, avec de la charité pour tous »), et à Disraeli de conférer une dimension morale au changement politique (« la justice est la vérité en action »). Quand cette vision morale est invoquée aujourd'hui, notamment par Nelson Mandela lorsqu'il affirme que les idées de vérité et de réconciliation peuvent panser les plaies de l'apartheid, elle conserve intact son pouvoir. Nous avons besoin d'un modèle moral. Nous pouvons voyager à grande vitesse, dans la mesure où nous savons où nous allons. Mais lorsque nous perdons notre boussole éthique, nous nous retrouvons sans carte ni destination. C'est alors qu'un peuple se tourne vers des dirigeants populistes capables de manipuler sa peur, ou vers des identités régressives et des fondamentalismes, qui lui permettent de surmonter ses craintes en blâmant tel ou tel groupe d'être la cause de tous les fléaux de ce monde. Je n'aurais jamais pensé avoir besoin de mettre en garde contre ces possibilités de mon vivant, tant leurs conséquences avaient été tragiques au vingtième siècle. Mais les passions rendent amnésiques.

Ce que la morale restaure dans un monde toujours plus incertain, c'est l'idée de *responsabilité* – l'idée que nos actions, individuelles et collectives, peuvent contribuer au changement, et que l'avenir est entre nos mains. Chaque époque a conçu des théories philosophiques ou des systèmes quasi scientifiques, pour démontrer que ce qui se passe n'aurait pu se passer autrement ; que la marche de l'histoire est inéluctable ; que c'est une hubris de croire que nous pouvons lutter contre le destin. Dans cette vision du monde, nous ne pouvons que suivre le courant, l'exploiter si nous le pouvons, ou nous cuirasser d'une indifférence stoïque face à notre destin si nous ne le pouvons pas. C'est le type d'arguments par trop souvent invoqués face à la mondialisation : « C'est comme ça, c'est inéluctable, c'est une force irrésistible. » Thomas Friedman appelle ce type de fatalisme la « camisole dorée[17] ». Il n'y a pas d'alternative : soit rejoindre le courant et prospérer, soit rester à l'écart et mourir de faim. En fait, cette façon de penser est une régression vers une vision de l'univers très ancienne. Vers le monde du mythe où l'homme est seul dans un environnement dominé par des forces irrépressibles, aveugles à notre présence, sourdes à nos prières et à nos espoirs.

La perspective révolutionnaire de la conception biblique fut d'en décider autrement. L'existence comporte une dimension personnelle. Nos espoirs ne sont pas pure rêverie, pas plus que nos idéaux ne sont illusoires. Quelque chose au cœur de notre être nous reconnaît en tant que personnes, nous exhorte à exercer notre liberté en fondant des familles, des communautés, des sociétés, afin de refléter l'image de Dieu en l'homme et, par conséquent, d'imprégner chaque vie humaine d'une suprême dignité. Cette vision partagée par le judaïsme, le christianisme et l'islam, place le choix, l'action et la responsabilité morale au cœur du projet humain. Nous ne sommes pas impuissants face au destin. Tout progrès technologique peut être utilisé pour le meilleur ou pour le pire. Tout ordre économique peut être exploité, laissé libre, ou orienté par des considérations de justice et d'équité. Il n'est rien d'inévitablement bénéfique ou néfaste dans l'accroissement de nos pouvoirs. Tout dépend de l'usage que nous en faisons. Ce que nous pouvons créer, nous pouvons le contrôler. Ce que nous initions, nous pouvons l'orienter. L'acquisition de tout nouveau pouvoir implique un choix, une responsabilité et l'exercice de notre sens moral. Ce point de vue, qui va à l'encontre des déterminismes anciens et modernes, me semble non seulement vrai, mais également nécessaire si nous voulons vaincre la politique de l'insécurité et de la peur.

Le capitalisme mondial n'est pas une force fatale que personne ne peut endiguer. Il est apparu de manière imprévue, inattendue, mais il n'est pas inéluctable. Dans les années 1970, le mouvement écologiste transforma l'opinion publique et les modèles de consommation. Vers la fin des années 1990, les manifestations antimondialistes obligèrent les gouvernements et les institutions financières à repenser leurs responsabilités face au monde en développement. Des campagnes dénonçant les pratiques esclavagistes des entreprises conduisirent ces dernières à veiller à ce que leurs marchandises ne soient pas produites dans des conditions de travail inacceptables pour des salaires de misère. Nous tous, en décidant de la manière dont nous vivons, travaillons, voyageons et consommons, contribuons à façonner l'environnement. Penser et agir moralement, faire ce qui est juste parce que c'est juste, tout cela a une influence sur autrui ; c'est ainsi que se créent des courants d'opinion. Le mal est contagieux, mais le bien aussi. Nous n'avons pas à accepter l'inacceptable. Ce qui rend les courants sociaux et économiques inéluctables, c'est de croire qu'ils le sont. Nous contribuons tous à écrire le scénario en train de se jouer au vingt et unième siècle. Par notre consentement collectif, nous avons le pouvoir de l'orienter vers telle ou telle direction. Nous ne ferons pas de concession : nous n'accepterons qu'un système économique donnant priorité à la dignité humaine. Nous avons le devoir de léguer aux générations futures un monde moins capricieux, plus bienveillant et plus équitable.

Chapitre 5

La contribution : la dimension morale de l'économie de marché

> L'homme doit participer activement à sa subsistance. En dehors de la période d'errance [des Israélites] dans le désert et d'autres moments d'intervention miraculeuse, la manne ne tombe pas du ciel. La participation active de l'homme à l'acquisition de sa fortune est un signe de grandeur spirituelle. À cet égard, nous sommes pour ainsi dire les imitateurs de Dieu.
>
> (Rabbénou Be'hayé, *Kad HaKema'h*)

L'homme n'a pas été créé pour se mettre au service du marché. Les marchés ont été créés pour se mettre au service des hommes. Au chapitre précédent, j'ai fait remarquer que les partisans de la mondialisation brandissaient souvent l'argument de l'inéluctabilité. Selon eux, le marché libre est là pour durer, qu'on le veuille ou non. Le communisme et le socialisme ont été mis à l'épreuve et ont échoué. Tous ceux qui aspirent à des niveaux de vie plus élevés doivent accepter la mondialisation dans tous ses aspects. Il n'est d'autre issue que d'enfiler « la camisole dorée[1] ».

La nouvelle économie présente de nombreux avantages. Les marchés dérégulés, les flux internationaux massifs de fonds d'investissement et les nouvelles technologies de l'information ont accru non seulement la prospérité des individus, mais aussi « la richesse des nations ». Cependant, tout système a ses limites. Le marché est bon pour créer de la richesse, mais moins pour la répartir. Il attache de l'importance à certaines qualités, mais en sous-estime d'autres. Ses conséquences sociales ne sont pas toujours bénéfiques, elles sont même parfois désastreuses. Les marchés sont le meilleur moyen que nous connaissons pour structurer les échanges et équilibrer les biens à acheter ou à vendre. Cependant, ils sont loin d'être le meilleur moyen d'organiser les relations et de préserver des biens dont la valeur n'est pas marchande. Inévitablement, les sociétés font face à des dilemmes qui ne peuvent être résolus par la seule économie. L'argument de l'inéluctabilité est une façon de contourner les questions morales dont toute institution devrait se préoccuper, en particulier la question de l'économie mondiale qui est intimement liée aux conditions de la vie sur terre. J'ai soutenu que nous ne devons pas nous décharger de notre responsabilité quant au monde que nous allons léguer à nos enfants. L'une des formes de cette démission est ce que George Soros appelle le « fondamentalisme de marché[2] », l'idée que le marché, livré à lui-même, finira par se réguler de lui-même. Cependant, nous ne pouvons compter sur un processus aussi hasardeux. En tant que citoyens du monde, notre responsabilité individuelle et collective est engagée. Dans ce chapitre et les suivants, je me propose d'examiner les dimensions morales du marché à l'ère de la mondialisation, autrement dit les valeurs qui devraient nous guider si nous voulons créer un monde plus humain.

Si toute chose a une dimension morale, il en va de même pour l'économie. Selon Rava, enseignant du Talmud du quatrième siècle, voici la première question qui nous sera posée quand nous quitterons ce monde-ci et entrerons dans l'au-delà : « As-tu conduit tes affaires honnêtement[3] ? » Ce n'est que dans un deuxième temps que nous serons interrogés sur d'autres aspects de notre vie. Dans l'école de Rabbi Ichmaël (2e siècle), on enseignait que gérer ses activités économiques avec intégrité revenait à s'acquitter des devoirs religieux de toute une vie[4]. Le Talmud suggère que celui qui aspire à la sainteté doit se consacrer à l'étude et à la pratique des lois morales, relatives au commerce et à la finance[5]. À l'une des dates essentielles du calendrier juif, le Chabbat précédant le 9 Av, jour de deuil où nous pleurons la destruction du Temple, nous lisons à la synagogue le premier chapitre d'Isaïe qui souligne que la piété religieuse est vaine sans vertu politique et économique :

> Recherchez la justice, rendez le bonheur à l'opprimé, faites droit à l'orphelin, plaidez la cause de la veuve [...] Ton argent pur s'est transformé en scories, ton vin généreux est frelaté. Tes chefs sont dissolus, se font complices de voleurs ; tous aiment les dons corrupteurs et courent après les gains illicites. (Isaïe 1, 17, 22-23)

Il faut combattre les tentations viscérales propres au marché – rechercher le profit au détriment d'autrui, profiter de l'ignorance et traiter les employés avec indifférence. Il est indispensable de réglementer et de contrôler les pratiques commerciales et les conditions de l'emploi. D'un point de vue juif, cela fait partie des devoirs religieux, vu que la relation entre l'homme et Dieu ne peut se dissocier de celle entre l'homme et son prochain. La morale n'a pas moins sa place dans la salle du conseil d'administration que dans la chambre à coucher, au marché autant qu'à la synagogue.

Face à tout système économique, il faut s'interroger : la dignité humaine est-elle l'une de ses priorités ? Renforce-t-il l'estime de soi ? Encourage-t-il la créativité ? Permet-il à tous d'avoir une part des bienfaits matériels de ce monde ? Entretient-il un climat d'équité ? Propose-t-il un traitement égal pour les employés et les employeurs, les pauvres et les riches ? Protège-t-il les plus vulnérables, et aide-t-il ceux qui tentent d'échapper au gouffre de la misère ? Garantit-il que personne ne manque des moyens de vivre dignement ? Ceux qui ont réussi dans la vie partagent-ils leurs bienfaits avec ceux qui sont moins bien lotis ? Le système économique renforce-t-il les liens de solidarité entre les hommes ? Et connaît-il ses limites ? Reconnaît-il que ses valeurs ne sont pas les seules valeurs, que l'éternelle course à l'argent n'est pas tout dans la vie, que le marché n'est pas le seul mécanisme de distribution, et qu'un système économique est un moyen, et non une fin ?

Telles sont les questions à se poser face au capitalisme mondial, si nous sommes appelés à exercer notre responsabilité. L'impératif moral est omniprésent et non négociable. Au-delà du « *c'est* » se trouve toujours le « *ce devrait* ». Aucun système, qu'il soit scientifique, politique ou économique, n'est justifiable en soi, ni ne mérite d'être approuvé simplement pour ce qu'il est. C'est ce que je me propose d'examiner dans ce chapitre et les quatre suivants, en commençant par le marché lui-même et les valeurs qu'il représente et engendre.

* * *

Nous devons à Max Weber l'idée selon laquelle les principes économiques sont influencés par les principes religieux. Sa thèse est que « l'esprit du capitalisme » doit son existence à « la morale protestante », au calvinisme notamment[6]. Plus récemment, Michael Novak a écrit un ouvrage sur l'affinité entre la morale catholique et le capitalisme[7]. La contribution de l'islam au développement de la finance et du commerce est considérable et remonte au huitième siècle, à l'époque où Bagdad et Basra devinrent des centres de commerce internationaux. L'expansion musulmane encouragea un climat de confiance et stimula le commerce entre pays éloignés ; l'école hanafite de jurisprudence islamique fut notamment à l'avant-garde du développement des contrats d'affaires[8]. Le judaïsme, quant à lui, n'est pas particulièrement associé à l'économie de marché. Il est indéniable, cependant, que les Juifs jouèrent un rôle important dans son développement. Ainsi que Werner Sombart le souligne :

> Je tiens à dire tout de suite que l'influence que les Juifs ont exercée sur la formation et le développement du capitalisme moderne a été à la fois extérieure et intérieure, ou spirituelle. Extérieurement, les Juifs ont essentiellement contribué à imprimer aux relations économiques internationales leur cachet actuel et à hâter l'avènement de l'État moderne, cet abri du capitalisme. Ils ont ensuite donné à l'organisation capitaliste elle-même une forme particulière, en créant nombre d'institutions dont la plupart régissent encore aujourd'hui le monde des affaires et en prenant une part prépondérante à la formation d'un certain nombre d'autres.
>
> Leur influence intérieure sur la formation du système capitaliste a été non moins grande, parce que ce sont eux qui, à proprement parler, ont infusé l'esprit moderne dans la vie économique et développé jusqu'à ses extrêmes conséquences l'idée qui forme le noyau intime du capitalisme[9].

Il est entendu qu'aucune religion ne peut s'identifier avec un unique système économique. Il y a eu des communistes d'origine et d'inspiration juives, notamment Karl Marx, Rosa Luxemburg et Léon Trotski. Et il y a eu nombre de groupes socialistes juifs au début du vingtième siècle, dont le plus influent fut le Bund d'Europe de l'Est. Au temps du Second Temple, les esséniens vivaient dans des communautés de partage, une expérience revécue dans l'Israël moderne dans le système des kibboutz[10]. Le socialisme moral tire une grande part de son inspiration du récit de l'Exode et des prophètes de l'Israël antique[11]. Néanmoins, le judaïsme tend à favoriser le marché libre, tout en le soumettant à un examen critique à la lumière de ses idéaux.

Historiquement, cette position était contre-culturelle. Nous avons tendance à oublier que la victoire de l'économie de marché sur ses rivaux – communisme, socialisme et régimes hiérarchiques plus anciens – est récente et relativement imprévue. Elle s'oppose à une longue tradition intellectuelle de mépris à l'égard du commerce. Platon, dans *La République*, affirmait que les marchands « sont ordinairement les personnes les plus faibles de santé, incapables de faire tout autre travail[12] » et les relégua dans la troisième classe sociale, la classe inférieure. Aristote, dans *La Politique*, jugeait « dégradantes[13] » les occupations des marchands. Les sociétés militaires considéraient le commerce comme une activité peu virile. Adam Smith lui-même dit qu'une culture commerciale « noie le courage des hommes et tend à étouffer leur esprit guerrier[14] ». Les penseurs religieux dénigrèrent cette culture commerciale dont ils stigmatisèrent le matérialisme. Thomas d'Aquin concéda que le commerce « n'est pas un péché ni contraire à la vertu », mais insista pour que les prêtres ne l'exercent pas, afin de ne pas se détourner des questions spirituelles[15]. La plupart des penseurs collectivistes opposent l'altruisme à la concurrence et à « l'individualisme possessif » du marché. J. A Hobson, par exemple, affirmait que « de par leur nature même, les échanges commerciaux empêchent la prise en compte du bien d'autrui, et concentrent l'esprit et la volonté de chaque partie sur la recherche de son profit matériel immédiat [...] Être constamment motivé par des intérêts égoïstes entraîne un durcissement des artères morales[16]. » Il est donc important de comprendre pourquoi le judaïsme, *sur des fondements moraux et spirituels*, a favorisé l'économie de marché.

* * *

Dans son ouvrage remarquable, *Richesse et pauvreté des nations*, David Landes cherche à comprendre pourquoi certaines économies se développent, tandis que d'autres stagnent[17]. L'une des questions qu'il soulève, par exemple, est la raison pour laquelle la révolution industrielle a eu lieu en Europe, et non en Chine. Au Moyen-Âge, la Chine était beaucoup plus avancée que l'Occident. Ce fut le premier pays à inventer l'imprimerie, le papier, la porcelaine et les explosifs.

Pourquoi donc l'Europe fit-elle un tel bond en avant au dix-neuvième siècle ? La réponse de Landes a été contestée par certains spécialistes ; dans les grandes lignes, la voici : c'est la *culture,* et non les ressources naturelles, qui a joué un rôle décisif. L'Europe avait ce que la Chine n'avait pas : une éthique judéo-chrétienne.

Landes identifie plusieurs caractéristiques importantes de cette éthique. D'abord, le respect biblique envers les droits de propriété. Il y voit une révolution contre l'ancien monde et le pouvoir qu'il donnait aux dirigeants de considérer les biens de la tribu ou du peuple comme les leurs. Alors qu'au contraire, quand les Israélites contestèrent le pouvoir de Moïse lors de la rébellion de Coré, Moïse se défendit : « Je n'ai jamais pris à un seul d'entre eux son âne, je n'ai jamais fait de mal à un seul d'entre eux » (Nombres 16, 15). Pour la Bible hébraïque, l'abus des droits de propriété par un dirigeant constitue l'un des plus graves cas de corruption du pouvoir. Le judaïsme est la religion d'un peuple né en esclavage et aspirant à la rédemption. L'esclavage porte atteinte à la dignité humaine, parce qu'il prive l'individu de la propriété des richesses qu'il a produites.

La phrase qui a le plus marqué la civilisation occidentale est sans doute le verset du premier chapitre de la Genèse, où Dieu dit : « Faisons l'homme à Notre image, à Notre ressemblance » (Genèse 1, 26). Ce qui est révolutionnaire dans ces mots, ce n'est pas qu'un homme puisse être à l'image de Dieu. C'était là une idée habituelle dans le monde antique. Après tout, les rois sumériens et les pharaons égyptiens étaient des dieux ou des représentants des dieux sous forme humaine. Ce qui était nouveau, ce n'était pas qu'*un* homme puisse être à l'image de Dieu, mais que *chaque* homme le soit. Dès ses origines, le judaïsme a vivement protesté contre les sociétés hiérarchiques qui n'accordent dignité, pouvoir et liberté qu'à certains de ses membres. Il souligna au contraire que si un individu est sacré, tout individu l'est aussi, parce que tous sont à l'image de Dieu.

La question centrale est donc la suivante : comment construire des structures sociales qui respectent et préservent la liberté, l'intégrité et la créativité de l'individu ? En un mot, nous pouvons déjà remarquer que la Bible hébraïque est une critique de ce que nous appelons aujourd'hui « *the big government* » [le grand gouvernement]. D'un côté, il y a l'Égypte antique, une nation qui bâtit des édifices prestigieux, mais qui, pour ce faire, réduisit des milliers d'hommes en esclavage. Et aux antipodes, il y a le célèbre huitième chapitre du Premier Livre de Samuel, dans lequel le peuple vint trouver le prophète pour lui demander un roi. Sur ordre de Dieu, Samuel leur répondit que s'ils désignaient un roi, celui-ci se saisirait plus tard de leurs fils et de leurs filles, de leurs champs et de leurs vignobles, et réclamerait un pourcentage de leurs récoltes et de leur bétail. En d'autres termes, même la monarchie constitutionnelle implique un sacrifice des droits de propriété et de la personne. « Vous vous lamenterez alors à cause de ce roi que vous avez désiré, mais l'Éternel ne vous exaucera point ce jour-là » (Samuel I 8, 18).

Traditionnellement, le point de vue juif est que les gouvernements sont nécessaires à la défense et au maintien de l'ordre social. Un précepte juif du premier siècle de l'ère commune l'énonce ainsi : « Prie constamment pour le bien du gouvernement, car si on ne le craignait pas, les hommes se dévoreraient vivants[18]. » Toutefois, l'action de l'État doit toujours être justifiée parce que tout gouvernement, même élu démocratiquement, constitue *ipso facto* une limitation de certains droits fondamentaux, tels que le droit de jouir des fruits de son travail. L'action de l'État ne peut être légitimée que pour une raison : les droits essentiels ne sauraient être garantis que par un pouvoir central qui défend les individus contre l'illégalité d'une part, et contre les invasions étrangères d'autre part. Par conséquent, bien avant Hobbes, Locke et Jefferson, le judaïsme biblique préconisait déjà une théorie du *gouvernement limité*. Si le judaïsme insiste sur les limites morales du pouvoir, c'est qu'elles sont la seule défense sûre de l'individu contre l'oppression, qu'il s'agisse de la tyrannie des rois ou de ce que John Stuart Mill, à la suite d'Alexis de Tocqueville, appela « la tyrannie de la majorité ». Dieu, dans la Bible hébraïque, recherche l'amour libre d'hommes libres ; or, la propriété privée et l'indépendance économique constituent deux des plus puissantes entraves à la liberté.

* * *

Un second facteur identifié par Landes dans la tradition judéo-chrétienne est le respect biblique de la dignité inhérente au travail. Dieu dit à Noé qu'il serait sauvé du déluge, mais c'était à Noé de construire l'arche. La grande valeur que le judaïsme attache au travail est mise en relief dans le passage suivant :

> Rabbi Shimon ben Elazar dit : le travail est important, parce qu'Adam lui-même ne goûta pas aux aliments avant d'avoir effectué un travail, comme il est écrit : « L'Éternel-Dieu prit donc l'homme et l'établit dans le jardin d'Éden pour le cultiver et le soigner » (Genèse 2, 15). Ce n'est qu'ensuite que « l'Éternel-Dieu donna un ordre à l'homme en disant : Tous les arbres du jardin, tu peux t'en nourrir[19] » (Genèse 2, 16).

Il s'agit là d'une remarque subtile. Une lecture superficielle de la Genèse peut donner l'impression que le travail, loin d'être une bénédiction, est une malédiction. En effet, ce n'est qu'après son exil du paradis que l'homme apprit que le labeur serait son destin : « Tu gagneras ton pain à la sueur de ton front ». Mais non, dit Rabbi Shimon. Même dans le jardin d'Éden, Dieu dit à Adam de cultiver la terre. Bien qu'il fût entouré de nourriture, il devait d'abord travailler pour la mériter.

Le travail, sans être un acte religieux en soi, est l'une des conditions de la dignité humaine. « Durant six jours tu travailleras et t'occuperas de toutes tes affaires, mais le septième jour est le Chabbat de l'Éternel, ton Dieu », ce qui signifie que nous servons Dieu par le travail, aussi bien que par le repos. L'office du samedi soir, moment où le jour du repos s'achève, atteint son point culminant dans l'hymne aux valeurs du travail : « Lorsque tu manges grâce au labeur de tes mains, tu es heureux et tout ira bien pour toi. » Les rabbins commentent : « Tu es heureux » renvoie à cette vie ; « tout ira bien pour toi » renvoie à la vie dans l'au-delà[20]. En d'autres termes, le travail a une valeur spirituelle, parce que gagner son pain est indispensable à la dignité et à la créativité de la condition humaine :

> Quand le Saint Béni soit-Il dit à Adam : « Maudite est la terre à cause de toi [...] Elle produira pour toi des buissons et de l'ivraie », Adam se mit à pleurer. Il dit : « Roi de l'univers, moi et mon âne mangerons-nous dans la même mangeoire ? » Mais quand il entendit ces mots : « À la sueur de ton front tu mangeras du pain », il fut consolé[21].

Le travail élève l'homme, car il est pour lui un moyen de subsistance. Les Sages ont mis l'accent sur l'estime de soi qu'apporte le travail, et que ne procure pas un revenu non gagné. Manger sans travailler n'est pas une aubaine, mais une tentative d'échapper à la condition humaine. Les animaux *trouvent* leur nourriture, seul l'homme la *crée*. Ainsi que le dit Rabbénou Be'hayé, commentateur du treizième siècle : « La participation active de l'homme à la création de sa richesse est un signe de grandeur spirituelle[22] ». La loi juive interdit aux adeptes des jeux d'argent de servir de témoins, du fait qu'ils ne sont pas membres de l'économie productive et qu'ils « ne contribuent pas à l'établissement du monde[23]. »

Cet état d'esprit contraste fortement avec l'éthique de la Grèce antique. Par exemple, Plutarque dit que nous pouvons admirer un objet, tout en considérant ceux qui l'ont produit comme des individus « bas et sordides ». Dans le *Gorgias* de Platon, Socrate demande à Calliclès s'il permettrait à sa fille de se marier avec un machiniste. Aristote concède que la société a besoin de travailleurs agricoles et d'artisans, mais que leur travail convient à des serfs et des esclaves, non à des citoyens libres de la *polis*. Dans la mythologie grecque, les dieux ne travaillent pas, contrairement au Dieu de la Genèse qui, dès le premier abord, est vu comme un artisan qui fabrique l'univers[24].

Le judaïsme n'a jamais élaboré d'éthique aristocratique, ni d'éthique du renoncement au monde par mépris de l'économie productive. Les grands rabbins étaient des artisans, des hommes d'affaires ou des professionnels. Ils savaient que la communauté juive avait autant besoin d'une économie que d'un fondement spirituel. En conséquence, le Talmud cite parmi les devoirs parentaux celui d'enseigner à leur enfant un métier dans l'artisanat ou le commerce, grâce auquel il gagnera sa vie[25].

Le plus illustre des rabbins du Moyen-Âge, Moïse Maïmonide, s'opposa à la pratique d'entretenir une classe oisive d'étudiants rabbiniques grâce à des fonds caritatifs publics. « Celui qui décide d'étudier la Torah, de ne pas travailler et de vivre de la charité, écrivit-il, profane le nom de Dieu, attire le mépris sur la Torah, éteint la lumière de la religion, s'attire des malheurs et se prive de la vie dans l'au-delà[26]. » Il mena une campagne controversée qui ne s'acheva jamais totalement, car l'étude étant la valeur la plus haute du judaïsme, il y eut toujours des opposants qui affirmaient la nécessité d'une élite savante, libérée du fardeau d'avoir à travailler pour vivre. Maïmonide, cependant, comprit les dangers de cette exemption qui compromettait d'abord et avant tout l'indépendance de l'érudit. Selon lui, le rabbin s'isolait du monde où vivaient ses disciples, et faisait d'une vocation religieuse une profession rémunérée. « Mieux vaut, dit-il à son disciple Joseph ibn Aknin, gagner quelques sous comme tailleur, charpentier ou tisserand, que de dépendre de l'aide financière de l'exilarque[27]. »

Le travail permet d'atteindre deux objectifs. Tout d'abord, il donne à l'individu son *indépendance*, ce qui constitue l'un des fondamentaux d'une société libre. L'Action de Grâce juive après le repas comporte une phrase frappante : « De grâce, mon Dieu, ne nous fais pas dépendre des présents des hommes. » Si le judaïsme attache une grande valeur à la philanthropie, il accorde une valeur encore plus grande à l'indépendance économique. Tout emploi vaut mieux que rien. « Dépèce des carcasses au marché, dit Rav, Sage du Talmud du troisième siècle, et ne dis pas : je suis un Cohen, je suis un homme important et j'en serais déshonoré[28]. » Les Sages de notre tradition auraient partagé l'avis de David Hume qui écrivit : « Rien ne tend davantage à corrompre, affaiblir et dégrader l'esprit que la dépendance, et rien ne donne des idées de probité aussi nobles et généreuses que la liberté et l'indépendance. »

Le second objectif du travail, non moins important, est la *créativité*. L'histoire biblique de l'humanité commence par un commandement : « Croissez et multipliez. Remplissez la terre et soumettez-la. » Le travail est davantage qu'un simple effort physique. L'hébreu biblique possède deux mots pour désigner le travail dans ses deux acceptions : *melakha* est le travail en tant que création ; *avoda* est le travail en tant que service ou servitude. *Melakha* est l'espace où nous transformons le monde et devenons donc, selon cette saisissante expression rabbinique, « les partenaires de Dieu dans son travail de création[29] ». Dieu, enseigna Rabbi Akiva au deuxième siècle, laissa délibérément le monde inachevé, afin qu'il puisse être complété par le travail des hommes[30]. Le Dieu Créateur exige des hommes de la créativité. C'est là un autre avantage du commerce libre : l'importance qu'il attache à l'innovation constante. Comme l'écrivait Lemercier de la Rivière au dix-huitième siècle :

> L'intérêt personnel, stimulé par cette grande liberté, incite fortement et continuellement chaque individu à améliorer et multiplier les objets qu'il désire vendre ; ainsi, il accroît les plaisirs qu'il procure aux autres hommes, de sorte à accroître de cette manière les plaisirs que les autres hommes lui procureront en retour. Ainsi, le monde s'organise de lui-même ; le désir du plaisir et la liberté de faire plaisir, entraînant sans cesse la multiplication des produits et la croissance de l'industrie, impriment à toute la société un mouvement perpétuel qui tend à la conduire vers la meilleure situation possible[31].

Max Weber affirme que l'une des révolutions de la pensée biblique fut de démythifier, de désacraliser la nature. Pour la première fois, le monde n'était plus sacro-saint et enveloppé de mystère ; il pouvait être compris rationnellement et amélioré[32]. Cette perspective rend le judaïsme étonnamment ouvert aux nouvelles technologies, telles que le génie génétique, la recherche sur les cellules souches et le clonage thérapeutique dans le domaine de la médecine, ainsi qu'Internet et les CD-ROM interactifs dans le domaine de l'éducation.

* * *

Le plus important, peut-être, est que le judaïsme considère ouvertement la richesse comme une bénédiction Divine, et en tant que telle, comme une source de plaisir légitime. Le monde est la création de Dieu ; il est donc bon, et la prospérité est un signe de la bénédiction du Ciel. L'ascétisme et l'abnégation n'ont guère de place dans la spiritualité juive. Rav, le grand Sage du troisième siècle, alla jusqu'à dire : « Dans l'au-delà, nous serons jugés pour tous les plaisirs légitimes que nous nous serons refusés ici-bas[33]. » L'un des thèmes récurrents du Deutéronome est : « Tu te réjouiras de tous les biens que l'Éternel, ton Dieu, aura donnés à toi et à ta famille[34]. »

La croissance économique, engendrée par la mondialisation et les technologies de l'information, a une signification religieuse. Elle permet en effet, plus que tout ordre économique antérieur, de réduire la pauvreté. Tout au long de son histoire, le judaïsme a résisté à toute tentative de romantiser, rationaliser ou amoindrir la douleur de la faim ou du besoin. Les rabbins auraient formellement rejeté l'affirmation de Marx selon laquelle la religion est l'opium du peuple. La pauvreté n'est une situation ni bénie ni ordonnée par Dieu. Les rabbins s'accordent à dire qu'il s'agit « d'une espèce de mort » et qu'elle est « pire que 50 fléaux ». Ils ajoutent :

> Rien n'est plus pénible à supporter que la pauvreté, parce que l'homme écrasé par la misère semble attirer sur lui tous les maux de ce monde et toutes les malédictions du Deutéronome.

> Si tous les problèmes étaient placés d'un côté de la balance, et la pauvreté de l'autre, la pauvreté pèserait plus lourd que tous les autres problèmes réunis[35].

Les rabbins n'avaient pas non plus une haute opinion des motivations qui poussaient à devenir riche. Les fervents partisans du marché, Bernard Mandeville, David Hume et Adam Smith, ont été frappés par un fait que beaucoup jugent scandaleux, à savoir que le marché génère ses profits collectifs grâce à une série d'actions et de transactions essentiellement égoïstes. Comme Adam Smith le souligne : « Ce n'est pas à la bienveillance du boucher, du brasseur ou du boulanger que nous devons notre dîner, mais au soin qu'ils portent à leurs propres intérêts[36]. » Dans l'économie de marché, toujours selon Smith, l'individu *« ne pense qu'à son propre gain ; en cela, comme dans beaucoup d'autres cas, il est conduit par une main invisible à remplir une fin qui n'entre nullement dans ses intentions*[37]. » Que les marchés soient mus par l'intérêt personnel plutôt que par l'altruisme, a longtemps conduit à critiquer tout ce que suggère l'adjectif « commercial ».

Il n'en va pas de même dans le judaïsme, qui admet que les plus grands progrès sont parfois réalisés pour des raisons terre à terre, non nécessairement nobles. « J'ai observé, dit l'Ecclésiaste, que le labeur de l'homme et tous ses efforts pour réussir ont pour mobile la jalousie qu'il nourrit contre son prochain » (Ecclésiaste 4, 4). Ou, comme le dirent les Sages du Talmud : « Sans le mauvais penchant, personne ne construirait de maison, ne se marierait, n'aurait des enfants, ni ne s'engagerait dans les affaires[38]. » Un cœur pur est essentiel dans la relation entre l'homme et Dieu. Mais dans les relations entre l'homme et son prochain, ce qui compte est le résultat, non le sentiment qui l'a produit. De ce point de vue, sir James Frazer avait raison de dire « qu'il vaut mieux pour le monde que l'homme ait raison pour de mauvaises raisons, plutôt qu'il ait tort dans les meilleures intentions. »

Ce qui préoccupait les Sages était d'éliminer la pauvreté, moins par des impôts redistributifs que par la création d'une société où les pauvres pouvaient obtenir de l'aide s'ils en avaient besoin, grâce à la charité bien entendu, mais aussi et surtout grâce à la création d'emplois. Ce qui revient à dire que richesse allait de pair avec responsabilité. Les hommes et femmes d'affaires étaient tenus d'être des modèles de générosité et des chefs de communauté irréprochables. (Notons au passage que le verset 31,10 des Proverbes : « Heureux qui a rencontré une femme vaillante » est essentiellement un éloge de la femme active.) La consommation ostentatoire était méprisée, et régulièrement interdite par des « lois somptuaires ». Étant donné que la richesse était une bénédiction Divine, elle était nécessairement associée à l'obligation de l'utiliser au profit de l'ensemble de la communauté.

Par conséquent, ce qui est inacceptable d'un point de vue juif, ce n'est pas le marché libre en soi, mais ses effets : dégradation du sens de la solidarité sociale, fossé croissant entre riches et pauvres, déclin du sens des responsabilités chez ceux qui ont réussi – ce que J.-K. Galbraith a appelé « la culture du contentement[39] ». Étant donné que les entreprises et leurs « hauts potentiels » sont libres de délocaliser, leur contribution fiscale et donc leur contribution à l'éducation, à la santé et au bien-être, diminuent régulièrement. La nouvelle classe – les dits « manipulateurs de symboles » – est moins impliquée auprès des défavorisés, moins susceptible de les rencontrer et de se mêler à eux, et encore moins encline à utiliser les services publics. C'est une erreur. La pauvreté entraîne l'exclusion sociale et risque de se transmettre d'une génération à l'autre comme un destin inéluctable. Ce qui revient à dire que la richesse, au lieu de consolider la communauté, l'affaiblit.

Les rabbins penchaient en faveur des marchés et de la concurrence, parce qu'ils créaient de la richesse, faisaient baisser les prix, multipliaient les choix, réduisaient les taux de pauvreté absolue. Avec le temps, ces mécanismes permettaient de mieux contrôler l'environnement, si bien que l'éventualité d'être les victimes passives des circonstances et du destin s'amoindrissait. La concurrence, s'il est vrai qu'elle stimule le dynamisme et la créativité, doit également se mettre au service du bien commun. Aussi la loi juive autorisa-t-elle des politiques protectionnistes, lorsqu'elles étaient nécessaires à la sauvegarde de l'économie locale, notamment dans le cas où les concurrents étrangers ne payaient pas d'impôts. Parfois, les rabbins intervenaient pour faire baisser les prix sur les produits de première nécessité. Dans la mesure où le marché libre fonctionnait en conjonction avec des communautés solides et ne contrariait pas les responsabilités qu'elles assumaient, les rabbins accueillirent favorablement ses aspects positifs, en particulier dans le domaine de l'enseignement juif qui les intéressait en premier ressort. Un enseignant bien établi ne pouvait s'opposer à la nomination d'un rival. La raison invoquée éclaire leur approche générale. Ils disaient simplement que « la jalousie entre érudits stimule la sagesse[40]. »

C'est l'écrivain catholique Michel Novak qui résuma, peut-être de la manière la plus brillante, l'éthique économique juive :

> Dans ses traditions prophétiques et rabbiniques, la pensée juive s'est toujours trouvée à l'aise avec une certaine sagesse bien ordonnée, alors que les chrétiens se sont toujours sentis attirés vers le mysticisme. La pensée juive se tournait ouvertement vers la propriété privée, les activités commerciales, les marchés et les profits, alors que la pensée catholique, exprimée très tôt par les prêtres et les moines principalement, s'est toujours efforcée de détourner l'attention de ses adeptes des activités et intérêts du monde d'ici-bas pour l'orienter vers l'au-delà[41].

* * *

Jusqu'ici, j'ai parlé de l'approche de l'économie de marché dans le judaïsme. Si ce système économique a été adopté, ce n'est pas qu'il soit inévitable, mais parce qu'il est le meilleur modèle conçu jusqu'à ce jour pour élever les niveaux de vie d'une part, et d'autre part assurer l'indépendance et la dignité humaine sur lesquelles repose une société libre. Si l'économie de marché distribue la richesse aussi efficacement qu'elle ne la crée est une question sur laquelle je me pencherai au chapitre suivant. Auparavant, il reste encore un aspect à examiner, central pour le thème de cet ouvrage. L'acte même d'échange marchand est l'incarnation par excellence de l'idée de la dignité de la différence.

Une prière juive remercie Dieu : *boré nefachot rabot ve'hesronan*, « qui crée toutes sortes d'âmes et leurs déficiences ». C'est une phrase étrange. Normalement, nous remercions Dieu de ce que nous possédons, non de ce qui nous manque ; de nos talents, non de nos déficiences. Il y a une explication cependant : si nous ne manquions de rien, nous n'aurions besoin de personne. Nous serions solitaires, autosuffisants. Le fait même d'être différents implique qu'un autre possède ce dont je manque, et que je possède ce qui fait défaut à un autre[42].

C'est ce qui conduisit, à l'aube de l'histoire, à la division du travail et à la naissance du commerce. Le commerce réunit des individus en vue d'un échange mutuellement profitable. Si je suis bon à fabriquer des haches et que tu es doué pour la pêche, nous y gagnons tous les deux si j'échange quelques-unes de mes haches contre quelques-uns de tes poissons. La théorie des avantages comparatifs de David Ricardo montre que cela reste vrai, même dans le cas où tu serais meilleur que moi dans la fabrication des haches – tant que tu es meilleur à pêcher qu'à fabriquer des haches, et que je suis meilleur à fabriquer des haches qu'à pêcher. Tant que nous sommes meilleurs que les autres dans un certain domaine, nous bénéficions tous les deux de l'échange, même si, quoi que tu fasses, tu le fais mieux que moi[43]. Chacun a une contribution à apporter, et chacun bénéficie de la contribution des autres.

L'échange commercial est le paradigme du scénario gagnant-gagnant, comme le sont aussi les relations humaines à somme non nulle. Il a des conséquences économiques, mais aussi morales et spirituelles. La diversité, comme l'explique Johannes Althusius, dans sa *Politica* (1603), est la bénédiction Divine au cœur de notre socialité :

> Clairement, de par sa nature, l'homme est un animal grégaire, né pour cultiver la société des autres. [Pour cette raison] Dieu distribua ses dons inégalement entre les hommes. Il ne les

> donna pas tous à une même personne, mais certains aux uns et certains aux autres, de sorte que tu aies besoin de mes dons comme j'ai besoin des tiens. C'est ainsi que naquit, en quelque sorte, le besoin de communiquer des choses nécessaires et utiles, dont la communication n'était pas possible ailleurs que dans la vie sociale et politique. Dieu voulut donc que chacun ait besoin des services et de l'aide de l'autre, de sorte à attacher les hommes par des liens d'amitié et que personne ne considère l'autre comme inutile. Car si personne n'avait besoin de l'aide des autres, que serait la société ? Que seraient le respect et l'ordre ? Que seraient la raison et l'humanité ? Par conséquent, chacun a besoin de l'expérience et de la contribution des autres et personne ne vit seulement pour soi[44].

L'interaction humaine n'est donc pas inéluctablement tragique. Elle n'est pas destinée à être agonistique, conflictuelle, autrement dit à n'être qu'une relation gagnant-perdant. Je pense que c'est ce qui différencie la sensibilité biblique de celle de la Grèce antique. Le monde hellénistique a perfectionné l'art de la tragédie. Le judaïsme, au contraire, a conçu une théologie de l'espoir. Nos différences sur le plan individuel, collectif et culturel, peuvent avoir deux issues. Elles peuvent déboucher soit sur la guerre, soit sur le commerce. La Grèce, avec ses vertus militaires, valorisait les arts virils de la guerre. Les Juifs, avec leur longue expérience de la souffrance et de l'exil, apprirent très tôt à préférer l'espoir.

L'une des contributions que l'échange commercial a apportées à l'histoire – et non la moindre – est qu'il a été, plus que toute autre institution, un contrepoids à l'instinct primitif qui pousse les hommes à se battre. Dès le dix-huitième siècle, Montesquieu en eut l'intuition : « L'effet naturel du commerce est de porter à la paix. Deux nations qui négocient ensemble se rendent réciproquement dépendantes : si l'une a intérêt d'acheter, l'autre a intérêt de vendre ; et toutes les unions sont fondées sur des besoins mutuels[45]. » Ce n'est pas un mince exploit que l'Union européenne soit parvenue à regrouper des nations européennes dont les conflits, par le passé, avaient conduit à deux guerres mondiales. Thomas Friedman a conçu ce qu'il appelle la théorie des « arches dorées » sur la prévention des conflits, selon laquelle jamais deux pays ayant une chaîne de restaurants MacDonald ne se sont fait la guerre[46].

À une époque de résurgence du tribalisme, le marché mondial offre, comme le commerce l'a toujours fait, un scénario alternatif où la différence n'est plus une source de conflits, ni donc de tragédie. Il transforme la différence en une forme de bienfait dont nous sommes tous les bénéficiaires. Adam Smith n'avait pas tort lorsqu'il conférait au marché une signification quasi religieuse, en parlant de la « main invisible » grâce à laquelle nos contributions individuelles s'accumulent pour accroître la richesse générale des nations. Les vertus économiques, telles que le travail assidu, la créativité et la recherche du profit, peuvent sembler insipides comparées aux vertus héroïques des sociétés militaires. Mais les sociétés militaires tuent. Les guerres détruisent. La valeur, le courage, mourir pour une noble cause, sont certes héroïques, mais du point de vue des vainqueurs, pas de celui de leurs victimes.

Si le prix de la guerre est trop élevé, et il l'est, nous devrons privilégier les habitudes du commerce – la seule chose qui, dans l'histoire, ait favorisé la collaboration entre tribus et nations pour leur bénéfice mutuel, en leur permettant de tirer parti de leurs diverses compétences au service de la prospérité collective. L'imbrication des nations dans un réseau commercial est à l'origine de nombreux problèmes que je vais examiner maintenant. Malgré tout, c'est notre dernier espoir de paix. Contrairement au champ de bataille, le marché est une arène où les deux côtés peuvent être gagnants.

Chapitre 6

La compassion : le concept de *tsedaka*

> La grande préoccupation de Moïse était […] de poser les fondations d'un État social où l'indigence et le besoin dégradant seraient inconnus.
>
> (Henry George, *Moïse*)

« Imaginez une limousine extra-longue traversant un ghetto urbain, écrit Martin Wolf dans le *Financial Times*[1]. À l'intérieur se trouve le monde postindustriel de l'Europe occidentale, de l'Amérique du Nord, de l'Australasie, du Japon et des pays émergents riverains de l'océan Pacifique. À l'extérieur se trouve tout le reste du monde. » Voilà ce à quoi notre planète mondialisée commence à ressembler : un lieu où les richesses sont toujours plus inégalement réparties, où les riches deviennent plus riches, et les pauvres plus pauvres. Tous les ans, le nombre de milliardaires augmente. Tous les ans, des millions d'êtres humains meurent de faim, de pauvreté et de maladies évitables. Telle est la différence entre microéconomie et macroéconomie. Au niveau individuel, dans toute transaction, les deux côtés sont gagnants. Mais lorsque les résultats de milliards de transactions s'additionnent, la répartition des profits peut être, et l'est souvent, extrêmement inéquitable. La mondialisation a amplifié ce phénomène. La planète se transforme en un marché unique, où les fonds sont excessivement mobiles et où l'information et la concurrence sont presque parfaites. Les capitaux franchissent librement les frontières en quête d'un rendement maximal, sans se soucier des conséquences humaines. Notre monde devient de moins en moins égalitaire d'année en année.

Ces inégalités existent dans et entre les pays. Dans la seconde moitié du vingtième siècle, la consommation mondiale de biens et de services a sextuplé. Mais selon un sondage des Nations Unies, un sixième de la population mondiale, soit un milliard de personnes, vit avec moins d'un dollar par jour et ne peut subvenir à ses besoins les plus élémentaires. Plus de huit millions meurent chaque année en raison de la pollution de l'eau et de la contamination de l'air. Six millions meurent de malnutrition et de faim. Deux millions meurent de diarrhée ou maladies similaires[2]. Le SIDA est déjà responsable de la mort de dix millions d'Africains et, selon les prévisions, il en tuera 25 millions de plus dans la prochaine décennie. Parmi les 4,5 milliards d'habitants des pays développés, trois sur cinq n'ont pas accès à une infrastructure élémentaire. Un tiers n'ont pas l'eau potable. Un quart habitent des logements insalubres. Un cinquième n'ont pas accès aux services sanitaires et médicaux. En Afrique, le continent le plus pauvre du monde, 174 enfants sur mille n'atteignent pas l'âge de cinq ans. Un cinquième des enfants du monde passent moins de cinq ans à l'école. Le même pourcentage d'enfants est en permanence sous-alimenté[3].

Et le fossé ne cesse de se creuser. Entre 1965 et 1999, les revenus réels par tête dans les pays développés ont augmenté de 2,4%. Au Moyen-Orient et en Afrique du Nord, ils sont restés plus ou moins stables. En Afrique subsaharienne, ils ont diminué. Quatre-vingt-neuf pays sont dans une situation pire aujourd'hui qu'il y a dix ans. Trente-cinq ont connu une baisse des revenus plus importante que pendant la Grande Dépression des années 1930. Dans le monde entier, les 20%

supérieurs des personnes les mieux rémunérées représentent 86% de toute la consommation privée, alors que les 20% les plus pauvres n'en représentent que 1,3%. Le cinquième le plus riche consomme seize fois plus de viande, dix-sept fois plus d'énergie, et possède 145 fois plus d'automobiles que le cinquième le plus pauvre. Sur la population mondiale totale, 65% n'ont jamais passé d'appel téléphonique, 40% n'ont pas l'électricité. Les dépenses des Américains en produits cosmétiques, et des Européens en crèmes glacées, dépassent ce que coûteraient la scolarisation et l'amélioration des conditions sanitaires de deux milliards de personnes qui, à l'heure actuelle, n'ont ni l'une ni l'autre.

En 1999, le Programme des Nations Unies pour le développement estima que les trois individus les plus riches du monde possédaient plus d'actifs que les 600 millions d'habitants des pays les plus pauvres du monde. Les 358 milliardaires sont au total plus riches que près de la moitié des habitants de la planète réunis. Par ailleurs, l'aide aux pays développés reste extrêmement faible. Seuls quatre pays occidentaux – le Danemark, la Norvège, la Suède et les Pays-Bas – atteignent l'objectif de 0,7% du revenu national prévu par les Nations Unies. L'Amérique, le plus riche pays du monde, est en bas de liste avec 0,1%. Pourtant, d'après les calculs du Programme des Nations Unies pour le développement, 4% seulement suffiraient à fournir des infrastructures scolaires et médicales élémentaires, ainsi qu'une alimentation adéquate à tous les pauvres du monde[4].

Même dans les pays développés, les disparités se sont creusées, au point que la répartition des revenus est moins équitable qu'elle ne l'a jamais été depuis les débuts du vingtième siècle. Aux États-Unis, au début des années 1990, les revenus des chefs d'entreprise étaient en moyenne 42 fois plus élevés que ceux des ouvriers. Dix ans plus tard, ils étaient 419 fois plus élevés. De l'excédent de plus de mille milliards, généré entre 1979 et 1999, 95% ont bénéficié à seulement 5% des Américains. Entre 1968 et 1998, l'écart entre les revenus du 1% supérieur et le revenu moyen a quintuplé. La nouvelle économie tend à favoriser l'élite financière, tandis que ceux qui sont au bas de l'échelle ont moins de chance de trouver un emploi raisonnablement payé. Étant donné que le secteur manufacturier a été délocalisé dans des pays aux bas salaires et que l'agriculture n'emploie pas plus de 2% de la population, un grand nombre de jeunes ont moins de perspectives d'avenir qu'il y a une génération. La nouvelle méritocratie est implacable quand il s'agit de séparer les gagnants des perdants.

Dans les économies les plus avancées, les individus travaillent plus dur, sans bénéficier de la sécurité de l'emploi et d'une protection sociale suffisante. L'Américain moyen, au tournant du siècle, travaillait l'équivalent de deux semaines de plus par an que dix ans auparavant. Dans le cas d'un couple marié avec enfants, ce chiffre grimpait à sept semaines. En 1969, 38% des mères mariées avaient un travail rémunéré. Trente ans plus tard, ce pourcentage atteignait 70%. Gagner sa vie est une priorité absolue pour les jeunes. En 1968, à la question : « Qu'est-ce qui est le plus important dans votre vie ? », 75% des étudiants de première année ont répondu : « Mener une existence qui ait un sens », contre 41% seulement qui ont répondu : « Être à l'aise financièrement ». Trente ans plus tard, les pourcentages se sont inversés[5]. En même temps, de nouveaux foyers de pauvreté sont apparus, notamment parmi les mères célibataires et leurs enfants. Entre le début des années 1980 et la fin des années 1990, le nombre d'enfants pauvres a doublé en Grande-Bretagne. Il en va de même aux États-Unis. Il va de soi que la pauvreté monétaire va de pair avec la pauvreté sociale : quartiers défavorisés, déclin des communautés, criminalité, trafic de drogues, écoles en difficulté et services sociaux débordés. Trop d'enfants, non seulement dans les pays en développement, mais aussi dans les quartiers urbains délabrés des pays les plus riches du monde, grandissent sans espoir.

* * *

Il est impossible de ne pas se sentir moralement perturbé par le fossé grandissant entre la petite minorité au sommet et la grande majorité au bas de l'échelle sociale. Ce qui rend la situation actuelle pire que par le passé, c'est que ces inégalités sont devenues visibles. Lorsque l'horizon de la majorité des hommes se limitait au village voisin ou à la ville la plus proche, ils savaient que les inégalités existaient là-bas, quelque part dans le monde, mais peu en étaient conscients au quotidien. De même, il y avait des pays de légende où l'or se ramassait à la pelle, mais c'était ailleurs, dans le royaume des contes et des rêves. Les médias mondiaux ont changé la donne. La télévision a transporté le monde des personnalités riches et célèbres dans les villages les plus reculés, et les images de famine, de guerre et de maladies jusque dans nos salons. Nous ne pouvons plus clamer que nous ne savions pas.

Les arguments traditionnels en faveur de l'inégalité ne sont plus défendables aujourd'hui. La vision du monde de l'Antiquité et du Moyen-Âge reposait sur la conviction que les différences de pouvoir, de richesse et de statut étaient dans l'ordre des choses. Le statut était donné à la naissance. La hiérarchie était inscrite dans le tissu de l'univers. Certains, disait Aristote, étaient nés pour être libres, d'autres pour être esclaves. Que cela soit vrai ou pas, disait Platon, les individus doivent être conditionnés à croire que les différences de destin sont prédéterminées, si les sociétés veulent se défendre contre l'agitation sociale : on peut déplorer les inégalités, non les changer. Cette sacralisation du *statu quo* n'a plus de place dans le monde contemporain. Avec la modernité, on est passé du destin au choix, et nous ne pouvons plus raisonnablement prétendre que les choses sont telles qu'elles doivent être.

Pourquoi alors les inégalités perdurent-elles ? Nombre de partisans de la nouvelle économie affirment, à juste titre à mon avis, qu'elle est la meilleure solution pour vaincre la pauvreté. Des pays qui l'ont mise en œuvre, plus particulièrement en Asie du Sud-Est, mais aussi en Amérique du Sud, ont prospéré. Il en va de même pour l'Inde qui a développé une infrastructure hautement performante de technologies de l'information. Les réformes économiques, introduites par Deng Xiaoping en Chine en 1978, ont aidé 800 millions de paysans à doubler leurs revenus en à peine six ans. Soixante-seize millions de Chinois sont sortis de la pauvreté au cours de la dernière décennie[6].

Toutefois, les inégalités concernent également l'accès aux nouvelles technologies, qui sont de l'autre côté de ladite fracture numérique. Les politiques économiques mondiales n'ont pas toujours bénéficié aux plus pauvres. Joseph Stigliz, prix Nobel d'économie et ex-économiste en chef de la Banque mondiale, a vivement critiqué les institutions financières internationales pour avoir imposé des stratégies inadéquates à des économies défaillantes. La libéralisation économique peut fortifier ce qui est fort, et affaiblir ce qui est faible. L'argent est plus mobile que les hommes. Des flux de capitaux insufflés dans une économie en développement peuvent refluer tout aussi rapidement et laisser des industries dévastées et d'innombrables chômeurs. Le capital spéculatif n'est pas toujours investi dans l'éducation et l'infrastructure. Il est plutôt investi dans des secteurs qui produisent des profits à court terme, provoquant des booms dans l'immobilier, mais laissant stagner la croissance à long terme. Certaines politiques économiques décidées par le Fonds monétaire international sont imposées à des pays pauvres, que Stiglitz compare à de petites embarcations lancées sur une mer démontée. Même si les bateaux sont solides et bien gouvernés, ils sont susceptibles d'être frappés de côté par une grosse vague et chavirer[7].

Les multinationales non plus n'ont pas toujours apporté leur aide. Ces dernières, d'ailleurs, ne sont pas chargées de rendre la justice. Leur rôle est de faire de l'argent au profit des actionnaires et, en règle générale, c'est ce qu'elles font. Si les fluctuations du cours des changes ou les écarts de salaires indiquent que délocaliser la production d'un pays à l'autre entraînera une diminution considérable des coûts, elles la délocaliseront. Les coûts, en matière de misère ou de perturbations locales, ne leur incombent pas. Même si c'était le cas, la plupart des multinationales se sont délestées de la propriété de leur secteur manufacturier qui, à présent, est externalisé. La responsabilité des entreprises du premier monde à l'égard des économies du tiers-monde est devenue diffuse et facilement contournable. Les multinationales sont la cible d'un mouvement grandissant de protestation, décrit dans l'ouvrage de Naomi Klein *No Logo*, de la part de ceux qui s'inquiètent à juste titre de la délocalisation de la production des entreprises à forte rentabilité vers des pays où les travailleurs travaillent de longues heures pour de bas salaires et dans des conditions insalubres. Il y a donc de bonnes raisons pour souhaiter une réglementation internationale, visant à améliorer les salaires et les conditions de travail. Cependant, il y a aussi une convergence d'intérêts entre les entreprises et les gouvernements qui cherchent en priorité à attirer des investissements, ce qui laisse les travailleurs sans grande possibilité d'améliorer leur sort.

Les autres acteurs clés de l'aide internationale sont les États-nations. Toutefois, leur engagement reste ambivalent, du fait que par le passé, l'aide n'est pas toujours parvenue aux populations concernées. En effet, il est souvent arrivé qu'elle ait été accaparée par des gouvernements, et parfois utilisée pour soutenir des régimes défaillants, oppressifs et dictatoriaux. En Afrique, par exemple, 90% de la population sous-alimentée vit dans les zones rurales, mais du fait que l'élite politique du continent habite plutôt dans les villes portuaires, la campagne est laissée à l'abandon. Un travailleur humanitaire fit cette remarque pertinente durant la famine de 1984 : « Affamez les habitants des villes et ils se révoltent ; affamez les habitants des campagnes et ils meurent. Si vous étiez un dirigeant politique, que choisiriez-vous[8] ? » Dans les années 1990, dix-sept conflits armés majeurs ont eu lieu rien qu'en Afrique, contre dix ailleurs dans le monde. Ces affrontements laissèrent 20 millions de personnes, principalement des femmes et des enfants, en proie à la famine et dans un besoin urgent d'aide humanitaire. Pour être efficace, l'aide a besoin d'un bon gouvernement, mais un bon gouvernement ne peut être établi au moyen des aides.

Inévitablement aussi, les gouvernements sont confrontés à un conflit d'intérêts. Leur premier devoir est de protéger leurs propres économies. Ils craignent que l'aide aux pays en développement n'aille au détriment du bien-être national. Dans des conditions de totale mobilité de la production, les emplois se déplacent vers les pays où les salaires sont les plus bas. L'emploi est exporté, ce qui signifie qu'à court terme du moins, le chômage est importé. Dans les pays développés, certains en tirent profit – principalement les élites qui dirigent les entreprises, conçoivent et commercialisent les produits. Les perdants, comme toujours, sont les ouvriers qui voient la production se déplacer de l'intérieur vers l'extérieur des frontières nationales. Dans la quasi-totalité des pays développés, le secteur des services s'est étendu, tandis que le secteur manufacturier a régressé. Il est probable que les gouvernements y réfléchissent à deux fois, avant de créer une situation où la hausse de l'emploi dans d'autres pays entraînerait une baisse de l'emploi parmi leurs propres électeurs.

Un monde où une poignée d'hommes prospère, tandis qu'un grand nombre meurt de faim, heurte notre sens le plus profond de la justice et de la solidarité. Nul besoin d'être un égalitariste convaincu pour savoir que des inégalités de cette ampleur – une richesse colossale concentrée entre quelques mains aux côtés d'une souffrance généralisée – sont intolérables. Le réel problème, cependant, est celui de la responsabilité. Personne n'avait prévu cette issue. Elle est le résultat de milliards de transactions, d'investissements et de décisions d'achats. Robert Reich nous le rappelle :

> L'émergence de l'économie mondiale de haute technologie semble échapper à tout contrôle. Une évolution semble déclencher la suivante, sans qu'aucune décision claire n'ait été prise quant aux conséquences. Personne n'a explicitement décidé que les technologies de la communication, du transport et de l'information progresseraient aussi rapidement qu'elles ne l'ont fait. Ou que ces technologies feraient passer l'économie de la production à grande échelle à un large éventail de produits et services innovants, vite remplacés par de plus performants […]. Personne non plus n'a décidé d'accepter les mauvais côtés de tout ce progrès[9].

La main invisible, à savoir l'issue imprévue d'une myriade d'actions et réactions, n'est pas toujours bienveillante. Il n'est pas de solutions faciles, par contre, il est des questions difficiles. Quelle est notre responsabilité envers l'ensemble de l'humanité ? Quelles obligations nous *relient* à ceux avec qui nous ne partageons ni pays, ni structure politique, ni langue, ni culture ? Quelle proportion de notre richesse avons-nous le devoir de partager ? Le langage du droit n'est pas toujours pertinent ici, parce que les droits présupposent un réseau de lois et d'obligations pour les mettre en œuvre. Un droit est comme un chèque : il n'a de valeur que s'il existe une banque et un compte où l'encaisser. Sinon, il n'y a rien à en attendre. Alors, quel est le fondement moral de la responsabilité économique mondiale ?

Pour répondre à ces questions, les concepts religieux s'avèrent plus utiles que les concepts étroits de la politique et de l'économie. L'idée centrale du monothéisme – Dieu est le père de l'humanité, nous sommes donc tous membres d'une même famille élargie – a aujourd'hui des implications plus concrètes que jamais. Les Lumières nous initièrent à l'idée des droits universels, mais cela reste une morale « minimale[10] », plus à l'aise dans les idées abstraites que profondément ancrée dans la conscience morale. L'idée biblique selon laquelle les nécessiteux sont nos frères et sœurs et que la pauvreté est quelque chose que nous ressentons au plus profond de nous-mêmes, est autrement plus puissante. Tous les ans, à Pessa'h, les Juifs mangent le pain d'affliction et les herbes amères de l'esclavage. Pendant la fête de Souccot, ils quittent le confort de leurs maisons pour vivre dans des cabanes, des « tabernacles », pour rappeler ce que signifie ne pas avoir de toit au-dessus de la tête, être exposés aux éléments, et vivre comme des millions d'hommes le font aujourd'hui à Calcutta ou à Caracas. Les grandes religions ne se contentent pas de donner une expression abstraite à notre humanité commune ; elles nous incitent à nous engager activement pour donner un témoignage convaincant de notre responsabilité à l'égard des autres.

Si je souhaite examiner l'expérience juive, c'est parce qu'elle associe deux éléments particulièrement pertinents au regard de notre situation actuelle. D'une part, comme je l'ai montré dans le chapitre précédent, le judaïsme est favorable au marché libre et au gouvernement limité, qu'il considère comme les meilleures défenses de la liberté et de la créativité individuelles. D'autre part, il sait depuis l'époque de Moïse, qu'une économie ouverte n'est pas la garantie d'une société juste et équitable, où chacun peut mener une existence digne. C'était d'ailleurs là un sujet de profonde préoccupation pour Moïse et les prophètes. Comme le dit un commentateur biblique contemporain : « Dès le départ, Israël vécut dans le cadre d'un pacte d'alliance qui accordait une valeur optimale aux relations égalitaires d'un peuple placé sous un pouvoir Divin souverain[11]. » La religion des premiers Israélites était une tentative de créer une association hétérogène, sans classes, et décentralisée de tribus conçues comme une confrérie, et dans une plus large mesure que dans la société cananéenne, comme une sororité composée de personnes égales au niveau social, économique et politique[12]. Cela nécessitait un engagement en faveur d'un ordre économique conciliant liberté et équité, dont nous pouvons retrouver la trace dans la législation biblique et les discours des prophètes. Pour mieux le comprendre, nous devons d'abord saisir l'idée contenue dans l'un des mots clés du judaïsme.

* * *

Dans deux versets de la Genèse, Dieu précise la mission dont Abraham et ses descendants seront chargés : « Tairai-Je à Abraham ce que Je veux faire ? Abraham ne doit-il pas devenir une nation grande et puissante et une cause de bonheur pour toutes les nations de la terre ? Si Je l'ai distingué, c'est pour qu'il prescrive à ses fils et à sa maison après lui d'observer la voie de l'Éternel en pratiquant la vertu [*tsedaka*] et la justice [*michpat*], afin que l'Éternel accomplisse sur Abraham ce qu'il a déclaré à son égard. » (Genèse 18, 17-19).

Ces deux termes, *tsedaka* et *michpat*, désignent deux différentes formes de justice. Le *michpat* renvoie à une justice rétributive (pénale) ou à un État de droit. Une société libre doit être gouvernée par la loi appliquée de manière impartiale ; c'est une société où les coupables sont punis, les innocents acquittés et les droits de l'homme garantis. La *tsedaka*, au contraire, se réfère à une justice distributive (sociale), qui est une notion moins procédurale et plus substantielle.

Il est difficile de traduire *tsedaka*, parce que ce seul mot associe deux concepts généralement opposés, la charité et la justice. Supposons, par exemple, que je donne 100 euros à quelqu'un. Si cela lui revient de droit, mon acte est une forme de justice. Si cela ne lui revient pas de droit, c'est un acte de charité. En anglais ou en français (de même que dans les termes latins *caritas* et *iustitia*), un geste de charité ne peut être un acte de justice, pas plus qu'un acte de justice ne peut être un geste de charité. *Tsedaka* est donc un terme inhabituel, puisqu'il recouvre ces deux notions.

Ce terme émane de la théologie du judaïsme, qui fait une distinction claire entre possession et propriété. En dernier ressort, toute chose appartient à Dieu, Créateur de l'univers. Ce que nous possédons ne nous appartient pas ; Dieu nous l'a confié en gage. L'exemple le plus probant se trouve dans le Lévitique : « Nulle terre ne sera aliénée irrévocablement, car la terre est à Moi, car vous n'êtes que des étrangers domiciliés chez Moi » (Lévitique 25, 23). S'il y avait une propriété absolue, il y aurait une différence entre la justice (ce que nous devons donner aux autres), et la charité (ce que nous donnons aux autres par générosité). La première serait un devoir exécutoire en vertu de la loi ; la seconde serait, tout au plus, une obligation morale, un élan de bienveillance ou de sympathie. Dans le judaïsme, cependant, du fait que nous ne sommes pas propriétaires, mais simplement gardiens de la propriété de Dieu, nous sommes liés par des conditions de fidéicommis, l'une d'entre elles étant de partager ce que nous possédons avec ceux qui sont dans le besoin. Ce qui serait considéré comme de la charité dans d'autres systèmes est dans le judaïsme une stricte exigence de la loi, qui peut, si nécessaire, être appliquée par les tribunaux.

Par conséquent, la *tsedaka* renvoie à ce qui est souvent appelé « la justice sociale ». Elle doit assurer que chacun puisse subvenir à ses besoins élémentaires, et que ceux qui possèdent plus que nécessaire partagent une part de cet excédent avec de moins bien lotis qu'eux. C'est là un principe absolument fondamental du type de société que les Israélites avaient pour mission de créer, à savoir une société où tous ont le droit de vivre dignement et d'être les citoyens égaux de la communauté de l'Alliance, placée sous la souveraineté de Dieu. Ainsi, par exemple, le pacte de l'Alliance stipule :

> Tu ne contristeras point l'étranger [un non-Israélite] ni ne le molesteras, car vous-mêmes avez été étrangers en Égypte. N'humiliez jamais la veuve ni l'orphelin. Si tu l'humiliais, sache que quand sa plainte s'élèvera vers Moi, assurément J'entendrai cette plainte [...] Si tu prêtes de l'argent à quelqu'un de Mon peuple, au pauvre qui est avec toi, ne sois point à son égard comme un créancier, n'exigez point de lui des intérêts.
>
> Si tu saisis, comme gage, le manteau de ton prochain, au soleil couchant tu devras le lui rendre, car c'est là sa seule couverture, c'est le vêtement de son corps, comment abritera-t-il son sommeil ? Or s'il se plaint à Moi, Je l'écouterai, car Je suis compatissant. (Exode 22, 20-27)

Les Israélites considéraient que Dieu s'occupait activement de l'ordre économique et politique et se souciait particulièrement de ceux qui, privés de pouvoir ou même seulement de « voix », étaient victimes d'injustice et d'iniquité :

> Il fait valoir le droit des opprimés,
> Il donne du pain à ceux qui ont faim.
> L'Éternel met en liberté les prisonniers.
> L'Éternel rend la vue aux aveugles.
> L'Éternel redresse ceux qui sont courbés.
> L'Éternel aime les justes.
> L'Éternel veille sur les étrangers,
>
> Il soutient l'orphelin et la veuve,
> Tandis qu'Il bouleverse la vie des pervers. (Psaumes 146, 7-9)

La société que les Israélites étaient appelés à construire serait affranchie des souffrances qu'ils avaient connues en Égypte – de la pauvreté, de l'oppression et de la servitude. Leur libération de l'esclavage n'avait été, cependant, que la première étape de leur parcours vers la liberté. La seconde, leur alliance avec Dieu, impliquait l'obligation collective de veiller à ce que personne ne fût exclu de la vie de la communauté et de ses bienfaits. C'est pourquoi la Bible hébraïque insiste sur le fait qu'une société libre ne peut se fonder uniquement sur le *michpat*, l'État de droit. Elle requiert également la *tsedaka*, la juste répartition des ressources. Ce point de vue a de grandes similitudes avec le concept de « développement comme facteur de liberté », énoncé par le prix Nobel d'économie, Amartya Sen :

> L'adulte qui n'a pas les moyens de se faire soigner pour une maladie dont il souffre, n'est pas seulement exposé à une maladie évitable et peut-être à une mort évitable. Il peut également être privé de la liberté de faire diverses choses pour lui-même et pour les autres, qu'il aurait désiré faire en tant qu'être humain responsable. Le travailleur asservi né en semi-esclavage, la petite fille soumise et étouffée par une société répressive, le paysan sans terre et sans défense, sans moyens substantiels de gagner sa vie, sont tous privés, non seulement du bien-être, mais aussi de la capabilité de mener des vies responsables, lesquelles présupposent de disposer de certaines libertés fondamentales. La liberté est la *condition première* de la responsabilité[13].

À mon avis, Sen s'exprime avec une grande justesse. La liberté *individuelle* peut être définie, selon Isaiah Berlin, comme une « liberté négative », à savoir une absence de contraintes (*'hofech* en hébreu biblique). Mais la liberté collective (*'hérout* en hébreu) est tout autre chose. Elle signifie notamment que la liberté ne peut être achetée au prix de la liberté d'autrui. Une société dans laquelle une petite minorité prospère, mais où beaucoup meurent de faim, dans laquelle tous n'ont pas accès à la scolarisation, aux services de santé et autres infrastructures essentielles, n'est pas un espace de liberté. L'absence de contraintes n'est qu'un aspect des choses. Il s'agit avant tout de supprimer ce qui fait obstacle à l'exercice de la citoyenneté responsable, à savoir : « la pauvreté aussi bien que la tyrannie, les maigres opportunités économiques aussi bien que l'exclusion sociale systématique, la carence des équipements publics, aussi bien que l'intolérance ou la brutalité des États répressifs[14]. »

* * *

Comment une société, telle que conçue dans la Bible, était-elle possible ? La Bible se situe dans le contexte d'une société principalement agraire, et ses prescriptions visent à répondre aux types de pauvreté existant dans cet environnement. Personne ne pouvait être obligé à travailler le septième jour, de sorte qu'un jour par semaine, toutes les activités des institutions économiques et politiques étaient suspendues. Une part de la récolte était mise de côté pour les pauvres : le bout d'un champ, la glanure, et autres mesures similaires pour diverses récoltes (Lévitique 15, 9-10 ; Deutéronome 15, 1-2). Lors de la troisième et de la sixième année d'un cycle agricole de sept ans, un dixième de toute la production était donné aux nécessiteux (Deutéronome 26,12). La septième année, les travaux agricoles n'étant pas autorisés, le produit de la terre appartenait à tous « pour que les indigents de ton peuple en jouissent » (Exode 23, 10). Toute créance était annulée (Deutéronome 15, 1-2). Cette dernière prescription étant susceptible d'être contournée, la Bible donne un avertissement explicite :

> Garde-toi de nourrir une pensée perverse en ton cœur, en te disant : « La septième année, l'année de rémission approche », et sans pitié pour ton frère nécessiteux, lui refuser ton secours. Il se plaindrait de toi au Seigneur et tu te rendrais coupable d'un péché. Il faut lui donner et lui donner sans que ton cœur le regrette ; car pour prix de cette conduite, l'Éternel, ton Dieu,

> te bénira dans ton labeur et dans toutes les entreprises de ta main. Or il y aura toujours des nécessiteux dans le pays ; c'est pourquoi Je te fais cette recommandation : ouvre, ouvre ta main à ton frère, au pauvre, au nécessiteux qui sera dans ton pays. (Deutéronome 15, 9-11)

L'endettement est une forme de servitude. Mais interdire totalement le crédit condamnerait le peuple à la fois à la pauvreté, et à l'impossibilité de créer ou maintenir sa propre entreprise. C'est pourquoi, d'un point de vue biblique, les microcrédits tels qu'ils sont accordés actuellement par la Banque mondiale sont essentiels. Rien de plus efficace pour soulager la pauvreté que de donner aux individus l'opportunité de créer de petites entreprises. Cependant, laisser s'accumuler les dettes est aussi une erreur : le système économique doit encourager la liberté, non la servitude financière. C'est pourquoi il est nécessaire d'annuler périodiquement les dettes. Cela permet aux individus, libérés de leurs obligations passées, de recommencer à zéro. La Bible fait ouvertement appel aux prêteurs. L'annulation des dettes n'est pas uniquement un devoir moral. À long terme, il s'agit de la clé de la prospérité collective (« L'Éternel te bénira dans ton labeur »).

L'institution du jubilé sous-tend une idée similaire. Chacun doit posséder un terrain. Cependant, avec le temps, certains sont contraints de le vendre en raison de leur pauvreté, de mauvaises récoltes, ou autres infortunes. Une fois tous les cinquante ans, les terrains vendus doivent donc être rendus à leurs propriétaires initiaux, de sorte que personne ne soit dépouillé de son héritage ancestral. Le lien entre égalité économique et liberté politique est explicite : « Vous sanctifierez cette cinquantième année en proclamant, dans le pays, la liberté pour tous ceux qui l'habitent : cette année sera pour vous le Jubilé où chacun de vous rentrera dans son bien, où chacun retournera à sa famille » (Lévitique 25, 10).

Cette redistribution périodique atteste que la Bible avait pleine conscience du fait qu'une répartition équitable n'émergera pas naturellement du seul marché libre. Il n'est pas fortuit que, récemment, la campagne la plus efficace pour l'allègement de la dette internationale, le Jubilé 2000, soit une idée directement tirée du Jubilé biblique. Elle sous-tend également la proposition du chancelier de l'Échiquier, Gordon Brown, de lancer un « nouveau plan Marshall » pour les pays en développement[15]. Les années de Chemita et les années jubilaires sont, en quelque sorte, des correctifs du marché qui rétablissent des règles du jeu équitables pour ceux qui ont été contraints de vendre leur travail ou leur terre. Elles brisent le cycle de la pauvreté et de la dépendance.

* * *

Il y a quelque 2000 ans, avec la transition du judaïsme biblique au judaïsme post-biblique, la *tsedaka*, la prescription d'une aide financière directe, prend le pas sur la distribution de produits agricoles. Israël, dont l'économie reposait essentiellement sur l'agriculture, devient une société de petites entreprises et de commerce. La loi rabbinique s'efforçant systématiquement d'appliquer les principes bibliques aux nouvelles conditions économiques, des taxes communautaires sont alors instituées. De nouvelles formes de distribution sont établies, dont le *tam'houy*, distribution quotidienne de nourriture, et la *koupa*, aide financière couvrant les besoins hebdomadaires des nécessiteux. Le décaissement des fonds de *tsedaka* exigeait de hautes normes de probité, de sorte qu'être nommé distributeur des fonds communautaires devint l'un des plus grands honneurs que la communauté pût accorder.

À ce propos, le texte de référence était : « Ouvre-lui plutôt la main [à ton frère nécessiteux]. Prête-lui en raison de ses besoins, de ce qui peut lui manquer » (Deutéronome 15, 8). D'après l'interprétation rabbinique, ce verset indique que l'aide comprenait des dons aussi bien que des prêts. Plus encore, ils y virent une définition des formes de pauvreté auxquelles ils devaient répondre :

« *En raison de ses besoins* » signifie qu'il vous est ordonné de l'entretenir, non de l'enrichir. « *Ce qui peut lui manquer* » signifie

« même s'il a besoin d'un cheval et d'un serviteur », comme dans l'histoire d'Hillel l'Ancien (chef de la communauté juive au 1er siècle avant l'ère commune). Hillel avait effectivement acheté pour un homme pauvre de bonne famille « un cheval à monter et un esclave pour courir devant lui ». Cet homme était en effet habitué à se déplacer à cheval, précédé d'un esclave. Il arriva une fois qu'Hillel ne pût trouver d'esclave et, pour éviter que l'homme ne ressentît sa misère, c'est lui qui remplaça l'esclave pendant près de 5 km[16].

On déduit de cette interprétation qu'il existe deux sortes de pauvreté. La première (« en raison de ses besoins ») renvoie à un dénuement total. Dans la loi juive, l'aide aux nécessiteux comporte la nourriture, le logement, l'ameublement élémentaire, et, si nécessaire, de l'argent pour payer un mariage. La seconde (« ce qui peut lui manquer ») est une pauvreté relative, non par rapport aux autres, mais par rapport au précédent niveau de vie de la personne. Il y a là un premier indice permettant de comprendre la conception rabbinique de la pauvreté. Au-delà des besoins physiques, la pauvreté a une dimension psychologique. La pauvreté *humilie,* et une société juste ne saurait tolérer l'humiliation.

Protéger la dignité et éviter l'humiliation constituent des éléments fondamentaux de la loi rabbinique. Aussi, par exemple, les rabbins décrétèrent-ils que même le plus riche devait être enterré en toute simplicité, afin de ne pas faire honte aux pauvres. Lors de certaines fêtes, les filles issues de familles riches devaient porter des habits empruntés « pour ne pas humilier celles qui n'avaient pas leur propre tenue ». Les rabbins intervenaient pour baisser les prix des objets indispensables au culte, afin que personne ne soit exclu des célébrations communautaires. Les conditions de travail devaient assurer que les employés soient traités avec un minimum de respect. Preuve en est la déclaration de Dieu Lui-Même : « Car pour Moi, les enfants d'Israël sont des serviteurs », ce qui signifie qu'ils ne doivent être traités en serviteurs par aucun être humain. La liberté repose sur l'estime de soi ; une société libre sera donc une société qui ne prive personne de ce droit fondamental.

L'estime de soi passe par l'indépendance, ce qui explique un élément remarquable de la législation en matière de *tsedaka*. Maïmonide énumère les différents degrés de charité, tous liés à la philanthropie, sauf un ; et il s'agit justement du plus haut degré :

> Le plus haut degré [de *tsedaka*], au-dessus duquel il n'en est point d'autre, est de soutenir un pauvre en lui faisant un don ou un prêt, ou en s'associant avec lui dans un partenariat commercial, ou encore en l'aidant à trouver du travail. En un mot, en le mettant dans une situation où il ne soit plus dépendant des autres. En ce qui concerne cette aide, il est écrit : « Soutiens-le, fût-il étranger ou nouveau venu, et qu'il vive avec toi » (Lévitique 25, 35), ce qui signifie le soutenir de manière à empêcher qu'il ne tombe dans la misère[17].

Cette règle a fait l'objet d'une réflexion approfondie au sein du judaïsme, du fait que l'aide, sous forme de charité, peut elle-même être humiliante pour son bénéficiaire. Elle peut aussi créer une dépendance à l'assistanat et risque de renforcer le cycle de pauvreté, au lieu de le briser. Le plus haut degré de *tsedaka* est donc celui qui permet à l'individu de devenir autonome. Autrement dit, l'aide la plus utile est celle qui permet aux individus de se passer d'aide. L'assistance est essentielle dans un premier temps, mais à long terme, la création et la promotion de l'emploi sont encore plus importantes.

Il est un autre détail particulièrement frappant dans la loi juive : une personne qui dépend de la *tsedaka* doit elle-même donner la *tsedaka*. À première vue, cette règle paraît absurde. Pourquoi donner à X assez d'argent pour qu'il puisse en donner à Y ? Donner directement à Y serait plus logique et efficace. Ce que les rabbins ont compris, cependant, c'est que *le don est un élément essentiel de la dignité humaine*. Comme le dit un proverbe africain : la main qui reçoit est toujours au-dessous de la main qui donne. L'insistance des rabbins pour que la communauté fournisse aux nécessiteux des ressources suffisantes pour pouvoir donner à leur tour, révèle une profonde compréhension de la condition humaine.

* * *

Le judaïsme propose une approche très particulière de l'idée d'égalité : ce n'est pas l'égalité des revenus ou des richesses, ni même l'égalité des chances, qui jouent le plus grand rôle. Il ne suffit pas non plus que nous soyons tous égaux devant Dieu au moment de la prière, et devant la loi en cas de litige. Une société doit assurer une égale dignité à chacun de ses membres. L'hébreu parle de *kevod habriyot*, « la dignité des créatures ».

Ce thème est récurrent chez les prophètes. Amos, l'un des premiers prophètes à écrire les messages Divins qu'il recevait, dit dans sa plus célèbre prophétie :

> Ils vendent le juste pour de l'argent, et le pauvre pour une paire de sandales. Ils convoitent jusqu'à la poussière du sol, répandue sur la tête des malheureux ; ils font dévier la route des humbles. (Amos 2, 6-7)

Isaïe, quant à lui, prononça les paroles suivantes :

> L'Éternel vient demander raison aux anciens de son peuple et à ses princes : « C'est vous qui avez dévoré la vigne, entassé dans vos maisons les dépouilles des pauvres. De quel droit écrasez-vous Mon peuple et broyez-vous la face des indigents ? » Ainsi parle le Seigneur, l'Éternel-Cebaot. (Isaïe 3, 14-15)

Quant à Jérémie, il dit du roi réformateur Josias :

> Il faisait droit aux pauvres, aux malheureux, et il s'en trouvait bien. Voilà certes ce qui s'appelle Me connaître, dit l'Éternel. (Jérémie 22, 16)

Les prophètes, qui vécurent et accomplirent leur mission il y a plus de 2500 ans, furent les premiers critiques sociaux du monde, n'hésitant pas à délivrer leur message aux rois et à dire la vérité aux autorités. La religion, selon eux, avait une dimension morale, sociale et économique. Elle impliquait la justice, non seulement au sens strict de l'État de droit et de la transparence des procédures, mais aussi au sens plus large, en conférant à tous les membres de la société une position honorable. L'enseignement des prophètes, écrit Johannes Lindblom, « est caractérisé par le principe de solidarité. Derrière l'exigence de charité et de justice [...] se trouve l'idée de peuple, le peuple en tant qu'entité organisée, unie par l'élection et l'alliance[18]. » Les énormes disparités de richesse, l'exploitation, les conditions de travail pénibles, ainsi que l'existence de ce qu'on appelle aujourd'hui la « classe défavorisée », constituent des fractures dans la solidarité humaine. Tous ces éléments divisent la société, et détruisent la notion de ce bien commun que nous partageons et auquel nous contribuons tous. Nous ne pouvons nous y soustraire sous prétexte que cela ne relève pas de notre responsabilité. Ainsi que A.J. Heschel le remarque : « Les prophètes nous rappellent l'état moral d'un peuple : peu nombreux sont les coupables, mais tous sont responsables. Si nous admettons que l'individu est, dans une certaine mesure, conditionné ou affecté par l'esprit de la société, le crime d'un individu révèle la corruption de la société[19]. » Et ce qui au temps des prophètes s'appliquait à la société, s'applique aujourd'hui au monde. L'étendue de nos responsabilités et de nos préoccupations est proportionnelle à celle de notre interdépendance.

* * *

La *tsedaka* est un concept fait pour notre temps. Le recul de l'État-providence, initié par le reaganisme et le thatchérisme, ainsi que la déréglementation des marchés financiers dans le monde entier, a conduit à des inégalités toujours plus marquées, tant dans les pays développés que dans les pays en développement. L'importance de la *tsedaka* réside en sa différence avec la « charité ». Elle n'est pas facultative, ni ne dépend de la bonne volonté des donateurs. Il s'agit d'une obligation juridiquement exécutoire. Elle n'est pas non plus attachée à une doctrine économique. Elle va de pair avec un marché libre, tout en reconnaissant que le marché a ses limites. George Soros a raison, quand il admet que :

> Le commerce international et les marchés financiers mondiaux sont très efficaces pour créer de la richesse, mais ne peuvent répondre à d'autres besoins sociaux, tels que la préservation de la paix, la réduction de la pauvreté, la protection de l'environnement, les conditions de travail ou les droits de l'homme, autant d'éléments que l'on qualifie généralement de « biens publics »[20].

Toutefois, les inégalités des marchés ne sont pas une raison pour renoncer au marché. La mondialisation a accru la prospérité des pays qui y ont participé. Nous n'apporterons pas de remède à la pauvreté en détruisant un système générateur de richesse. De même, nous ne guérirons pas les maladies en supprimant les médecins, et nous ne mettrons pas fin à la criminalité en abolissant la loi. Les nouvelles technologies et la croissance du commerce sont notre meilleur et unique espoir d'éradiquer la faim, de guérir les maladies et d'élever le niveau de vie dans le monde. Les Sages l'avaient déjà compris. Le Talmud imagine ainsi le dialogue suivant entre le roi David et ses conseillers :

> À l'aube, les Sages d'Israël vinrent trouver David et lui dirent : « Ô seigneur, notre roi, ton peuple Israël a besoin de nourriture. » Il répondit : « Qu'ils s'entraident. » Ils répliquèrent : « On ne rassasiera pas un lion avec des miettes, et on ne remplira pas un trou avec la terre qu'on en a tiré. »[21]

David proposa alors une redistribution. Ses conseillers lui répondirent que le gâteau n'était pas assez grand pour être partagé équitablement. La croissance économique est plus efficace qu'une simple redistribution. Mais cela n'est vrai que s'il existe une réelle volonté de la part des plus fortunés de s'assurer que les plus défavorisés en bénéficient également ; le marché n'y pourvoira pas de lui-même.

Aucune religion ne peut proposer de politique précise pour lutter contre la faim et la maladie. En revanche, ce qu'elles peuvent et doivent faire, c'est suggérer une vision collective de la solidarité humaine, ainsi que des concepts, tels que la *tsedaka* dans la tradition juive et ses équivalents dans d'autres religions, qui puissent servir de modèle moral pour définir un monde juste et décent. La mondialisation, écrit Zygmunt Bauman, « divise autant qu'elle unit [...] Elle annonce pour les uns une liberté nouvelle, tandis qu'elle s'abat sur les autres comme un destin indésirable et cruel[22]. » Une beaucoup plus grande partie de l'excédent économique des pays avancés devrait sans aucun doute être investie dans les pays en développement, afin de contribuer à l'éradication de l'extrême pauvreté et de la faim, à l'amélioration des conditions de travail et à la reconstruction des économies défaillantes. À l'instar de la *tsedaka*, l'objectif devrait être de restaurer la dignité et l'indépendance des nations et des individus. C'est aujourd'hui un impératif vital. La mondialisation des communications, du commerce et de la culture, mondialise pareillement la responsabilité humaine. La liberté d'une minorité ne peut être achetée au prix de l'asservissement de la majorité à la pauvreté, à l'ignorance et à la maladie.

Chapitre 7

La créativité : le rôle essentiel de l'éducation

> Les technologies ne sont pas de simples aides extérieures, elles impliquent des transformations intérieures de la conscience, d'autant plus lorsqu'elles concernent la parole.
>
> (Walter J. Ong, *Oralité et écriture*)

Toute invention transforme l'environnement humain, mais aucune ne le fait aussi profondément que celles qui modifient la manière d'enregistrer et de transmettre l'information. D'autres technologies ont des impacts localisés ; les effets des révolutions des technologies de l'information sont systémiques. Elles altèrent les structures les plus fondamentales de la société. Elles modifient même la manière dont nous parlons et pensons, dont nous structurons l'expérience et le sens que nous lui donnons. Après avoir soutenu, dans le chapitre précédent, que la *tsedaka* – la conception juive de la justice sociale – vise à soulager la pauvreté en favorisant l'estime de soi et l'indépendance, j'aimerais dans ce chapitre identifier la seule façon efficace d'y parvenir. Les technologies de l'information, selon moi, sont plus qu'un simple système informatique : elles ont un profond impact sur la démocratisation de la dignité humaine. Les ordinateurs personnels, modems, courrier électronique et Internet ont une histoire, qui est, à sa manière, spirituelle et politique, source d'un véritable espoir.

Il y a eu trois grandes révolutions de l'information dans le passé, et nous vivons à présent la quatrième. Étant donné que l'impact de la transformation actuelle ne sera connu que dans quelques décennies, voire quelques siècles, la meilleure façon de montrer les perspectives qu'elle peut offrir est de retracer l'histoire des trois précédentes. Le point de départ le plus pertinent remonte au 31 octobre 1517, date à laquelle le jeune Martin Luther placarda ses 95 thèses sur le portail de l'église de la Toussaint à Wittenberg, marquant ainsi le début de la Réforme et de toute une série d'évolutions interdépendantes. Ces éléments conduisirent non seulement à une réforme religieuse, mais aussi à la redéfinition de la carte politique de l'Europe, à l'essor de la science, au développement de l'État-nation, et au sens large du terme, à la « naissance de la modernité ». L'un des faits les plus étranges de cette histoire est que certains des principes essentiels de la Réforme avaient déjà été énoncés par John Wycliffe, à Oxford, au quatorzième siècle. Pourtant, ses propositions de changement n'eurent pas d'influence notable, alors que lorsque Luther les reprit deux siècles plus tard, la quasi-totalité des pays occidentaux en furent ébranlés. Pourquoi ?

La réponse est, qu'entre-temps, en 1450 en Allemagne, Johannes Gutenberg avait inventé l'imprimerie (l'imprimerie avait été inventée en Chine quelques siècles plus tôt, mais ne s'était pas répandue). C'était une chose que d'exhorter les chrétiens à retourner à la Bible, *sola scriptura,* une autre de rendre cela possible dans la pratique, à une époque où les livres étaient manuscrits et inaccessibles à la plupart. À peine l'imprimerie s'était-elle améliorée, que des Bibles sortirent des presses par centaines de milliers. Rien qu'en Angleterre, on estime à plus d'un million le nombre de Bibles et de Nouveaux Testaments publiés entre la Réforme et 1640. Au début, le

Nouveau Testament de Tyndale coûtait trois shillings, une somme considérable, mais les manuscrits qu'il remplaçait coûtaient de sept à dix-huit fois plus cher et, avec le temps, la concurrence entraîna une baisse régulière des prix. La déclaration de Luther fut publiée dans la presse. En l'espace de quinze jours, elle s'était propagée dans tout le pays et, trois semaines plus tard, les presses de trois villes différentes en imprimaient des exemplaires. Un écrivain du seizième siècle dit « qu'on aurait cru que les anges en personne en avaient été les messagers et l'avaient portée à la connaissance de tous ». Entre 1518 et 1525, les écrits de Luther ne représentaient pas moins d'un tiers des publications en langue allemande, et en 1546, un total de 430 différentes éditions de ses traductions bibliques furent publiées[1].

Rien ne fut plus efficace pour contester l'autorité ecclésiastique que cette édition de la Bible, traduite en langue vernaculaire et désormais disponible à une multitude de personnes, qui pouvaient la lire et en discuter dans l'intimité de leurs foyers. Parmi les protestants de la première heure, un grand nombre attribuait « ce don de l'imprimerie » à la divine providence, et certes, le moment de son apparition fut providentiel et ses conséquences tumultueuses. Très vite, ils se rendirent compte qu'aucune autorité ne résisterait à son pouvoir de subversion. Selon les termes d'un commentateur, l'imprimerie était « le principal allié naturel des philosophes libertins, hétérodoxes et œcuméniques ». Un pamphlet utopique, *Macaria*, publié en 1641, prédit que « l'art de l'imprimerie répandra le savoir, si bien que le petit peuple, informé de ses droits et de ses libertés, ne se laissera plus opprimer ». Après la révolution anglaise, le poète Andrew Marvell imagina un futur évêque se disant que :

> [...] Le mal que l'imprimerie a causé à l'intégrité de notre Église dépasse de loin tout ce que ce notre enseignement doctrinal pourrait corriger. Elle est révolue, l'heureuse époque où tout le savoir était manuscrit et où un petit fonctionnaire [...] gardait les clés de la bibliothèque [...]. Aujourd'hui, on ne peut écrire un livre sans qu'aussitôt on y objecte [...]. On a

> trouvé le moyen de bannir des ministres, mais rien n'a encore pu endiguer cette vague d'articles séditieux[2].

L'imprimerie eut d'innombrables conséquences. Aucune invention ne s'était jamais répandue aussi rapidement. En 1500, moins d'un demi-siècle après son invention, 35 000 titres différents furent imprimés, et entre quinze et vingt millions de livres mis en circulation. Vers la fin du siècle suivant, ce nombre avait décuplé. L'imprimerie donna une impulsion spectaculaire à l'alphabétisation. Plus le nombre de livres augmentait, plus on apprenait à lire, et plus on lisait, plus on achetait de livres. L'imprimerie fournit de nouveaux canaux de communication aux gouvernements, ainsi que de nouveaux moyens de diffuser les idées artistiques et architecturales. Elle contribua à l'essor de la science et à l'expansion de la technologie. En encourageant l'usage de la langue vernaculaire et en supplantant le latin même dans le monde intellectuel, en diminuant les influences des dialectes et en normalisant l'orthographe, l'imprimerie joua un rôle prépondérant dans le développement des langues européennes, et donc en fin de compte, de la conscience nationale.

Benedict Anderson va plus loin encore[3]. L'invention de l'imprimerie, affirme-t-il, a conduit à trois changements essentiels dans la manière de voir le monde. Premièrement, elle a invalidé l'idée médiévale d'une écriture sacrée – l'idée qu'il n'y a qu'une seule langue (le latin ecclésiastique, l'arabe coranique, le chinois des examens impériaux) qui décrive la vraie nature de la réalité. La multiplicité des langues imprimées, notamment dans les récits des grandes découvertes maritimes aux quinzième et seizième siècles, a permis de se familiariser avec la diversité des cultures. Deuxièmement, l'expansion de la lecture a conduit à l'effondrement des sociétés strictement hiérarchisées, où seule une petite minorité de lettrés avait accès aux textes. Troisièmement, l'invention de l'imprimerie a transformé la perception du temps. Dans un Moyen-Âge dominé par la religion, le temps était relativement prédéterminé. Les événements présents avaient déjà été prédits dans les textes sacrés. Avec l'apparition des premiers pamphlets au début du seizième siècle, le temps indiqué par la date en haut du journal perdit toute dimension religieuse pour devenir une sorte de support neutre, où les événements ne faisaient que se succéder chronologiquement. Hegel observa avec ironie que pour l'homme moderne, les journaux étaient devenus le substitut des prières du matin. En bref, l'imprimerie modifia non seulement l'environnement social, mais aussi le paysage intérieur de l'homme. Plus que toute autre invention, elle ouvrit la voie à la transition entre l'ère médiévale et l'ère moderne.

* * *

La première révolution, l'invention de l'écriture, ne fut pas moins spectaculaire. Le dessin, c'est-à-dire la représentation picturale de ce qui est vu, apparut relativement tôt dans l'évolution culturelle de l'humanité. Les premières peintures rupestres sont encore aujourd'hui saisissantes de réalisme. Avec le temps, certaines de ces représentations se firent plus schématiques, avec juste quelques traits et figures géométriques. Les systèmes mnémotechniques apparurent aussi très tôt, sous la forme de cordes à nœuds, de bâtons ou de pierres marqués d'encoches, de jetons et autres aide-mémoires. L'écriture, cependant, ne fit son apparition que lorsqu'un peuple, connu sous le nom de Sumériens, arriva en Mésopotamie méridionale au cours du quatrième millénaire avant notre ère[4].

Nous ne savons pas précisément comment et quand l'écriture est apparue, mais nous savons avec une quasi-certitude que son support était un sous-produit de nouveaux matériaux de construction, utilisés notamment pour la fabrication de briques à partir de tablettes d'argile séchées au soleil. Ces tablettes étaient incisées à l'aide d'un stylet à extrémité triangulaire plate, ou en forme de coin, pendant que l'argile était encore malléable. Les marques incisées devenaient indélébiles une fois que la tablette s'était durcie, et cette dernière pouvait alors servir de document permanent. Les premiers signes incisés étaient des pictogrammes, c'est-à-dire des représentations symboliques d'objets. Mais cette technique évolua rapidement en un système, non pas de représentation, mais de communication. En effet, les symboles alignés en séquences linéaires devinrent phonétiques, représentant non plus des objets, mais des sons. Les stylets en forme de coin utilisés pour marquer l'argile donnèrent leur nom à l'écriture des premières langues écrites : l'écriture cunéiforme.

L'implantation de populations, le développement de l'agriculture et la naissance d'économies complexes, avec la répartition du travail et l'essor des échanges, donnèrent à l'écriture une utilité pratique immédiate : la possibilité de consigner les transactions. Or, l'on ne tarda pas à comprendre la force de ce système. Plus que de garder une trace de qui devait quoi à qui, l'écriture pouvait conserver de grands récits pour la postérité – mythes, cosmologies et épopées – qui expliquaient le présent en fonction du passé, et qui, transmis oralement, occupaient une place centrale dans les anciens rituels religieux. Parallèlement au développement de l'écriture cunéiforme, le même processus donna naissance en Égypte à la famille d'écriture connue sous le nom de « hiéroglyphes ». Au total, l'écriture fut inventée sept fois : en Inde, en Chine et en Grèce (le « linéaire B » minoen et mycénien), et plus tard par les Mayas et les Aztèques, ainsi que dans les anciennes cités-États mésopotamiennes et dans l'Égypte des pharaons[5].

La naissance de l'écriture fut la genèse de la civilisation. Pour la première fois, le savoir pouvait être accumulé et transmis aux générations suivantes d'une manière qui dépassait, en quantité et en qualité, les facultés de la mémoire. L'écriture, plus que tout autre invention, fut essentielle au développement de l'*homo sapiens*, dont la période de dépendance est plus longue et les instincts encodés moins nombreux que chez les autres espèces. Mais la spécificité de l'homme réside en ce qu'il est l'animal-apprenant par excellence. L'écriture fut l'avancée grâce à laquelle le présent put transmettre les leçons du passé aux générations suivantes. Elle constitua un bond en avant dans l'acquisition du savoir et des compétences, et accéléra le rythme des changements dans les activités humaines.

Comme il adviendra plus tard avec l'imprimerie, l'écriture eut des retentissements intérieurs et extérieurs. Selon l'expression de Walter J. Ong, « l'écriture restructure la conscience[6] ». Dans la culture orale, la communication du savoir s'inscrit toujours dans un contexte humain. Il y a un locuteur, une audience et une situation. L'écriture, en revanche, est hors contexte. Le scripteur ne sait pas nécessairement qui lira ce qu'il a écrit. Pour sa part, le lecteur ne sera généralement pas en présence du scripteur, et par conséquent, n'obtiendra aucune explication sur le sens de ce qu'il lit. Platon, dans *Phèdre*, met en scène Socrate critiquant l'écriture. L'écriture, dit-il, mène à un amenuisement de la mémoire, à une forme d'apprentissage plus passive et à des débats sans issue, puisque l'ouvrage de l'écrivain peut être contesté par celui d'un autre auteur, sans qu'ils se rencontrent et débattent de leurs thèses de manière concluante. Il est certain que l'écriture est un pas de géant vers l'abstraction. La parole est naturelle, dans le sens où chaque groupe humain en dispose. L'écriture, quant à elle, est artificielle. Elle a besoin de règles et de conventions devant être consciemment apprises. Mais elle facilite aussi la pensée abstraite et, contrairement aux cultures orales qui dépendent de constantes répétitions, elle tend à fixer le passé dans une forme durable.

Les formes primitives de l'écriture, cependant, souffraient d'un inconvénient majeur. Étant donné que chaque caractère représentait un mot ou une syllabe, leurs jeux de symboles étaient très étendus. Le temps consacré à les maîtriser – apprendre à lire et à écrire – faisait que l'alphabétisation était nécessairement réservée à une élite intellectuelle, une classe d'érudits. Le cas extrême est celui du chinois. Le dictionnaire de Kangxi, publié en 1716, comportait 40 545 caractères. Il était quasi impossible de tous les connaître. La maîtrise de la langue écrite prenait en moyenne vingt ans. Les premières formes d'écriture illustrent donc la célèbre formule de Bacon : « Le savoir, c'est le pouvoir. » Lire et écrire n'étant accessible qu'à un petit nombre, à savoir la classe dirigeante, généralement le clergé, il en résulta des sociétés stratifiées où la connaissance n'était pas largement répandue, et où la plupart des gens n'avaient accès ni à l'éducation ni à l'information.

Voilà pourquoi la seconde révolution des technologies de l'information – l'invention de l'alphabet – est aussi importante. Elle représentait bien davantage qu'une avancée technique. Elle augurait des possibilités sociales et politiques de grande envergure. Pour la première fois, tout l'univers du savoir communicable se réduisait à un jeu de symboles de 20 à 30 lettres, ensemble suffisamment restreint pour être maîtrisé par tous, du moins en principe. Certes, les origines de l'alphabet sont mystérieuses, mais nous savons que les premiers écrits alphabétiques étaient sémitiques et qu'ils apparurent sur un territoire connu aujourd'hui sous le nom d'Israël, ou plus au sud, dans la péninsule du Sinaï. Ses inventeurs furent peut-être cananéens ou phéniciens, ou un peuple nomade, les Apirou, d'où serait peut-être issu le mot « hébreu ».

L'alphabet apparut au deuxième millénaire préchrétien, aux temps des patriarches bibliques[7]. Dans les mines de turquoise de Serabit, dans le désert du Sinaï, furent retrouvées des inscriptions attestant que c'est là, parmi les esclaves ou leurs contremaîtres, que cette percée s'est produite. William Flinders Petrie, archéologue britannique du début du vingtième siècle, alla jusqu'à spéculer que les premières écritures alphabétiques avaient été utilisées par les Israélites, encore en esclavage en Égypte ou en route vers la Terre Promise. Quoi qu'il en soit, l'alphabet est l'une de ces rares inventions qui ne se produisent qu'une seule fois dans l'histoire. Contrairement à l'écriture qui apparut indépendamment au sein de plusieurs civilisations, tous les systèmes alphabétiques en usage aujourd'hui proviennent, directement ou indirectement, des premières écritures protosinaïtiques. Il est certain que ce n'est pas avant sa transmission à la Grèce, probablement par les marchands phéniciens, que des symboles furent ajoutés pour la première fois pour représenter les voyelles (l'hébreu, jusqu'aujourd'hui, est une écriture consonantique). Cependant, l'origine sémitique de l'alphabet n'est pas contestable, vu qu'il tire son appellation d'une combinaison des deux premières lettres hébraïques, *aleph* et *bet* (*alphabeta* en grec).

* * *

L'alphabet fut à l'origine d'un profond changement social et politique. Comme je l'ai déjà souligné, avant l'apparition de l'alphabet, le monde était et ne pouvait être que hiérarchique. Au sommet de la société mésopotamienne ou égyptienne, il y avait un gouvernant, roi ou pharaon, considéré soit comme un dieu, soit comme le descendant d'un dieu, soit comme l'intermédiaire principal entre le peuple et les dieux. Au-dessous de lui, détenant une large part du pouvoir quotidien, il y avait une élite intellectuelle, la classe dirigeante. Au-dessous était la masse du peuple, considéré comme une vaste force de travail ou militaire. Les cultures du monde antique étaient mythologiques ou, selon Eric Voegelin, « cosmologiques[8] » : autrement dit, les divisions sociales reflétaient la hiérarchie des dieux, des planètes ou des éléments. Elles s'inscrivaient dans la structure même de l'univers. Il ne s'agit pas là d'une idée abstraite, car l'ordre hiérarchique se manifestait également dans l'architecture monumentale de l'époque : les ziggurats babyloniennes, les pyramides et les temples de l'Égypte pharaonique, témoignaient dans la pierre de la structure du pouvoir de l'Antiquité. William Shakespeare nous laissa un témoignage mémorable de cette vision du monde :

> Les cieux eux-mêmes, les planètes et notre globe central – sont soumis à des conditions de degré, de priorité, de rang – de régularité, de direction, de proportion, de saison, de forme, – d'attribution et d'habitude, qu'ils observent avec un ordre invariable [...] Supprimez la hiérarchie, faussez seulement cette corde – et écoutez cette dissonance[9] !

Inutile de dire qu'il s'agit là d'une vision extrêmement conservatrice, une vision de la société où le statut de l'individu était attribué dès la naissance et ne pouvait changer sans perturber l'ordre fondamental du monde.

Au contraire, l'invention de l'alphabet ouvrit une perspective totalement nouvelle, celle d'une société où chaque individu aurait accès au savoir, donc au pouvoir, donc à une ultime dignité devant Dieu. Un monde où l'alphabétisation est potentiellement accessible à tous, est un monde où chacun peut prétendre à la citoyenneté sous la souveraineté Divine. Telle est la signification de la déclaration religieuse la plus révolutionnaire, énoncée dès le premier chapitre de la Genèse : tous les hommes, et pas seulement les rois et les pharaons, sont « à l'image et à la ressemblance de Dieu ». Bien qu'il ait fallu des millénaires pour s'imposer dans la culture occidentale, c'est en Occident que l'idée trouva sa première expression dans la Déclaration d'Indépendance des États-Unis :

> Nous tenons pour évidentes pour elles-mêmes les vérités suivantes : tous les hommes sont créés égaux ; ils sont doués par le Créateur de certains droits inaliénables ; parmi ces droits se trouvent la vie, la liberté et la recherche du bonheur.

L'ironie, c'est que ces vérités sont tout *sauf* évidentes. Elles vont à l'encontre d'une opinion quasi universelle dans le monde antique, exprimée dans la philosophie de Platon et d'Aristote et entretenue tout au long du Moyen-Âge, selon laquelle les hommes *ne naissent pas* égaux. Les uns sont nés pour gouverner, les autres pour être gouvernés.

* * *

La politique de l'Israël antique commence par un acte inconcevable pour l'esprit cosmologique, à savoir que Dieu, Créateur de l'univers, intervient dans l'histoire *pour libérer des esclaves*. Cette intervention culmine au dix-neuvième chapitre de l'Exode par un événement unique dans l'histoire religieuse : Dieu se révèle à tout un peuple au mont Sinaï et fait alliance avec lui. Ce passage est extrêmement intéressant, mais a rarement été bien compris. Nous avons tendance à penser que cette théophanie appartient à ce qui est étroitement défini comme « religion ». L'alliance du Sinaï, toutefois, appartient à juste titre autant à l'histoire politique que religieuse de l'Occident. Voici les versets les plus importants :

> Pour Moïse, il monta vers le Seigneur et le Seigneur, l'appelant du haut de la montagne, lui dit : « Adresse ce discours à la maison de Jacob, cette déclaration aux enfants d'Israël : "Vous avez vu ce que J'ai fait aux Égyptiens ; vous, Je vous ai portés sur l'aile des aigles, Je vous ai rapprochés de Moi. Désormais, si vous êtes dociles à Ma voix, si vous gardez Mon alliance, vous serez Mon trésor entre tous les peuples ! Car toute la terre est à Moi, mais vous, vous serez pour Moi une dynastie de prêtres et une nation sainte." Tel est le langage que tu tiendras aux enfants d'Israël... » Le peuple entier répondit d'une voix unanime : « Tout ce qu'a dit l'Éternel, nous le ferons ! » (Exode 19, 3-8)

Ce n'est qu'alors que Dieu énonce les Dix Commandements.

Que se passe-t-il au cours de cette rencontre ? Une alliance est conclue, qui fait des Israélites un peuple uni par son histoire et son ascendance biologique, un corps politique sous la souveraineté de Dieu. L'idée d'alliance n'est pas nouvelle[10]. C'était la forme habituelle des traités entre les puissances voisines du Proche-Orient antique. Cependant, la Bible hébraïque lui donna une dimension théologique entièrement inédite. L'alliance du Sinaï présente en effet trois éléments révolutionnaires. Le premier est que l'un des partenaires est Dieu Lui-Même. L'idée que Dieu puisse s'engager dans un accord formel avec un groupe d'hommes est sans précédent. Il faut y voir l'ancêtre théologique de la monarchie constitutionnelle. Le second est que, contrairement aux autres anciens traités, l'autre partenaire n'est pas un gouvernant ou un roi, mais un peuple entier dont chaque membre, à qui fut accordé le droit de consentir ou de refuser, est investi de la qualité de citoyen. Le troisième est que Dieu, en appelant les Israélites à manifester leur volonté d'entrer dans l'alliance avant d'en communiquer les termes, conditionne en fait cette alliance à leur accord. Pour reprendre les termes de la Déclaration d'Indépendance des États-Unis, il n'est pas de gouvernement légitime sans « le consentement des gouvernés », quand bien même le gouvernant serait le Créateur du ciel et de la terre ! C'est là que, plus encore que dans les cités-États de la Grèce antique, est née l'idée de société libre.

Jamais auparavant et rarement depuis, la dignité de la personne humaine devant Dieu – le citoyen de la nation de la foi sous la souveraineté Divine – ne fut aussi singulièrement élevée. Ma thèse est que ce phénomène exceptionnel est étroitement lié à l'invention de l'alphabet. L'idée que chacun puisse apprendre à lire et écrire, et par conséquent, ait accès à la connaissance, suscite pour la première fois dans l'histoire la possibilité d'une citoyenneté universelle. J'irai plus loin. Dans le passage cité plus haut, il y a une phrase étrange qui n'est pas immédiatement intelligible. Israël est appelé à devenir une « dynastie de prêtres ». Au sens littéral, cela n'est jamais arrivé. La prêtrise, dans l'Israël antique, était réservée à Aaron et ses fils. Cependant, dans la plupart des sociétés prémodernes, la prêtrise avait une caractéristique notable : les prêtres savaient lire et écrire. Le mot « hiéroglyphe » signifiait « scribe sacré » en grec ancien. Jusqu'à ce jour, le mot « clerical » en anglais a un double sens : « relatif au clergé » et « concernant un clerc ou un scribe » – vestige du Moyen-Âge où les ministres du Culte avaient le quasi-monopole de l'éducation. Par conséquent, si l'on associe le mot et la fonction, « une dynastie de prêtres » renvoie à une société où tous savent lire et écrire. Que l'Israël antique fût ou non l'inventeur de l'alphabet, il n'en reste pas moins que plus que tout autre peuple, il a réfléchi en profondeur à la nouvelle perspective sociale et politique que l'alphabet annonçait, celle d'une société fondée sur l'éducation et l'accès universel à la connaissance.

L'Israël de Moïse et des prophètes représente une tentative sans précédent historique, bien que parfois infructueuse, de créer une société fondée sur une alliance de citoyens égaux, librement unis entre eux et avec Dieu. Selon Norman Gottwald, le Dieu d'Israël était :

> [...] le pouvoir fondamental, concrétisé historiquement, appelé à établir et maintenir l'égalité sociale contre l'oppression de forces extérieures, et contre des tendances réactionnaires non égalitaires, provenant de l'intérieur de la société. Israël se pensait différent, parce qu'il était différent : il constituait un système social égalitaire au milieu de sociétés stratifiées[11].

Tout ceci, ai-je suggéré, aurait été impossible sans l'existence de l'alphabet qui, pour la première fois, fit de l'alphabétisation universelle une idée concevable. L'alphabet donna naissance au livre et, en conséquence, au Peuple du Livre.

* * *

Je me suis longuement attardé sur le sujet, afin de montrer les implications morales et politiques associées aux changements des technologies de l'information. Leur importance nous échappe lorsque nous les comparons avec d'autres transformations technologiques. En effet, les changements dans la manière de consigner et de transmettre l'information ont de profonds impacts dont peu sont apparents sur le moment, mais qui comptent parmi les plus influents dans l'histoire de la civilisation. Ils transforment les habitudes mentales, les structures de l'imagination et influencent l'organisation de notre vie sociale. Il y a eu trois révolutions de ce type dans le passé : l'écriture, l'alphabet et l'invention de l'imprimerie. Et nous vivons actuellement la quatrième : la communication mondiale instantanée. Nous ne savons pas encore quelles en seront toutes les conséquences, et nous ne le saurons que dans quelques siècles. Signifiera-t-elle la fin de l'État-nation, ou tout du moins son déclin ? Conduira-t-elle à de nouvelles formes de communautés et de collaborations ? Accélérera-t-elle la disparition des langues locales en faveur de la langue dominante d'Internet, l'anglais américain ? Entraînera-t-elle une réorientation fondamentale de la conscience humaine, en privilégiant le temps au détriment de l'espace ? Une chose est certaine : les changements seront profonds, et seront notamment d'ordre « spirituel ». L'écriture donna naissance à la civilisation ; l'alphabet permit l'expansion du monothéisme ; l'imprimerie rendit possible la Réforme. C'est justement parce que la religion perçoit les relations les plus profondes entre le moi, l'autre et l'univers, qu'elle est sensible à des transformations de ce type. Les nouvelles technologies de la communication permettent de nouveaux modes de relations, de nouvelles structures sociales, économiques et politiques et, par conséquent, de nouvelles manières d'appréhender l'existence de l'homme sous la souveraineté de Dieu.

Tout ceci a une incidence directe sur l'éthique de la mondialisation. Le meilleur investissement que les pays développés puissent faire dans les pays en développement et dans les économies en développement, est d'assurer que tous les enfants bénéficient d'un maximum de chances d'apprendre. La scolarisation est encore trop inégalement répartie. Sur le nombre total d'enfants dans le monde, 113 millions ne sont pas scolarisés. Selon les prévisions actuelles, 88 pays n'atteindront pas l'objectif de l'éducation primaire pour tous d'ici 2015. Il y a 23 pays – principalement en Afrique, mais également en Afghanistan, au Bangladesh, au Népal, au Pakistan et en Haïti – où la moitié de la population adulte, voire plus, est analphabète. Dans 35 pays, dont l'Algérie, l'Égypte, le Guatemala, l'Inde, le Laos, le Maroc, le Nigéria et l'Arabie saoudite, la moitié des femmes au moins ne savent ni lire ni écrire. Comparée à l'Amérique du Nord, l'Amérique latine présente un taux de pauvreté de 50% plus élevé et de 70% plus élevé d'abandon de l'enseignement secondaire. Même aux États-Unis, les Hispaniques sont considérablement plus pauvres et moins instruits que d'autres groupes[12]. Il y a une forte corrélation entre éducation et réussite économique : on estime que chaque année supplémentaire de scolarisation dans un pays pauvre ajoute de 10 à 20% au revenu ultérieur d'un enfant.

L'éducation – la capacité non seulement de lire et écrire, mais aussi de maîtriser et appliquer l'information et d'avoir accès à la connaissance – est une condition essentielle de la dignité humaine. J'ai suggéré que c'est le fondement même d'une société libre. Parce que savoir, c'est pouvoir, l'égalité d'accès au savoir est un prérequis à l'égalité d'accès au pouvoir. L'éducation est également la clé de la créativité, et la créativité est en soi l'un des dons les plus importants dont un groupe socioéconomique puisse être doté. Plus encore, au vingt et unième siècle, elle est devenue la clé de l'épanouissement personnel.

Dans l'Antiquité, richesse et pouvoir reposaient sur la possession de personnes, généralement des esclaves. À l'époque féodale, ce fut la propriété foncière. À l'âge industriel, la possession de capitaux et de moyens de production. À l'ère de l'information, la richesse et le pouvoir résident dans l'accès au capital intellectuel et dans son déploiement, dans la capacité de maîtriser l'information et de l'utiliser à des fins innovantes, ce que Joseph Nye appelle le « soft power », le pouvoir de convaincre[13]. Le besoin en main-d'œuvre pour la fabrication des produits ne cesse de décroître. Des profits colossaux reviennent à ceux qui ont des idées. Les multinationales externalisent de plus en plus leur production et leurs services périphériques pour devenir propriétaires de concepts : marques, logos, images de marque[14]. Dans ce type d'économie, ceux qui possèdent des compétences intellectuelles et créatrices ont des atouts incomparables. L'éducation primaire ne suffit plus, l'acquisition de connaissances plus étendues devient une nécessité, voire un droit fondamental de l'être humain. L'investissement dans l'éducation est indispensable si la société veut assurer un avenir à ses enfants.

Cette idée est si fondamentale dans le judaïsme qu'il est possible, en toute sincérité, de le considérer comme une religion fondée sur l'éducation. Moïse enseigna aux Israélites : « Tu les inculqueras [ces lois] à tes enfants et tu t'en entretiendras, soit dans ta maison, soit en voyage, en te couchant et en te levant » (Deutéronome 6-7). Au cinquième siècle avant l'ère commune, de retour en Israël après de longues années à Babylone, Ezra rassembla le peuple aux portes de Jérusalem et rétablit l'enseignement de la Loi lors d'une grande cérémonie solennelle : « Ils faisaient la lecture du Livre, de la loi de Moïse d'une manière distincte et en indiquaient le sens, de sorte que l'on comprit le texte » (Néhémie 8-8).

Ezra devint un nouvel archétype : l'enseignant-héros. Dès lors, le judaïsme développa progressivement les écoles, les maisons d'étude, ainsi que la synagogue qui devint non seulement un lieu de culte, mais aussi de lectures publiques et d'explication de la Torah. Ces institutions contribuèrent au maintien du judaïsme après la destruction du Second Temple et la dispersion des Juifs. Au premier siècle de notre ère, Flavius Josèphe écrivit que « si on interroge quelqu'un de nous sur ce sujet, on le trouvera si instruit de nos lois que son propre nom ne lui sera pas plus connu. Nous les apprenons tous dès notre enfance, nous les gravons dans notre esprit[15]. » H.G. Wells observa que « la religion juive, parce que fondée sur le livre, conduisit aux premières tentatives d'assurer une éducation élémentaire à *tous* les enfants de la communauté[16]. »

L'alphabétisation universelle est une idée relativement récente en Occident. Ce n'est qu'en 1870 que l'instruction est devenue obligatoire en Grande-Bretagne. La communauté juive semble avoir été la seule à l'avoir instituée et maintenue pendant la majeure partie de son histoire. Le Livre des Juges prouve que dès l'an 1000 avant notre ère, une grande partie, voire la majorité des Israélites savaient lire et écrire. Dès le premier siècle, un système scolaire complet, primaire et secondaire, était déjà en place. Des mesures prises au Moyen-Âge éclairent la nature du soutien communautaire à l'enseignement :

> Au quinzième siècle, la communauté juive d'Espagne était en détresse. En 1391, les Juifs avaient vécu l'équivalent de la Nuit de Cristal – synagogues, maisons, commerces, incendiés et pillés. Ils furent persécutés pendant un siècle jusqu'à leur expulsion en 1492. Au milieu de cette tourmente, ils décidèrent que, quoi qu'il advînt, les enfants ne devaient pas être privés de la meilleure instruction possible. Le synode de Valladolid, en 1432, imposa des taxes spéciales sur la viande, le vin, les mariages, les circoncisions et les enterrements ; tous les fonds devaient servir à financer l'école. L'assemblée ordonna que toute communauté de quinze ménages (ou plus) devrait

> entretenir un instituteur qualifié pour enseigner la Torah aux enfants. Les parents lui assureraient un revenu suffisant pour vivre, en fonction du nombre d'élèves à sa charge. Ils seraient obligés de leur envoyer leurs enfants, et chacun le rémunérerait selon ses moyens. Si le revenu assuré par les parents s'avérait insuffisant, la communauté ajouterait la somme nécessaire à sa subsistance en fonction du temps et du lieu[17].

Dès le troisième siècle, les rabbins décrétèrent que toute communauté juive qui ne fonderait pas d'école serait excommuniée. Tout au long des siècles, alors qu'une grande majorité de l'Europe était analphabète, les Juifs firent de l'infrastructure éducative leur priorité absolue. Il n'est pas excessif de dire que ce sont ces dispositions qui permirent aux Juifs de survivre aux catastrophes, de gérer les changements et de prospérer en des circonstances difficiles.

* * *

Le débat sur la mondialisation porte essentiellement sur des questions politiques et économiques : la gouvernance mondiale et l'impact de la nouvelle économie. Aussi importantes que soient ces questions, l'éducation universelle, dans la perspective juive, l'est encore davantage. Dans un avenir proche, la capacité des individus à tirer parti des nouvelles opportunités dépendra dans une large mesure de leur accès à l'instruction, et par conséquent, des investissements consentis au secteur de l'enseignement. En réalité, l'évolution des technologies est tellement rapide que l'idée d'une éducation limitée à l'enfance devra être reconsidérée, pour privilégier un apprentissage tout au long de la vie qui est, d'ailleurs, une valeur classique de la tradition juive. La communauté juive est le cas exemplaire d'un groupe qui fonda l'idée d'une société où chacun puisse vivre dans la dignité, non pas sur la répartition des richesses ou du pouvoir, mais sur l'instruction ; et cela a fonctionné.

J'ai soutenu que cette situation était elle-même la conséquence d'une révolution des technologies de l'information, advenue il y a près de quatre millénaires : l'invention de l'alphabet. La révolution que nous vivons, celle des ordinateurs personnels, des modems, du courrier électronique, des CD-ROM interactifs et d'Internet, doit être comprise dans les mêmes termes. Leur importance fondamentale est leur contribution à la *démocratisation du savoir,* et donc à la démocratisation de la dignité et de la créativité. Le premier impératif des nouvelles technologies de l'information devrait être d'ouvrir à tous les enfants l'univers de la connaissance, mise à leur disposition par la communication mondiale instantanée.

À ce propos, le programme Bolsa Escola [bourse familiale] au Brésil pourrait servir de modèle : il subventionne des familles pauvres, à condition que leurs enfants fréquentent régulièrement l'école. Le taux de participation scolaire au Brésil s'est ainsi élevé à 97% de la population enfantine[18]. Récemment, lors d'une session extraordinaire de l'Assemblée générale des Nations Unies[19], la Grande-Bretagne a soutenu une initiative de la Banque mondiale visant à fournir les fonds nécessaires pour assurer l'éducation primaire universelle d'ici 2015. C'est mettre les priorités là il le faut. Plus les enfants sont instruits, plus leurs perspectives d'emploi s'élargissent, mieux ils gagneront leur vie, et plus ils seront en mesure de faire face à des conditions économiques en constante évolution. Internet a élargi l'accès à l'enseignement à tous les niveaux et en a réduit le coût. Des programmes d'études peuvent être conçus et partagés dans le monde entier. Des universités ont déjà mis leurs cours en ligne, ainsi que de nombreuses écoles.

Aucun domaine du développement n'a autant d'impact et n'est aussi rarement controversé que le savoir, parce que le savoir n'est pas un bien à somme nulle : son acquisition n'empêche pas qu'il soit disponible aux autres. On ne perd rien en le partageant avec autrui, bien au contraire. Par exemple, c'est la mise en commun des connaissances, permise par l'invention de l'imprimerie, l'émergence de sociétés savantes et la diffusion de périodiques scientifiques, qui conduisit à la croissance exponentielle de la science en Europe aux dix-septième et dix-huitième siècles. Plus récemment, c'est l'échange d'idées et de découvertes autour d'une table de café, qui fit de la Silicon Valley en Californie le leader mondial des technologies informatiques. Le savoir s'accroît en se partageant.

Les technologies de l'information ont le potentiel d'entraîner des changements radicaux, mais elles soulèvent également des questions éthiques incontournables. Au niveau mondial, le nombre d'enfants, en particulier de filles, qui n'ont pas accès à une éducation adéquate est scandaleux. La plupart en seront handicapés tout au long de leur vie. La scolarisation, l'élaboration de programmes d'études, la formation des enseignants, la mise à disposition d'ordinateurs permettant le téléchargement des données à faible coût, devraient compter parmi les formes essentielles de l'aide internationale et de l'assistance volontaire aux pays en développement. Nulle autre intervention ne favorise autant l'égalité des chances. C'est ainsi que nous progresserons sur le long et difficile chemin de la dignité humaine universelle.

Chapitre 8

La coopération : la société civile et ses institutions

> Les relations traditionnelles naissent de la parenté, l'appartenance ethnique, la géographie et les valeurs spirituelles partagées. Elles sont cimentées par des notions d'obligations mutuelles et des visions de destinées communes. [...] Les relations marchandes, d'un autre côté, sont instrumentales par nature. Leur seul ciment est le prix convenu de la transaction. [...] Une communauté forte est le prérequis d'une économie saine, parce qu'elle seule est source de confiance sociale.
>
> (Jeremy Rifkin, *L'âge de l'accès*)

Les passionnés du marché mondial sont les plus récents adeptes de l'idée probablement la plus influente de la modernité : la concurrence est le moteur du progrès. Dans *Léviathan,* Hobbes mettait « au premier rang, à titre d'inclination générale de toute l'humanité, un désir perpétuel et sans trêve d'acquérir pouvoir après pouvoir, désir qui ne cesse qu'à la mort[1] ». Charles Darwin, dans *L'origine des espèces*, soutenait que le cours de l'évolution s'explique par la lutte pour la survie face à des ressources limitées, à savoir la sélection naturelle. Les partisans du darwinisme social, dont Herbert Spencer, affirmaient que cette même loi de la survie s'appliquait également aux sociétés et aux cultures. Aujourd'hui, les mondialistes soutiennent que la maximisation de la concurrence, par la déréglementation financière et les marchés mondiaux, est le moteur superpuissant de la création de la richesse.

Cette affirmation n'est que partiellement vraie. Comprendre comment cette idée s'est imposée et comment elle a été récemment remise en question, est l'un des chapitres les plus passionnants de la pensée moderne, dans lequel convergent les arguments avancés par l'économie, la politique, les mathématiques appliquées, la sociobiologie et la simulation informatique. Il en est résulté un changement de paradigme dans notre compréhension des interactions humaines, et plus significatif encore, un sens plus aigu de l'importance de la culture et de la communauté dans le maintien de la vie sociale – ce que j'appellerai « les relations d'alliance ». L'une des principales conclusions est que l'économie et la politique, les deux disciplines maîtresses de la société contemporaine, s'avèrent insuffisantes pour préserver l'écologie humaine. Mais il nous faut d'abord nous demander comment la concurrence en est venue à occuper une place centrale dans la pensée moderne.

Un tournant se produisit dans l'histoire de l'Occident lorsque des philosophes soulevèrent cette question : comment transformer les passions qui animent les hommes en avantage collectif ? Que se passe-t-il lorsque le sens du péché et les contraintes profondément intériorisées d'une époque religieuse commencent à s'atténuer ? Hobbes répondit que s'imposait alors la mise en place d'une autorité centralisée puissante, le Léviathan de l'État, qui garantirait l'État de droit. De là est née la politique moderne. Une autre réponse, perçue par Pascal et Bernard Mandeville entre autres, donne matière à réflexion. Les désirs contradictoires des hommes ne seraient-ils pas une source de combattivité qui mènerait à de meilleurs résultats que ceux obtenus si les individus étaient passifs, voire imperturbables ? Montesquieu soutenait que la quête de l'honneur dynamise le corps politique, de sorte que « chacun contribue au bien-être général, alors qu'il pense travailler pour ses propres intérêts ». Dans la même veine, Giambattista Vico observa que :

> Ainsi de trois vices, l'orgueil féroce, l'avarice, l'ambition, qui égarent tout le genre humain, [la société] tire le métier de la guerre, le commerce, la politique, dans lesquels se forment le courage, l'opulence, la sagesse de l'homme d'État. Trois vices capables de détruire la race humaine sur terre produisent la félicité publique[2].

Autrement dit, le vice privé deviendrait une vertu publique si la société était organisée de façon à transformer les passions en intérêts. De là est née l'économie.

Adam Smith, dans *La richesse des nations,* formula ce même principe avec une grande clarté. Les échanges commerciaux et la division du travail, estimait-il, aboutissent à une croissance économique. La nature mystérieuse mais inoffensive de ce processus est que, bien que les individus soient motivés par leur propre intérêt, l'effet global est un gain collectif. Vico, qui l'avait déjà compris, en conclut que cela « prouve l'existence de la Providence Divine ». Smith, plus modestement, parla « d'une main invisible » :

> Son intention [de l'individu] n'est pas en cela de servir l'intérêt public et il ne sait même pas jusqu'à quel point il peut être utile à la société. En préférant le succès de l'industrie nationale à celui de l'industrie étrangère, il ne pense qu'à se donner personnellement une plus grande sûreté ; et en dirigeant cette industrie de manière à ce que son produit ait le plus de valeur possible, il ne pense qu'à son propre gain ; en cela, comme dans

> beaucoup d'autres cas, il est conduit par une main invisible à remplir une fin qui n'entre nullement dans ses intentions. [...] Tout en ne cherchant que son intérêt personnel, il travaille souvent d'une manière bien plus efficace pour l'intérêt de la société, que s'il avait réellement pour but d'y travailler. Je n'ai jamais vu que ceux qui aspiraient, dans leur entreprise de commerce, à travailler pour le bien général, aient fait beaucoup de bonnes choses. Il est vrai que cette belle passion n'est pas très commune parmi les marchands et qu'il ne faudrait pas de longs discours pour les en guérir[3].

Cette idée résout avec une intuition remarquable l'une des grandes tensions de la culture entre intérêt personnel et altruisme, recherche du gain individuel et du gain collectif. Au fond, ce n'est pas contradictoire. L'un conduit à l'autre. La force du marché est qu'il exploite les énergies individuelles pour les mettre au service de l'intérêt général. Comme la Providence Divine, il y a un plan plus large des événements, au-delà des intentions de leurs agents individuels. Les décisions apparemment disparates de millions d'individus motivés par leur intérêt personnel, engendrent quelque chose de grand, de bénéfique et d'inattendu : la croissance économique. Pour servir le bien commun, tout ce que nous avons à faire est de veiller à notre intérêt personnel. La « main invisible » fera le reste. Ce principe, dogme central de l'économie de marché, sera plus tard contesté par les grandes alternatives politiques du monde moderne, le socialisme et le communisme, mais à la fin du vingtième siècle, elles battaient déjà en retraite, voire capitulaient. Toutefois, alors que le capitalisme démocratique gagnait la bataille contre les systèmes économiques rivaux, un nouveau défi des plus inattendus se profilait, venu d'une tout autre direction[4].

* * *

Tout commença en 1944 par l'invention d'une nouvelle branche des mathématiques, la théorie des jeux, conçue par l'un des cerveaux les plus brillants du vingtième siècle : John von Neumann (1903–1957). Né en Hongrie, fils d'un banquier prospère, il partit en 1930 s'installer aux États-Unis où il joua un rôle de premier plan dans le développement des armes thermonucléaires, des missiles balistiques et de la théorie de la dissuasion nucléaire. Cependant, il restait attaché à un souvenir de son enfance : les conversations à table pendant lesquelles son père parlait des difficultés liées à la gestion d'une banque. Avec le temps, von Neumann en vint à conclure que l'analyse économique ne tenait pas compte d'un élément central de la prise de décisions. Il est aisé de choisir la meilleure solution entre plusieurs alternatives quand il est possible d'en calculer les conséquences, mais la vie est rarement aussi simple. Généralement, le résultat du choix dépend des réactions des autres, or celles-ci ne peuvent être prédites. La théorie des jeux fut une tentative de concevoir une représentation mathématique d'une action dans des conditions d'incertitude. Six ans plus tard, il conçut sa plus célèbre application : le dilemme du prisonnier.

Ce dilemme imagine le scénario suivant : la police arrête deux hommes, soupçonnés d'avoir commis un crime grave. Cependant, elle n'a aucune preuve de la culpabilité ni de l'un ni de l'autre. Au plus, elle a suffisamment d'informations pour les inculper pour une infraction mineure. L'objectif des policiers est donc d'obtenir que l'un dénonce l'autre. Les suspects sont alors placés dans des cellules séparées sans possibilité de communiquer. Ensuite, les policiers proposent un arrangement à chacun des suspects. Si l'un dénonce l'autre et l'autre se tait, l'informateur sera remis en liberté et l'autre condamné à une peine de dix ans de prison. Si les deux se dénoncent l'un l'autre, chacun sera condamné à cinq ans de prison. Si aucun ne parle, ils seront reconnus coupables pour une infraction mineure, et chacun sera condamné à un an de prison.

Il ne faut pas longtemps pour comprendre que la meilleure stratégie pour chacun d'entre eux est de dénoncer l'autre. Le résultat, cependant, est que chacun sera condamné à cinq ans de prison si les deux parlent, alors que si aucun ne parle, ils ne seront condamnés qu'à une année de prison. La raison pour laquelle aucun des deux n'opte pour cette dernière stratégie est qu'ils ne sont pas sûrs de la réaction de l'autre. Le dilemme du prisonnier ressemble à une curiosité mathématique, mais il est bien plus significatif que cela. Il remet en question le postulat central de l'économie smithienne, à savoir que plusieurs individus, chacun poursuivant son intérêt personnel, génèrent un résultat bénéfique pour tous. Ce dilemme démontre, au contraire, que deux individus agissants rationnellement produisent un résultat néfaste pour les deux.

Pendant des années, ce paradoxe resta insoluble jusqu'à ce qu'une nouvelle idée surgît d'une autre direction. Depuis longtemps, on savait qu'il y avait une faille dans la biologie darwinienne, dont Darwin était lui-même conscient. Dans la lutte pour la survie, le mieux adapté l'emporte. Pourtant, la quasi-totalité des sociétés humaines attache de la valeur au comportement altruiste qu'elles brandissent en exemple. Quel avantage évolutif pourrait découler du sacrifice de l'un au profit de l'intérêt du groupe ? Certes, le groupe en bénéficierait, mais non l'individu. Comment, en ce cas, ses gènes se transmettraient-ils aux générations futures ? Ainsi que Darwin l'observa, les individus les plus courageux « doivent même, en moyenne, succomber en plus grande quantité que les autres ». Le héros « ne laisse souvent pas d'enfants pour hériter de sa noble nature[5] ». L'altruisme ne devrait pas subsister, et pourtant il perdure.

Plus tard, une réflexion sur le dilemme du prisonnier apporta une solution qui démontra qu'une action intéressée n'aboutissait pas nécessairement à des résultats optimaux. Et si ce paradoxe était dû au fait que les suspects ne s'étaient rencontrés qu'une seule fois ? Et s'ils se rencontraient plusieurs fois ? Ne finiraient-ils pas par comprendre qu'il existe une meilleure stratégie, la coopération ? « Je ne te dénoncerai pas, si tu ne me dénonces pas » ; « j'agirai dans ton intérêt parce que c'est aussi le mien. » Ce scénario, cependant, suppose que les deux individus aient eu la possibilité d'apprendre ; en d'autres termes, qu'ils se soient trouvés à plusieurs reprises dans la même situation. C'est ce que décrit le « dilemme itéré du prisonnier ». Ce principe pourrait résoudre un problème, non seulement en économie, mais aussi en biologie. Il expliquerait l'origine de l'altruisme.

Vers la fin des années 1970, les ordinateurs étaient assez puissants pour simuler de telles rencontres. Un politologue, Robert Axelrod, organisa alors un tournoi international pour trouver le programme informatique le plus performant qui jouerait « le dilemme itéré du prisonnier » contre lui-même et contre d'autres adversaires. Le programme gagnant fut conçu par un Canadien, Anatole Rapoport, et fut nommé Tit-for-Tat, « du tac au tac » ou « donnant-donnant ». Ce programme était d'une simplicité sidérante : il commençait par un mouvement de coopération, puis répétait le dernier coup de son adversaire. Il fonctionnait selon le principe : « Ce que tu m'as fait, je te le ferai » ou ce que la Bible et Shakespeare appelèrent « mesure pour mesure ». Les programmes les plus agressifs obtinrent de bons résultats au début, mais finirent par perdre pour avoir entraîné des représailles. Tit-for-Tat démontra donc la valeur de l'altruisme réciproque pour la survie, et donc l'avantage évolutif de l'*homo sapiens*.

En fin de compte, il s'avère que la survie ne dépend pas tant de la force individuelle que des habitudes de coopération. Un homme seul n'a aucune chance de gagner contre un lion ; par contre, dix hommes peuvent l'emporter s'ils coordonnent leurs efforts. Il semble aujourd'hui probable que les traits distinctifs des êtres humains, notamment la taille de notre cerveau et la maîtrise complexe du langage, sont liés à l'avantage procuré par une socialité élargie. Chez les mammifères, il y a même une étroite corrélation entre la taille du cerveau et celle de leur groupe social : les mammifères ayant le cerveau le plus gros tendent à former des groupes plus nombreux. À ce propos, il est intéressant de noter que la taille optimale d'un groupe humain se situe autour de 150 personnes[6]. En moyenne, c'est là le nombre maximum de personnes que nous pouvons bien connaître et compter parmi nos amis. Il est tentant d'en déduire que la communauté, cette construction sociale, aurait un fondement biologique.

Pour en revenir au principe d'intérêt personnel d'Adam Smith, rappelons qu'il semblait en contradiction avec le dilemme du prisonnier, qui montrait qu'une action intéressée n'aboutit pas toujours à des résultats optimaux. Le conflit trouva sa résolution quand le jeu fut répété plusieurs fois par les mêmes participants, qui finirent par apprendre à coopérer. Or, la coopération est fondée sur la confiance et la réciprocité, sur la conviction que si mon action t'est profitable, tôt ou tard, tu me rendras la pareille. Ce principe est si fondamental que les économistes lui ont même trouvé un nom. Ils l'appellent « *le capital social* », et l'associent à la confiance accordée à une entreprise. L'important, cependant, est de se rappeler comment la confiance s'est établie dans le dilemme itéré du prisonnier, à savoir par une interaction répétée entre les participants. C'est pourquoi, par exemple, le taux de criminalité est plus élevé en ville que dans les villages. Il est plus probable que vous serez agressé par un individu que vous ne reverrez jamais (dilemme du prisonnier), plutôt que par un individu que vous allez croiser dans la rue le lendemain ou le surlendemain. Les habitudes de coopération dépendent de l'existence de relations à long terme.

* * *

Mais comment et sur quels critères une relation de confiance se fonde-t-elle ? Il y a là un paradoxe. S'il est logique, comme le montre le dilemme du prisonnier, de ne pas faire confiance à un étranger, comment surmontera-t-on le problème ? La réponse repose sur une réflexion sur les institutions régissant notre vie collective.

Imaginez que vous tentiez d'expliquer à quelqu'un les principales institutions de la société. Pour ce faire, vous décidez d'aller vous promener au centre de Londres. Vous passez devant le Parlement, et vous expliquez que cet édifice est le siège du gouvernement, le centre de la politique, et que la politique concerne la création et la répartition du pouvoir. Vous allez ensuite vous promener dans les rues où sont concentrés bureaux et commerces, et vous apercevez au loin le bâtiment de la Bourse. Vous expliquez que la Bourse est le centre du marché, le domaine de l'économie, et que l'économie concerne la création et la répartition des richesses. Tout en marchant, votre compagnon vous montre les clochers et les flèches des églises de Londres, ainsi que le dôme imposant de la cathédrale Saint-Paul. « Et les lieux de culte ? Sont-ils eux aussi appelés à créer et à répartir ? » demande-t-il. Vous serez peut-être tenté de dire que cela n'a rien à voir, mais vous auriez tort. Les lieux de culte, les congrégations et les communautés concernent également la création et la répartition, mais de tout autres choses que la richesse ou le pouvoir.

Les relations politiques et économiques sont *contractuelles*. Elles présupposent la rencontre de parties intéressées, qui bénéficient toutes deux de l'échange. Dans le cas de l'économie, c'est évident. Dans le cas de la politique, les relations sont définies par ce que Hobbes, Locke et Rousseau appelèrent le contrat social – un processus, explicite ou implicite, où des individus délèguent certains de leurs pouvoirs et libertés à un organe central, l'État, qui s'engage, en retour, à garantir l'État de droit, et donc la sécurité et la propriété privée.

Les relations contractuelles, cependant, ne sont pas les seules formes d'association, ni même les plus importantes. Considérez la famille, par exemple le père, la mère et les enfants. Ils mangent, boivent, jouent et parfois se disputent. Ils effectuent chacun à leur tour des tâches diverses. Ils établissent une chorégraphie inconsciente de la réciprocité. Ils s'entraident, dépendent les uns des autres, et cette danse du « donner » et du « recevoir » constitue une part non négligeable de leur identité et de leur développement individuel. Il y a souvent des règles, qu'ils enfreignent parfois. Il y a des rébellions mineures, souvent suivies de rituels de réconciliation : l'un dit « pardon », tout est pardonné, et l'ordre est rétabli. En observant ce microcosme de communauté et ses échanges quotidiens, nous voyons quelque chose d'important se mettre en place : la formation et le maintien de la vie morale.

Cette vie familiale sous-tend certains concepts fondamentaux : l'amour, la loyauté, la responsabilité, l'autorité, l'obéissance, l'équité et la compassion. Ces concepts sont les fils qui relient les membres de la famille. Ils définissent leurs relations et structurent leurs comportements. Quand, par exemple, la mère a eu une journée de travail particulièrement difficile, les autres y seront sensibles et seront moins exigeants que d'habitude ; ou encore, si un jeune enfant a du mal à faire ses devoirs, un enfant plus âgé lui viendra en aide. Ces relations-là ne sont pas contractuelles. Elles n'ont rien à voir intrinsèquement avec le pouvoir ou la richesse. Un groupe qui ne peut se réunir que sous la menace, d'une part, ou moyennant le paiement de services rendus ou reçus, d'autre part, ne saurait être appelé *famille*. Pour reprendre un mot clé de la Bible, j'appelle ce type de relations des relations *d'alliance*. Alors que les contrats concernent l'individu, les alliances concernent des groupes plus larges au sein desquels et à travers lesquels nous développons notre identité. Elles concernent le « *nous* » où je découvre le « *moi* ». Les relations d'alliance sont des relations fondées sur la confiance[7].

L'un des présupposés majeurs de la pensée moderne était le concept du moi isolé et individuel, le « *je* », en tant qu'origine présumée de la pensée et de l'action. Chacun sait que Descartes commença son parcours philosophique en mettant systématiquement en doute toutes ses convictions. De quoi puis-je être certain ? demandait-il. D'une seule chose : « Je pense donc je suis. » Ce moi solitaire, sûr de rien sauf de sa propre existence, fut au cœur de presque tous les grands débats du Siècle des Lumières. Il s'agit de ce « moi » qui, selon Hobbes, garantit sa propre sécurité en déléguant ses pouvoirs à un souverain. Ce même « *moi* » encore qui, selon Locke, expérimente des sensations et use de sa raison pour développer le langage. Nous avons également rencontré, dans l'analyse du marché d'Adam Smith, le « moi » qui en poursuivant son intérêt personnel, contribue à la richesse de la nation. Les « *moi* » concluent des contrats.

Toutefois, l'une des grandes découvertes intellectuelles du vingtième siècle est que le « *moi* » est une fiction ou, tout au moins, une abstraction. Le sociologue George Herbert Mead montra que nous n'acquérons un sens de l'identité personnelle qu'à travers une conversation intime et continue avec des « autruis significatifs[8] », en généralement et en premier lieu, les parents. Le philosophe Ludwig Wittgenstein démontra que l'idée d'un « langage privé » est incohérente. Nous n'apprenons une langue qu'en communiquant, c'est-à-dire en nous engageant dans une relation avec autrui. Bien plus tôt, la Bible hébraïque exprima la même idée, bien que son sens se perdît systématiquement dans la traduction. Dieu dit au sujet du premier homme : « Il n'est pas bon que l'homme soit isolé. » Alors, Il créa la première femme, et quand l'homme se réveilla et la vit, il dit : « Celle-ci, pour le coup, est un membre extrait de mes membres et une chair de ma chair ; celle-ci sera nommée *icha* [femme] parce qu'elle a été prise de *ich* [homme]. » Ce qui se perd dans la traduction est que la Bible hébraïque possède deux mots pour désigner l'homme : *adam* et *ich*. Adam (qui signifie « pris de la terre », *adama*) renvoie à l'homme, l'espèce biologique. *Ich* équivaut plus ou moins au mot « individu ». La subtilité du texte biblique est que ce verset est le premier où le mot *ich* apparaît. Adam doit prononcer le nom de sa femme avant de pouvoir prononcer le sien. Il doit dire « *toi* » avant de dire « *moi* ».

Telle est la conception de l'identité personnelle que recouvre l'idée d'alliance. L'alliance est un lien qui ne repose ni sur l'intérêt ni sur le profit, mais sur l'appartenance. Des alliances se créent par l'union en un « *nous* » de deux personnes, ou plus. Elles se distinguent des contrats en ce qu'elles tendent à être ouvertes et durables. Elles impliquent un engagement envers un autre, ou des autres, et incarnent un lien de loyauté indéfectible, même dans l'adversité. Elles appellent parfois au sacrifice de soi. Les personnes unies par une alliance « s'engagent au-delà de la lettre de la loi, plutôt que de limiter leurs obligations aux exigences étroites des contrats[9] ». Le plus simple exemple d'alliance est le mariage. Un autre est l'amitié, comme il est écrit dans le Livre de Samuel : « Pour Jonathan, il fit un pacte avec David, parce qu'il l'aimait comme lui-même » (Samuel I 18, 3). Cependant, les alliances peuvent définir des unions plus larges, c'est d'ailleurs souvent le cas. Ainsi que l'observe Daniel Elazar, elles expriment « l'idée qu'il est possible de créer librement des communautés et des entités politiques, des peuples et des communautés, et même la société civile, par le biais d'un pacte moral et durable[10]. »

Les relations d'alliance, où nous déclinons la grammaire et la syntaxe de la réciprocité, et où nous nous entraidons sans calculer les avantages comparatifs, sont des relations de confiance. Sans elles, il n'y aurait ni « *moi* » ni contrats. Les contrats, sociaux ou économiques, arbitrent les relations entre étrangers. Cependant, si nous étions toujours et seulement des étrangers les uns pour les autres, nous n'aurions aucune raison de nous faire confiance. Il serait toujours possible que l'autre nous fasse défaut si c'est dans son intérêt, et il est donc nécessaire d'en tenir compte. Mais un monde systématiquement privé de fidélité ou de loyauté serait un monde où ni les États ni les marchés ne pourraient jamais fonctionner. Francis Fukuyama a donc raison lorsqu'il fait la constatation suivante :

> Pour que les institutions de la démocratie et du capitalisme fonctionnent correctement, elles doivent coexister avec certaines habitudes culturelles prémodernes qui assurent ce fonctionnement. La loi, le contrat, la rationalité économique fournissent une base nécessaire, mais non suffisante, à la stabilité et à la prospérité des sociétés post-industrielles ; ils doivent également être fermentés par la réciprocité, l'obligation morale, le devoir envers la communauté et la confiance, qui proviennent des habitudes plutôt que d'un calcul rationnel. Ces caractéristiques ne représentent pas des anachronismes dans une société moderne, mais plutôt les conditions *sine qua non* de son succès[11].

Ou en d'autres termes, les marchés dépendent de qualités non produites par le marché, de même que les États dépendent de qualités non créées par l'État.

Où les relations d'alliance se nouent-elles ? Dans les familles, les communautés, les congrégations, les associations bénévoles et autres confréries diverses ; en bref, là où ce qui nous réunit n'est pas un échange d'argent ou de pouvoir, mais un engagement mutuel ou des causes défendues en commun. C'est cette idée qui conduisit Edmund Burke, dans ses *Réflexions sur la révolution de France*, à parler de ces « petits pelotons » où « commencent les affections publiques[12] ». De même, Alexis de Tocqueville affirma que c'étaient les « habitudes associatives » des Américains – leurs tendances à former des associations bénévoles et à adhérer à des Églises – qui protégèrent la liberté par l'exercice de la citoyenneté[13]. Burke et Tocqueville ont récemment fait l'objet d'une recrudescence d'intérêt, due à une prise de conscience aiguë de l'affaiblissement des institutions créatrices de confiance, appelées aussi « troisième secteur » ou « structures de médiation » – sous l'influence conjuguée du marché et de l'État. Ceux qui cherchent à les redynamiser sont parfois appelés « communautariens ». D'autres privilégient le terme de « société civile[14] ». D'autres encore, comme nous l'avons mentionné plus haut, parlent de « capital social ». Ce qu'ils ont en commun est qu'ils mettent tous l'accent sur les relations non contractuelles, que j'ai appelées les relations d'alliance. Sans elles, non seulement les marchés et les États commencent à vaciller, mais la vie sociale elle-même perd de son charme et de sa civilité. Les liens qui nous unissent s'effilochent. Notre sens de l'identité et de l'appartenance ne cesse de s'amenuir. Nous nous sentons de plus en plus vulnérables et solitaires. Nous savons maintenant ce que les lieux de culte et les communautés qu'ils ont créées risquent de perdre : cette dimension vitale de l'alliance, indispensable à la confiance.

En 1995, le politologue américain Robert Putnam trouva une métaphore et un nom pour décrire ce phénomène. Constatant que les Américains jouant au bowling étaient plus nombreux qu'auparavant, mais moins nombreux à s'inscrire à des ligues, il imagina l'expression « bowling en solitaire[15] ». Il expliqua que le capital social était en déclin dans toutes les démocraties libérales occidentales. Cela se manifestait non seulement dans l'effondrement des familles et des communautés, mais aussi dans tous les types d'engagement civique et social. Rares étaient ceux qui se joignaient à des associations bénévoles ; les églises étaient désertées ; on passait moins de temps avec les voisins ; les jeunes étaient considérablement moins intéressés par la politique, et les « habitudes associatives » se perdaient. Les conséquences étaient inévitables. Le dilemme itéré du prisonnier avait montré que l'interaction répétée avec un groupe était essentielle pour entretenir la confiance. À défaut de ces interactions, les individus deviennent plus distants, plus soupçonneux. Il leur manque la stabilité d'un entourage familier, et ils se sentent entourés d'étrangers. Putnam, et d'autres comme lui, mesurèrent cette perte. Ils constatèrent que les individus se méfiaient davantage des intentions d'autrui, et étaient plus cyniques à l'égard des politiciens. Il y avait une perte généralisée de confiance envers les autorités et les institutions.

L'ironie de la chose est qu'Adam Smith semble l'avoir toujours su. En effet, avant *La richesse des nations* (1776), il écrivit un premier chef-d'œuvre, *Théorie des sentiments moraux* (1759) où, loin de défendre l'intérêt personnel, il affirmait que « nous apitoyer beaucoup sur les autres et peu sur nous-mêmes [...] forme la perfection de la nature humaine ». Des savants allemands, surpris de cette apparente contradiction entre les deux ouvrages, appelèrent ce paradoxe *das Adam Smith Problem* (« Le problème d'Adam Smith »). Or, ce problème est résolu aujourd'hui. Il y a un système économique d'une part, et un système moral d'autre part. Le premier relève du marché, le second des cercles concentriques de la famille, des amis, de la communauté et de la société. Lorsque le système moral englobe le système économique, il produit les valeurs de l'industrie, de l'honnêteté et de la fiabilité mutuelle, qui sont les qualités nécessaires au marché. En revanche, lorsque le système économique subvertit le système moral, la confiance est ébranlée et nous régressons vers la situation initiale du dilemme du prisonnier, dans laquelle la seule poursuite de son intérêt personnel est nuisible. Le paradoxe de la concurrence est qu'elle n'est bénéfique que lorsqu'elle est contrebalancée par des habitudes de coopération. Un monde purement compétitif commence par être productif, mais finit par devenir autodestructeur.

* * *

La nouvelle économie a, sur la conscience, des effets indésirables qui se manifestent de diverses façons. Pour reprendre l'expression remarquable de Robert Reich, l'un d'entre eux est « l'obsolescence de la loyauté[16] ». Le rythme rapide des changements affecte la sécurité de l'emploi. Les entreprises ne cessent de « réduire leurs effectifs », de « désélectionner » ou de « réorganiser » ; elles licencient leurs employés, les embauchent à temps partiel, ou sous contrat de mission. Des entreprises qui s'enorgueillissaient de leur engagement à vie auprès de leurs travailleurs, sont contraintes de renoncer à cette politique et annoncent d'importantes suppressions d'emploi. De grandes entreprises qui s'étaient imposées dans certaines villes où elles recrutaient une large part de leur main-d'œuvre, délocalisent maintenant une grande partie de leur production à l'étranger, et ont cessé d'être des acteurs civiques majeurs. Des secteurs entiers de l'emploi peuvent, semble-t-il, être balayés du jour au lendemain. *Encyclopaedia Britannica*, une société créée il y a 230 ans, a démantelé toute sa force de vente en porte-à-porte quand elle est passée aux ventes en ligne. Comme le constate Reich, dans un environnement où des pressions constantes sont exercées sur les employeurs, les employés, les consommateurs et les investisseurs pour « toujours avoir mieux et toujours plus vite », « les entreprises, deviennent des groupements d'individus unis par rien d'autre qu'une commodité temporaire[17]. » Il est difficile de savoir qui doit fidélité à qui, voire si ce mot est encore pertinent dans le monde contemporain.

Dans *La crise du capitalisme mondial*, George Soros remarque qu'au début de sa carrière en 1950, les affaires dépendaient de la lente construction de relations. À présent, elles sont devenues « transactionnelles », constituées d'une série de rencontres ponctuelles, d'une succession de contrats et d'accords, lesquels ne se fondent plus sur la confiance, mais sur la présence d'avocats :

> Dans une société changeante, transactionnelle, l'individu prime. Du point de vue de l'individu, il n'est pas nécessaire d'être moralement irréprochable pour réussir ; en fait, ce

> pourrait même être un obstacle [...]. Dans une société où les relations stables prévalent, le problème est moindre, car il est difficile de réussir si l'on enfreint les normes sociales en vigueur. Mais quand on peut circuler librement, les normes sont moins contraignantes, et quand l'opportunisme s'impose comme norme sociale, la société est déstabilisée[18].

La loyauté perd également du terrain dans la vie privée. Le spectaculaire effondrement de la famille, qui se produit en Occident depuis les années 1960, est dû à de nombreux facteurs. Il est certain que l'un d'entre eux est l'intrusion des valeurs marchandes dans des milieux autrefois à l'abri de cette influence. Une culture, axée sur la consommation et dominée par la publicité, milite quotidiennement contre les attachements durables. Elle nous incite en permanence à choisir une marque différente, à essayer un produit nouveau, à faire une meilleure affaire ailleurs. Il n'est pas surprenant qu'elle commence à influer sur les relations humaines. Une société saturée de valeurs marchandes est une société où les relations sont temporaires, la fidélité provisoire et les engagements aisément écartés. En un mot, c'est une société où le mariage n'a pas grand sens, et c'est généralement ce qui s'est produit.

Dans la nouvelle économie, le temps lui-même joue contre les institutions de la société civile. Lorsque l'on est contraint à travailler plus dur, à passer la journée à communiquer par fax, téléphone portable, boîte vocale et courrier électronique, le temps consacré à la famille, aux amis ou au volontariat se volatilise. Ce n'est pas seulement que le travail soit devenu plus exigeant et nécessite des voyages et des déménagements plus fréquents ; c'est aussi parce que l'insécurité de l'emploi oblige les individus à se plier à toutes les contraintes, de peur que, dans un mois ou dans un an, ils n'aient plus de travail, ou du moins, pas un travail aussi bien rémunéré. C'est pourquoi, durant leur vie active, il leur reste peu de temps libre à consacrer à des activités non économiques. Les tâches traditionnellement accomplies en famille, comme s'occuper des enfants ou préparer les repas, sont de plus en plus confiées à des personnes étrangères contre rémunération. La famille rétrécit et s'externalise. Les parents passent moins de temps avec leurs enfants qui, à leur tour, passent plus de temps devant la télévision ou scotchés devant leur écran d'ordinateur. Selon Jeremy Rifkin, en voici le résultat :

> Quand la plupart des relations deviennent commerciales et que la vie des individus est réduite au statut de marchandise vingt-quatre heures sur vingt-quatre, que reste-t-il pour les relations de nature non commerciale – les relations fondées sur la famille, le voisinage, les intérêts culturels communs, l'affiliation religieuse, l'identité ethnique et l'engagement fraternel ou civique ? Quand le temps lui-même s'achète et se vend, que la vie n'est guère plus qu'un enchaînement de transactions commerciales reliées au moyen de contrats et d'instruments financiers, qu'advient-il des relations réciproques traditionnelles, fondées sur l'affection, l'amour et le dévouement[19] ?

Et il n'y a pas que le temps ; l'espace aussi est commercialisé. La société civile a besoin d'environnements où les gens se rencontrent, se mélangent et créent des liens qui transcendent les barrières de classe ou d'appartenance ethnique. C'était l'un des rôles historiques des lieux de culte, mais de façon différente, c'est également le rôle des espaces publics en général, tels que les parcs, les jardins, les quartiers mixtes, les lieux où l'on peut se rendre sans payer, etc. Ce type d'environnement se raréfie. La ségrégation des communautés s'accentue, parce que les riches partent s'installer ailleurs. Les parcs deviennent plus dangereux à mesure que la criminalité de rue augmente. Les grands espaces publics se réduisent aux centres commerciaux et complexes de loisir ; ce ne sont pas des espaces civiques. C'est en consommateurs que nous nous y rendons, et non en citoyens. Nos rencontres sont de plus en plus désincarnées. Nous communiquons par téléphone et par courrier électronique, de moins en moins en face à face. Il en résulte une perte de contact avec les autres et tout ce qui en découle.

Les communautés virtuelles ne peuvent se substituer à la réalité. John Gray en souligne clairement le danger :

> L'illusion créée par les interactions virtuelles sur les réseaux sociaux sert à nous faire accepter la détérioration croissante des institutions sociales et des espaces publics où [...] de réelles rencontres se produisent. Si les villes sont désertées et les écoles minées par la peur, si nous nous écartons des étrangers et des enfants qui, pensons-nous, menacent notre sécurité, une retraite dans la liberté vide du cyberespace peut apparaître comme une libération. Pourtant, passer notre vie dans cet espace signifie renoncer en partie à ce qui fait de nous des êtres humains[20].

* * *

Les interactions sociales sont importantes, et j'ai tenté dans ce chapitre d'en expliquer la raison. Les sociologues parlent de « confiance », les économistes de « capital social », les sociobiologistes « d'altruisme réciproque » et les théoriciens politiques de « société civile ». Ces termes sont différents, mais impliquent tous que la vie sociale ne peut se réduire à une série d'échanges marchands. Nous avons besoin d'alliances aussi bien que de contrats ; de sens aussi bien que de clauses juridiques ; de loyauté, et pas uniquement d'associations temporaires en vue d'un profit mutuel. Ces aspects fondamentaux de la vie sont au cœur de ce que nous sommes. Ce sont des « signes de transcendance » au sein d'un monde au rythme effréné.

Pour que la vie ait un sens, il doit se trouver des personnes qui comptent pour nous et pour qui nous comptons, de manière inconditionnelle et non substituable. Demandez à quelqu'un de vous dire ce qui le rend le plus heureux ; il est peu probable qu'il mentionne sa nouvelle voiture, ses dernières vacances ou son nouveau jean de marque. Il répondra sans doute : mon époux/épouse, mes enfants, ma réputation, mes amis. Faute de quoi, la notion même de bonheur nous échapperait ; nous ne saurions plus ce que signifie une vie bien vécue, une vie consacrée à quelque chose de plus grand que nous-mêmes. Pourtant, le déclin de ces valeurs est tangible. En une seule génération, malgré la croissance économique et les progrès technologiques, on a vu monter en flèche la fréquence des maladies dépressives, les syndromes liés au stress, les tentatives de suicide, et l'abus d'alcool et de drogues. Ce ne sont évidemment pas des symptômes de bien-être, et ils nous rappellent ce que tant de choses dans le monde d'aujourd'hui cherchent à nous faire oublier : nous ne sommes pas au service des systèmes économiques. Ce sont eux qui le sont.

La société de consommation nous a dotés de la liberté de choisir : que faire, où aller, comment vivre et avec qui. Mais cette liberté nous a simultanément privés de ce qui, autrefois, donnait stabilité et dignité à la vie. Les mariages sont devenus fragiles. Les lieux de culte se vident. Les associations bénévoles sont plus fragmentées et éphémères. Il est devenu difficile de trouver des réseaux de soutien au moment où l'on en a le plus besoin. Il devient même difficile de justifier nos actions. Les politiciens nous estiment pour notre vote, les publicistes pour ce que nous achetons, mais qui nous estime pour ce que nous sommes ? Quand les contrats remplacent les alliances et que les moyens remplacent les fins, nous jouissons d'une liberté dénuée de sens, ce qui est certes agréable, mais pas nécessairement plus épanouissant qu'un sens dénué de liberté.

Il est vrai que le problème ne se pose pas de la même façon partout dans le monde. Dans certaines sociétés, plus particulièrement dans les démocraties occidentales, l'individualisme est peut-être allé trop loin. Dans d'autres, celles qui ne se sont pas encore démocratisées ou qui ne le sont que depuis peu, il n'est peut-être pas encore allé assez loin. La centralisation excessive fait obstacle à la croissance des sociétés civiles, autant que la commercialisation excessive les corrode[21]. Le juste équilibre est précaire et difficile à maintenir. Pourtant, la participation de la société civile est vitale, d'une part pour réussir la transition des sociétés totalitaires et des économies centralisées vers le capitalisme démocratique, et d'autre part pour le maintien de la démocratie libérale elle-même. Faute d'interactions régulières avec autrui sur le long terme, nous ne pouvons acquérir les habitudes de coopération qui établissent les relations de confiance dont dépendent l'économie et la politique d'une société libre.

L'un des rôles traditionnels de la religion est de préserver un espace, à la fois physique et métaphysique, à l'abri des pressions du marché. Lorsque nous nous présentons devant Dieu, nous le faisons indépendamment de ce que nous gagnons, de ce que nous possédons, de ce que nous achetons et de ce que nous pouvons nous permettre financièrement. Nous le faisons comme des êtres d'une valeur intrinsèque et non transactionnelle, parce qu'une force au cœur de notre être nous a appelés à l'existence et nous a enjoint d'ajouter notre part de bonté à ce monde. La force des grandes religions réside en ce qu'elles ne sont pas de simples systèmes philosophiques, des vérités abstraites enchaînées en séquences strictement logiques. Ce sont des vérités incarnées, matérialisées avec intensité dans la vie, les foyers, les congrégations, les rituels, les récits, les chants et les prières – au sein de communautés d'alliance dont la force réside justement dans le fait qu'elles ne sont pas soumises aux forces économiques. Elles estiment les individus pour ce qu'ils sont ; elles estiment les actions fondées sur les idéaux qui les ont fait naître ; elles préservent les relations en les imprégnant du charisme de l'éternité, concrétisée dans l'ici et le maintenant. Roger Scruton le formule ainsi :

> La foi exalte le cœur de l'homme en le soustrayant au marché, en le rendant sacré et insubstituable. Sous la juridiction de la religion, nos sentiments les plus profonds sont sacralisés, de sorte à devenir la matière première d'une vie éthique : une vie de constante évaluation morale de soi. Lorsque la foi décline, cependant, le sacré n'est plus à l'abri des maraudeurs ; le cœur peut être capturé et mis en vente[22].

Il y a eu et il y a encore des religions opposées par principe à l'économie de marché. Le judaïsme, comme j'ai tenté de l'expliquer, n'en fait pas partie. Il encourage l'économie libre parce qu'elle favorise la liberté, stimule la créativité et libère progressivement l'homme de la cruauté aveugle de la nature – pauvreté, famine, dur labeur et maladie. Le monde que nous avons créé est matériellement meilleur que celui que nos ancêtres ont connu. Nous vivons plus longtemps, nous voyageons plus loin, nous passons moins de temps en tâches routinières. Le judaïsme n'est pas nostalgique de la simplicité pré-technologique d'un passé mythique, d'un paradis perdu, d'un Éden remémoré avec nostalgie. Cependant, même le judaïsme qui est une religion axée sur ce monde, souligne les limites de ce dernier. Il y a des moments et des lieux – le Chabbat, les fêtes, les prières quotidiennes, le foyer, l'école et la maison d'étude, au sein desquels l'économie de marché et ses chants de sirène ne peuvent pénétrer. Ce que George Soros appelle le « fondamentalisme du marché » est une forme d'idolâtrie – doter un objet fait de main d'homme d'une valeur transcendantale. Le marché est un moyen, non une fin.

Je suis heureux de constater que la Banque mondiale, sous la direction de James Wolfensohn, a entamé un dialogue avec des chefs religieux, en vue d'orienter le développement économique vers le respect et la préservation des communautés locales, de leurs traditions et institutions. J'ai montré que la dignité humaine n'est pas le seul enjeu. C'est également une question de saine économie. Il ne suffit pas de construire des usines, des systèmes de transport et des réseaux informatiques, si ce faisant, on détruit des communautés et les liens subtils qui unissent leurs membres. Si la coopération sans concurrence est boiteuse, la concurrence sans coopération est aveugle. Ceux qui fabriquent et vendent, travaillent et consomment, sont des *personnes* ; créer un environnement, qui respecte les personnes et favorise le respect mutuel, est essentiel à ce que Samuel Brittan appelle le « capitalisme à visage humain[23] ».

Chapitre 9

La conservation : la durabilité environnementale

Je crois que nous n'avons guère de chance d'éviter une catastrophe environnementale, à moins de reconnaître que nous ne sommes pas maîtres de l'Être, mais seulement une partie de l'Être [...]. Nous devons reconnaître que nous sommes reliés à davantage que l'ici et le maintenant : nous sommes reliés au monde entier et pour l'éternité. Nous devons reconnaître que si nous ne parvenons pas à refléter les intérêts universels, supra-individuels et supra-temporels, nous desservons nos intérêts spécifiques, locaux et immédiats. Seuls les hommes pleinement responsables de l'état physique et moral du monde, sont pleinement responsables de leur propre état physique et moral.

(Vaclav Havel, *L'art de l'impossible*)

Les statues de pierre monumentales de l'île de Pâques sont un rappel inquiétant de la capacité des hommes à détruire les ressources écologiques dont ils ont besoin pour survivre. L'île de Pâques, dans l'océan Pacifique, à plus de 3500 kilomètres du Chili, est l'un des endroits les plus reculés de la planète. Lorsque l'explorateur hollandais Jakob Roggeveen y débarqua en 1722, il trouva près d'un millier de statues, dont certaines pesaient jusqu'à 85 tonnes et mesuraient jusqu'à 12 mètres de haut. Taillées dans des carrières volcaniques, plus de 300 statues avaient été transportées sur des kilomètres et érigées sur des socles par les habitants de l'île, qui n'avaient pourtant ni métal, ni roues, ni aucune autre source d'énergie que la leur. Des centaines d'autres statues gisaient inachevées dans les carrières ou abandonnées avant d'arriver à destination. L'énigme des statues de l'île de Pâques demeura insoluble jusqu'à récemment.

Au vingtième siècle, Thor Heyerdal, entre autres, reconstitua progressivement leur histoire. Quand les Polynésiens s'établirent dans l'île au quatrième ou cinquième siècle, elle était couverte de forêts denses. Peu à peu, ils coupèrent les arbres. Certains leur servirent de cylindres pour le transport des statues. D'autres furent abattus, afin de créer des espaces cultivables et construire des canoés pour la pêche. L'île finit par être complètement déboisée. Les statues, désormais intransportables, furent abandonnées. Le sol s'éroda et ne produisit plus que de médiocres récoltes. Il n'y avait plus de bois pour la construction de canoés, si bien que les habitants pêchèrent moins et les protéines manquèrent à leur régime alimentaire. L'économie s'effondra progressivement. Les habitants se divisèrent en clans et se firent la guerre. Bientôt, toute l'île devint un champ de bataille jonché de fers de lance. Les groupes rivaux saccagèrent réciproquement leurs statues. Les captifs furent mangés ou mis en esclavage. L'île, qui comptait auparavant 7000 habitants, fut réduite au tiers de sa population dont une grande part vivait cachée dans des grottes. L'île de Pâques est un avertissement du sort qui attend notre planète, si nous continuons à en consommer les ressources et à détruire les habitats au rythme actuel[1].

L'intervention humaine dans l'ordre naturel est marquée par des destructions à grande échelle. En un millénaire, les premiers habitants d'Amérique voyagèrent du nord de l'Arctique jusqu'à l'extrême sud de la Patagonie, traversant deux continents et exterminant, sur leur passage, la plupart des grands mammifères d'alors – mammouths, mastodontes, tapirs, chameaux, lions, guépards et ours. Quand les premiers colons britanniques arrivèrent en Nouvelle-Zélande, au début du dix-neuvième siècle, ils n'y trouvèrent que des chauves-souris. Ils découvrirent, cependant, les traces d'un grand oiseau ressemblant à une autruche que les Maoris appelaient « moa ». Plus tard, on découvrit les squelettes d'une douzaine d'espèces de ce même animal, mesurant d'un à trois mètres de hauteur, ainsi que de quelque 28 autres espèces, dont des canards inaptes au vol, foulques, oies, pélicans, cygnes, corbeaux et aigles. Les animaux qui n'avaient jamais connu les prédateurs humains étaient une proie facile pour les Maoris, qui trouvèrent ainsi aisément une source de nourriture. Le même scénario se répéta presque partout où les hommes posèrent le pied.

Ce qui a changé depuis, c'est bien sûr le rythme et l'ampleur de la destruction de l'environnement, provoquée par l'industrialisation, la pollution et l'abattage des forêts tropicales. Aujourd'hui, 1666 sur les 9000 espèces aviaires sont en péril ou en danger imminent d'extinction. Si les tendances actuelles se poursuivent, la moitié des 30 millions d'espèces animales et végétales disparaîtra au cours du siècle prochain. Cet appauvrissement est en partie dû à la surchasse, par exemple, celle des éléphants et rhinocéros africains, abattus pour leurs défenses et leurs cornes. Elle est aussi en partie due à l'introduction, dans certaines zones, de nouvelles espèces qui tuent ou infectent la faune existante, ou encore à la transmission de parasites tels que les champignons responsables de la graphiose de l'orme. La destruction des habitats, causée par exemple par le drainage des marécages, perturbe l'équilibre écologique dont dépendent de nombreuses formes de vie. L'Équateur, Madagascar et les Philippines ont déjà perdu au moins deux tiers de leurs forêts tropicales qui comptent parmi les plus riches habitats de la vie animale et végétale. Plus grave encore est la pression exercée sur l'environnement par la croissance de la population humaine qui, passée d'un demi-milliard en 1600 à six milliards aujourd'hui, continue à augmenter. Jared Diamond ne mâche pas ses mots :

> L'exploitation d'une grande partie de la production de la Terre, l'extermination des espèces et les dommages écologiques s'accélèrent à un rythme qui ne sera pas soutenable pendant plus d'un siècle. En regardant autour de nous, nous pourrions objecter qu'aucun signe manifeste n'indique que notre histoire atteindra très bientôt son point de non-retour. En fait, à y regarder de plus près, les signes en sont évidents. La famine, la pollution et les technologies destructrices s'accroissent ; les terres agricoles cultivables, les réserves alimentaires de la mer et autres produits naturels, ainsi que la capacité environnementale à absorber les déchets, diminuent. Étant donné que nous sommes de plus en plus nombreux à nous disputer des ressources de plus en plus réduites, quelque chose doit céder la place[2].

* * *

Dans nul autre domaine de l'actualité, la prise de conscience du public n'a pris une tonalité aussi religieuse. Et à juste titre, car c'est là que nous nous retrouvons face aux questions fondamentales quant à notre place dans l'univers et à notre responsabilité envers lui : responsabilité face au potentiel destructeur de l'intervention humaine d'une part, et responsabilité face à la beauté admirable de tant de formes de vie aujourd'hui menacées, d'autre part. D'anciennes idées païennes resurgissent, notamment « l'hypothèse Gaïa » de James Lovelock, selon laquelle la terre est un système autorégulé, comparable à un organisme vivant. (Gaïa était la déesse grecque de la terre, dont le nom a été suggéré à Lovelock par le romancier William Golding.)[3] Il n'est pas certain, cependant, que le culte de la terre soit le meilleur moyen de tracer une voie vers l'avenir. Les adorateurs de la terre détruisirent autant de formes de vie que les autres et, ainsi que le philosophe John Passmore le souligne[4], le remède pourrait être pire que le mal. L'abandon de la technologie n'améliorerait pas le bien-être des hommes, bien au contraire : il le réduirait considérablement, aujourd'hui et demain. Plus important encore, il compromettrait notre capacité à exploiter la nature autant qu'à la préserver. Ce qu'il faut, ce n'est pas renoncer à la science, mais avoir une vision plus large de ses effets.

Passmore pense que la Bible hébraïque est une source essentielle de la conscience écologique. Rares sont les textes qui exercèrent une aussi profonde influence sur la civilisation occidentale que le premier chapitre de la Genèse et sa description spectaculaire de la création de l'univers par Dieu qui ordonne à l'homme, Sa dernière et suprême création, de dominer la nature : « Croissez et multipliez ! Remplissez la terre et soumettez-la ! » Nous sommes admiratifs, particulièrement dans le Psaume 8, devant l'homme, si petit et vulnérable, et pourtant unique dans sa capacité à façonner l'environnement :

> Lorsque je contemple Tes cieux, œuvre de Ta main, la lune et les étoiles que Tu as formées [...]. Qu'est-ce donc l'homme, pour que Tu penses à lui ? Le fils d'Adam, pour que Tu le protèges ? Pourtant Tu l'as fait presque l'égal des êtres divins ; Tu l'as couronné de gloire et de magnificence ! (Psaumes 8, 4-6)

C'est là que le sociologue Max Weber, au dix-neuvième siècle, situa les racines du rationalisme occidental, et le « désenchantement » ou la démythification de la nature. Pour la première fois, Dieu n'est plus identifié aux forces de la nature, mais les transcende. L'univers, dépouillé de ses strates mythiques, n'est plus la résidence de dieux mystérieux, capricieux et insondables, mais un espace où les hommes peuvent agir et exercer un contrôle rationnel. Sans cette « sécularisation » du monde, dit Weber, l'aventure scientifique n'aurait jamais commencé.

Le premier chapitre de la Genèse, cependant, n'est qu'une partie de la complexe équation biblique. Il est contrebalancé par un récit au ton très différent dans le deuxième chapitre de la Genèse, où le premier homme est établi dans le jardin d'Éden « pour le cultiver et s'en occuper ». Les deux verbes hébreux employés ici sont significatifs. Le premier, *le'ovda,* signifie littéralement « pour la servir ». L'homme est donc maître et serviteur de la nature. Le second, *lechomra,* signifie « pour la garder ». C'est le verbe employé dans la législation biblique ultérieure, pour décrire les responsabilités du gardien d'une propriété qui ne lui appartient pas. Il doit la protéger avec vigilance, et il est tenu pour responsable des pertes dues à sa négligence. Selon la Bible, cette définition est peut-être la meilleure et la plus concise, concernant la responsabilité de l'homme envers la nature.

Nous ne possédons pas la nature : « À l'Éternel appartient la terre et ce qu'elle renferme » (Psaumes 24, 1). Nous en sommes les dépositaires au nom de Dieu qui l'a créée et la possède, 'et nous devons la préserver pour le bien des générations futures.' C'est pour cette raison d'ailleurs qu'en 1995, j'ai rejoint 200 autres signataires du monde religieux contre l'octroi de brevets sur les gènes, les organes, les tissus et les organismes animaux et humains. Les formes de vie ne sont pas des inventions, ce sont des découvertes. Elles n'appartiennent pas aux scientifiques ni aux entreprises biochimiques ; elles appartiennent à tous et à personne : elles sont un prêt que Dieu nous a accordé pour que nous prenions soin d'elles.

Non seulement nous ne possédons pas la nature, mais nous avons aussi le devoir de respecter son intégrité. Samson Raphaël Hirsch, commentateur du milieu du dix-neuvième siècle, exprime bien cette idée dans une interprétation originale d'un verset du premier chapitre de la Genèse : « Faisons l'homme à notre image et à notre ressemblance. » Ce passage a toujours été déconcertant, car à ce moment-là, avant la création de l'homme, Dieu était seul. D'après Hirsch, la première personne du pluriel, *« nous »*, renvoie au reste de la création. Étant donné que seul l'homme acquerrait la capacité d'agir sur la nature, et éventuellement de lui nuire, la nature elle-même fut consultée pour savoir si elle consentait à la création d'un tel être.

La condition implicite était que l'homme n'exploiterait la nature que dans le respect des desseins de son Créateur. Sa mission n'était donc pas technique, mais morale, et limitée par l'exigence de protéger et préserver la nature. En fait, le récit bien connu des chapitres 2 et 3 de la Genèse – la consommation du fruit défendu et l'expulsion de l'homme hors du Jardin d'Éden – semble justement mettre l'accent sur ce point. Tout n'est pas permis. Il y a des limites à ce que nous avons le droit de faire et, si nous les transgressons, nous ouvrons la porte au malheur : « Car poussière tu fus, et poussière tu redeviendras » (Genèse 3, 19).

Des écologistes ont parfois affirmé que le premier chapitre de la Genèse est à l'origine du mépris des Occidentaux envers la nature, qu'ils considèrent, à l'instar de Bacon et Descartes, comme inerte, malléable et façonnable au gré des choix et des desseins des hommes. Passmore a réfuté cette idée si efficacement, qu'il n'y a guère à ajouter à son commentaire : « C'est sous l'influence grecque que les penseurs du dix-septième siècle et leurs successeurs furent amenés à penser que la nature n'est rien d'autre qu'un ensemble de ressources que l'homme pouvait exploiter, sans que son intervention sur la nature ne fût sujette à aucune censure morale[5]. » En fait, le premier chapitre de la Genèse met en relief une vision de la nature non centrée sur l'homme, mais sur Dieu. Certes, l'humanité, avec sa capacité de choix moral, est au centre de ses préoccupations. Mais Maïmonide nous met en garde contre une vision anthropocentrique de la réalité. « Il ne faut point croire que tous les êtres existent en faveur de l'homme, et au contraire, tous les autres êtres (ont été créés) également en vue d'eux-mêmes, et non pas en faveur d'autre chose[6]. » Cette idée est omniprésente de façon implicite dans la littérature prophétique, ainsi que dans les grands Psaumes évoquant la Création :

> Tu fais jaillir des sources dans les vallées, elles poursuivent leur cours entre les montagnes. Elles abreuvent toutes les bêtes des champs, les onagres y étanchent leur soif. Sur leurs bords, les oiseaux du ciel font leur demeure ; d'entre la feuillée ils

élèvent leur ramage. Du haut de Ta résidence, Tu arroses les montagnes, la terre est nourrie du fruit de Tes œuvres. Tu fais croître l'herbe pour les animaux domestiques, des plantes pour l'usage de l'homme. (Psaumes 104, 10-14)

La Création est le chef- d'œuvre de Dieu et, en tant que tel, a sa propre dignité. Bien que nous ayons reçu l'ordre de l'exploiter, nous n'avons aucun droit de la détruire ni de la piller.

* * *

Bien qu'il puisse paraître hasardeux d'appliquer les préoccupations du vingt et unième siècle à des textes aussi anciens, il ne fait guère de doute que la législation biblique se soucie de ce que nous appelons aujourd'hui la « durabilité ». C'est particulièrement vrai des trois grands Commandements concernant les périodes de repos : le Chabbat, l'année de Chemita et le Jubilé. Pendant le Chabbat, tous les travaux agricoles sont interdits « afin que ton bœuf et ton âne se reposent » (Exode 23, 12). C'est un jour qui impose une limite à notre intervention sur la nature et à la poursuite des activités économiques. Nous prenons conscience que nous sommes des créatures, non des créateurs. La terre ne nous appartient pas ; elle appartient à Dieu. Pendant six jours, elle nous est confiée, mais le septième jour, nous abdiquons symboliquement ce pouvoir. Nous n'accomplissons aucun « travail », c'est-à-dire aucun acte qui altère l'état des choses à des fins humaines. Le Chabbat est un rappel hebdomadaire de l'intégrité de la nature et des limites de nos ambitions.

Le Chabbat est un repos pour les hommes et les animaux ; l'année de Chemita et le Jubilé sont un repos pour la terre. La terre aussi y a droit. La Bible prévient les Israélites : s'ils ne respectent pas ce repos, ils seront exilés : « Alors la terre acquittera la dette de ses chômages, tandis qu'elle restera désolée et que vous vivrez dans le pays de vos ennemis ; alors la terre chômera et vous fera payer ses chômages » (Lévitique 26, 34). Deux préoccupations apparaissent en filigrane. L'une est environnementale. Maïmonide souligne qu'une terre surexploitée finira par s'éroder et perdra de sa fertilité. Il est donc ordonné aux Israélites de préserver la terre en la laissant en jachère périodiquement, et de ne pas rechercher des profits à court terme au prix d'une stérilité à long terme. L'autre, non moins importante, est théologique : « La terre, dit Dieu, est à Moi, car vous n'êtes que des étrangers domiciliés chez Moi » (Lévitique 25, 23). Nous sommes des invités sur cette terre.

* * *

Un autre ensemble de Commandements interdit l'interférence avec la nature. La Bible interdit de croiser le bétail, d'ensemencer un champ avec un mélange de graines, et de porter des vêtements tissés d'un mélange de laine et de lin. Ces lois sont appelées *'houkim* ou « statuts ». Selon Nahmanide, érudit du treizième siècle, ce terme désignait les lois ordonnant de respecter l'intégrité de la nature. Mélanger différentes espèces, disait-il, revenait à se présumer capable d'améliorer l'ordre de la création ; c'était donc offenser le Créateur. Chaque espèce a ses propres lois internes de développement et de reproduction. Par conséquent, elles ne doivent pas être altérées : « Celui qui mélange deux espèces différentes modifie et défie l'œuvre de la création, comme s'il croyait que le Saint Béni soit-Il avait créé un monde imparfait qu'il était nécessaire d'améliorer en ajoutant de nouveaux types de créatures. » Le Deutéronome comporte aussi une loi interdisant d'enlever un jeune oiseau à sa mère. D'après Nahmanide, cette loi recouvre la même préoccupation, à savoir protéger les espèces. Bien que la Bible nous permette de manger certains animaux, il ne faut pas les éliminer jusqu'à extinction.

Toutefois, c'est Samson Raphaël Hirsch qui, au dix-neuvième siècle, donna l'interprétation la plus percutante de la loi biblique. Les statuts en matière de protection de l'environnement, dit-il, répondent au principe suivant : « Vous porterez sur toutes les créatures inférieures, sur la terre qui porte et soutient tout, sur le monde des plantes et des animaux, le même regard que vous portez sur l'homme. » Ces statuts représentent une sorte de justice sociale appliquée au monde de la nature : « Ils vous demandent de considérer toute chose vivante comme la propriété de Dieu. N'en détruisez aucune ; n'en maltraitez aucune ; ne gaspillez rien ; utilisez toute chose avec sagesse [...]. Considérez toutes les créatures comme des serviteurs dans la maison de la création[7]. »

Vers la même époque que Hirsch, un Juif britannique, Lewis Gompertz (1779-1861) introduisit le concept des droits des animaux, pour lesquels il milita jusqu'à fonder l'organisation connue aujourd'hui sous le nom de « Royal Society for the Prevention of Cruelty to Animals » (Société Royale pour la Prévention de la Cruauté envers les Animaux). Le philosophe Peter Singer, qui s'est consacré corps et âme à cette cause à notre époque, raconte sa surprise quand, étudiant à la British Library, il tomba sur des ouvrages de Gompertz et découvrit que ce dernier « avait exposé des idées similaires [aux siennes] 150 ans plus tôt ». Dans son essai, *Enquêtes morales sur la situation de l'homme et des brutes* (1824), Gompertz attend avec impatience le temps où :

> [...] l'homme, devenant alors véritablement religieux, se glorifiera de superviser les œuvres que son Créateur lui a confiées : en serviteur fidèle, il ne refusera pas sa protection à ce qu'il considère aujourd'hui comme le plus cruel des reptiles ; il le reconnaîtra comme son frère, semblable à lui dans sa construction et créé avec le même soin par l'Être Suprême[8].

* * *

Je ne me propose pas ici d'exposer en détail la législation juive en matière d'environnement, législation dont la tradition se perpétue depuis les temps bibliques. Tous ne s'accordent pas avec Nahmanide et Hirsch pour dire que toute intervention dans l'ordre naturel est interdite. Certains pensent que la création a été laissée délibérément incomplète, afin que les hommes puissent contribuer « au perfectionnement du monde sous la souveraineté de Dieu ». C'est pourquoi, par exemple, la loi juive ne s'oppose pas à la fécondation *in vitro* ou, avec les garanties nécessaires, à la recherche sur les cellules souches. La nature n'est pas sacro-sainte. Si elle l'était, nous devrions respecter les virus, les maladies génétiques et « les milliers de plaies dont cette chair souffre[9]. » Certaines autorités rabbiniques, adeptes de Nahmanide, interdisent les organismes génétiquement modifiés ; d'autres les autorisent s'ils ont été testés de manière adéquate, et permettent de soulager la faim et le besoin. Tous, cependant, s'accordent à reconnaître que nous sommes chargés de protéger et préserver les ressources mondiales au profit des générations futures. Une histoire talmudique à propos de l'un des Sages d'Israël des premiers temps rabbiniques, 'Honi le traceur de cercles, illustre à merveille ce propos :

> Un jour, alors que 'Honi était en voyage, il vit un homme en train de planter un caroubier. Il lui demanda : « Combien de temps faut-il à un caroubier pour donner des fruits ? » L'homme répondit : « Soixante-dix ans. » 'Honi demanda : « Es-tu sûr de vivre encore soixante-dix ans ? » L'homme répondit : « Je n'ai pas planté les caroubiers que j'ai trouvés dans le monde. Mes ancêtres les ont plantés pour moi, alors moi aussi, je les plante pour mes enfants[10]. »

Élaborer une éthique environnementale, en termes strictement séculiers, s'avère être une entreprise étonnamment difficile. En vertu de quoi avons-nous des « devoirs envers la nature », étant donné que la nature ne se connaît de devoirs ni envers elle-même ni envers nous et que, par conséquent, les obligations morales, telles que contrat ou réciprocité, ne peuvent s'appliquer à la nature ? En quoi avons-nous des devoirs envers les générations futures qui ne sont incontestablement pas dotées d'une personnalité morale, vu qu'elles ne sont pas encore nées ? Sur quelle base rationnelle devons-nous prendre en compte de futures pertes en biodiversité, au détriment d'un bénéfice présent ?

Dans leurs prises de décisions, quels sont les facteurs que doivent considérer les gouvernements de pays pauvres qui ont besoin de la déforestation pour disposer d'espaces cultivables et nourrir les populations affamées ? Compte tenu de l'impact mondial des politiques locales, les nations les plus riches sont-elles obligées de dédommager les autres pour leur autolimitation en matière d'environnement ? Et qu'est-ce qui persuadera les citoyens de ces nations riches de renoncer à des habitudes de consommation énergivores ? Sur quelle base logique, demande Hans Jonas, avons-nous même la responsabilité morale de garantir un monde habitable aux générations futures[11] ?

La force de l'imagination religieuse n'est pas qu'elle détient des réponses faciles à des questions ardues, mais qu'elle fournit un cadre de pensée à des questions aussi vastes et difficilement solubles. Il est plus facile de comprendre les contraintes morales d'une action, si nous avons la conviction qu'il y a quelqu'un devant qui nous devons rendre des comptes, que nous ne sommes pas propriétaires de la planète et que nous sommes unis par une alliance avec nos successeurs. Comme le planteur du caroubier, nous agissons pour léguer à nos descendants un monde dont ils pourront profiter, comme nous l'avons fait avant eux. Hilary Putnam souligne que « l'image morale », une représentation qui permet de comprendre l'éthique dans son ensemble, est tout aussi importante en matière d'éthique que les concepts abstraits tels que les droits et les devoirs[12]. C'est de cette « image morale » dont nous avons besoin aujourd'hui. La plus simple, et certainement la plus apte à nous faire comprendre nos responsabilités écologiques, est de voir la terre comme appartenant à la source de l'être, et nous considérer comme ses dépositaires, chargés de la préserver et, si possible, de l'embellir au profit de nos futurs descendants.

Et ce n'est pas tout. Comme je l'ai souligné dans un chapitre précédent, les religions ne sont pas des systèmes philosophiques. Ce sont des vérités incarnées, concrétisées dans la vie des communautés. C'est une chose d'avoir une conception abstraite de la responsabilité écologique, mais c'en est une autre de célébrer le Chabbat toutes les semaines et de renoncer à notre maîtrise de la nature un jour sur sept.

C'en est une autre également de réciter une bénédiction, comme le font les Juifs, sur tout ce que nous mangeons et buvons pour nous rappeler que Dieu est le propriétaire du monde. La prière, le rituel et le récit sont des manières de façonner ce que Tocqueville appelle les « habitudes du cœur ». Ces pratiques forgent le caractère, créent des dispositions comportementales et nous enseignent l'autodiscipline. Roger Scruton fit une observation frappante en relation avec l'ESB ou « maladie de la vache folle » et l'interdiction biblique de « cuire le chevreau dans le lait de sa mère ».

> La loi juive, qui interdit de cuire un jeune animal dans le lait de sa mère, peut paraître déraisonnable, si elle est perçue du point de vue d'un utilitarisme pur et dur. Mais notre disposition à faire preuve de retenue face au mystère de la nature, à renoncer à notre présomption de maîtrise et à respecter le processus par lequel la vie est faite, devrait certainement nous inciter à approuver une telle interdiction. Et ces mêmes sentiments, si nous leur avions permis de prévaloir, nous auraient fait hésiter avant de donner à manger aux vaches des cadavres de leur propre espèce ou d'autres espèces, alors qu'elles vivent et s'épanouissent dans les pâturages[13].

Nous devons cultiver nos penchants naturels à la prudence, de sorte à nous abstenir d'adopter des modèles de production et de consommation qui menacent l'avenir de la planète.

Toutes les grandes religions témoignent du respect de la nature[14] et constituent ainsi un important contrepoids à l'indifférence confinant à l'arrogance, qui est l'un des legs les plus déplaisants du Siècle des Lumières. L'une des principales convictions de la modernité était que la science et la technologie nous ouvriraient l'accès aux richesses naturelles et conduiraient à un progrès sans fin vers une abondance illimitée. Pour reprendre les mots de Christopher Lasch, « l'optimisme progressiste repose, au fond, sur un déni des limites naturelles du pouvoir et de la liberté des hommes, et ne survivra pas très longtemps dans un monde où la prise de conscience de ces limites est devenue inéluctable[15] ».

Les civilisations, à l'apogée de leur puissance, eurent du mal à garder le sens des limites. Chacune à son tour fut séduite par l'idée qu'elle seule était à l'abri des lois de l'ascension et du déclin, qu'elle pouvait rechercher le bénéfice présent et indéfiniment consommer les ressources, sans se soucier de leur futur épuisement. Il est très probable que cet état d'esprit s'empare de nous, lorsque nous cessons de nous émerveiller face à la notion d'infini. « Mais à mesure que les lumières de la foi s'obscurcissent, la vue de l'homme se resserre » écrivit Alexis de Tocqueville. « Quand ils [les hommes] se sont une fois accoutumés à ne plus s'occuper de ce qui doit arriver après leur vie, on les voit retomber aisément dans cette indifférence complète et brutale de l'avenir qui n'est que trop conforme à certains instincts de l'espèce humaine[16]. » Les grandes religions enseignent une sagesse tout autre : *le respect* face à la création, *la responsabilité* envers les générations futures et *la retenue,* dans la mesure où pouvoir faire quelque chose ne signifie pas que nous devons le faire.

Chaque civilisation technologique est confrontée à deux dangers contradictoires. L'un est l'hubris, qui dit : « Nous disposons de pouvoirs quasi divins, prenons donc la place de Dieu. » L'autre est la peur, qui dit : « Au nom de Dieu, ne faisons pas usage de ces pouvoirs quasi divins. » Or, ces deux propositions sont fausses. Chaque avancée technologique entraîne la possibilité d'amoindrir ou de renforcer la dignité humaine. Ce qui importe est l'usage que nous en faisons. Et cet usage émane de l'alliance avec Dieu : honorer Son image qu'est l'homme. À la fin de son ouvrage *L'unité du savoir,* E.O. Wilson tire cette sombre conclusion :

> Nous apprenons le principe fondamental selon lequel l'éthique est tout [...]. Nous sommes des adultes qui ont découvert quelles sont les alliances nécessaires à notre survie, et nous avons accepté la nécessité de les sceller par un serment sacré [...]. Si nous devions abandonner notre nature génétique à

> une ratiocination assistée par la machine, et notre éthique, notre art, notre signification même à une habitude de discourir négligemment au nom du progrès, nous imaginant les égaux de Dieu et déchargés de notre ancien héritage, nous ne serions plus rien[17].

Ou, comme un ancien commentaire rabbinique l'exprime : « Quand Dieu eut fini de créer l'univers, il dit au premier homme : «Contemple Mes œuvres, vois comme elles sont belles, comme elles sont excellentes. Tout ce que J'ai créé, Je l'ai créé pour toi. Garde-toi de détruire Mon monde, car si tu le fais, il ne restera personne pour réparer ce que tu as détruit[18]. »

* * *

L'environnement naturel est à la fois un exemple et une métaphore du thème qui relie les divers arguments de cet ouvrage : la dignité de la différence. En d'autres termes, c'est prendre conscience que ce qui, dans notre monde, est à la fois le plus précieux et le plus menacé, c'est la diversité elle-même. En un sens, c'est une découverte relativement récente. Nous sommes conscients, plus que les générations précédentes, que notre existence dépend de la présence d'autres espèces, qui produisent les aliments que nous mangeons et l'oxygène que nous respirons, qui absorbent le dioxyde de carbone que nous exhalons, qui fertilisent le sol et fournissent les matières premières dont nous avons besoin. Ces espèces à leur tour dépendent d'autres espèces, dont certaines pourront peut-être, de manière encore inconnue, s'avérer contenir des antibiotiques ou autres agents médicinaux d'une importance vitale : déjà aujourd'hui, 40% des médicaments utilisés contiennent des substances extraites de plantes, de champignons, d'animaux ou de micro-organismes. Nous commençons à comprendre la complexité et l'interdépendance des biosystèmes et à prendre conscience de la gravité des conséquences de la destruction des espèces ou des habitats. Il est impératif de protéger la diversité.

Ce qui s'applique à la nature s'applique également à la culture. J'ai soutenu que le marché libre doit son existence à la différence. La théorie des avantages comparatifs de Ricardo nous apprend que chacun de nous est à même de contribuer au bien commun, et que nous avons chacun à gagner des qualités et des compétences des autres. C'est le cas de tous les échanges commerciaux, et nous avons donc toutes les raisons de croire que la seule croissance du commerce international, entraînée par la mondialisation, est fondamentalement bénéfique. Aucun autre système, depuis l'aube de la civilisation, n'a offert de perspectives aussi concrètes pour soulager un nombre croissant de personnes de la souffrance, de la pauvreté, de l'ignorance et de la maladie.

Pourtant, à bien des égards, les protestataires ont raison. La répartition des profits, tant au sein des pays qu'entre eux, participe à l'exclusion permanente de larges groupes, dont beaucoup sont moins bien lotis aujourd'hui qu'ils ne l'étaient il y a une génération. Les effets déstabilisants du marché moderne et la rapidité des changements ont suscité un sentiment d'insécurité aggravé par l'érosion de l'écologie sociale, qui fournissait autrefois aux hommes des réseaux de soutien et des cadres éthiques. Il ne s'agit pas de problèmes mineurs. Ils touchent au cœur même du projet humain : construire une société de justice, de bonté collective et d'accès équitable aux prérequis de la dignité.

J'ai proposé un ensemble simple d'idées, susceptibles de nous guider à travers la tourmente qui nous attend. Le *contrôle* signifie assumer ses responsabilités, et refuser l'inéluctabilité des évolutions économiques et politiques. La *contribution* signifie que l'économie comporte une dimension morale. Les publicistes trompeurs, les producteurs qui ferment les yeux sur les conditions de travail inhumaines et les salaires de misère, les bénéficiaires du système qui ne partagent pas leur temps et leurs avantages avec les autres, ont un comportement inacceptable, et ce, que leurs actions soient légales ou non. La *compassion* signifie que les pays développés doivent prendre au sérieux leurs obligations envers les déshérités de ce monde, protéger leur indépendance, et leur donner les moyens d'échapper à la pauvreté. La *créativité* nous suggère que la meilleure façon (mais non la seule) d'y parvenir est d'investir dans l'éducation. La *coopération* nous dit que les marchés ne survivent pas de par la seule concurrence. Ils nécessitent des vertus et ce que j'ai appelé des relations d'alliance, sans lesquelles, comme le démontre le dilemme du prisonnier, l'intérêt personnel n'aboutira pas au bien collectif. La *conservation* nous rappelle nos devoirs envers la nature et l'avenir, à défaut desquels le rythme de la croissance économique ne sera qu'une mesure de la vitesse à laquelle nous nous rapprochons de l'abîme.

Ce cadre moral ne cherche pas à minimiser l'extrême complexité des décisions que les gouvernements, les entreprises et les individus auront à prendre. Mais invoquer la complexité est parfois un prétexte pour en ignorer la dimension morale ; et si nous l'ignorons, nous courons à notre perte. La liberté appelle la retenue. Il ne s'agit pas de faire tout ce que nous voulons, ni d'invoquer l'excuse : « Si nous ne le faisons pas, quelqu'un d'autre le fera. » Le marché libre est un outil extraordinaire ; mais supposer que lui ou tout autre processus neutre en termes de valeurs – par exemple, l'équilibre du pouvoir en politique internationale ou le développement de la recherche génétique – produiront d'eux-mêmes des résultats optimaux, c'est faire preuve d'une naïveté qui appartient à un monde plus simple, désormais révolu. Les fondamentalismes, nous ne devons jamais l'oublier, peuvent être économiques ou scientifiques, aussi bien que religieux. Sans vision morale, nous échouerons. Et cette vision, pour être partagée, ne peut qu'émerger du dialogue grâce auquel, en nous parlant et nous écoutant les uns les autres, nous abolirons les frontières de classe, de revenus, de race et de religion.

Ce qui me ramène à mon point de départ. Les tensions révélées par le 11 septembre ne se sont pas apaisées. Le Moyen-Orient est en effervescence. L'Europe est en proie à des conflits religieux et ethniques. La violence ébranle l'Inde, le Pakistan et le Cachemire. Il serait difficile d'identifier un quelconque facteur qui ait rendu les perspectives de paix plus prometteuses aujourd'hui qu'il y a un an. Existe-t-il une solution pour résoudre les conflits ? Existe-t-il quelque chose qui ait le pouvoir de faire renaître l'espoir dans les régions en détresse ? Pouvons-nous transformer des ennemis en amis ?

Chapitre 10

La conciliation : un mot pour changer le monde

> Qu'est-ce qu'un héros ? Un homme qui transforme un ennemi en ami.
>
> (*Avot deRabbi Nathan*)

Vers la fin de l'été 1999, je me suis rendu au Kosovo. L'intervention de l'OTAN touchait à sa fin et les réfugiés étaient revenus. La vie avait retrouvé un semblant de normalité, mais les tensions étaient palpables. Quelques mois plus tôt, c'étaient les Kosovars albanais qui avaient craint pour leur vie. Quelque 800 000 avaient fui, 10 000 avaient été tués. À présent, c'était au tour des Serbes d'avoir peur. Certains avaient pris la fuite ; d'autres vivaient dans la terreur. Toutes les nuits apportaient leur lot de victimes assassinées. Devant toutes les églises, des tanks de l'OTAN. Au début du conflit, les Serbes chrétiens avaient attaqué les mosquées. À présent, on redoutait les représailles. Les chefs et les aumôniers militaires auxquels je parlais n'étaient pas optimistes quant à l'avenir. Ils n'avaient pas le sentiment que la campagne avait mis fin au conflit. Elle l'avait seulement figé sur place. Il était susceptible d'éclater de nouveau, à n'importe quel moment. Il y avait trop de ressentiment des deux côtés.

C'est alors, au centre de Pristina au milieu des décombres, que j'ai compris avec une intensité nouvelle qu'un seul mot avait le pouvoir de changer le monde : le mot « *pardon* ». Le conflit avait commencé plus de six siècles auparavant, en 1389, à la bataille de Kosovo. Les deux camps gardaient la mémoire de cet événement. C'était, depuis, une question récurrente dans leur histoire. Si Serbes et Albanais pouvaient se pardonner et agir de façon à se faire pardonner, ils auraient un avenir. Sinon, ils étaient condamnés à rejouer la bataille de Kosovo jusqu'à la fin des temps[1].

Rien n'est plus démoralisant que le cycle de vengeance qui hante les zones de conflit, et piège leurs populations dans un passé qui ne lâche jamais prise. C'est le cas des Balkans, de l'Irlande du Nord, de l'Inde et du Cachemire, ainsi que du Moyen-Orient. Le virus de la haine peut rester en sommeil un certain temps, mais il meurt rarement. Il mute. Sous la dictature, Serbes et Croates avaient vécu en paix pendant une cinquantaine d'années. Ils étaient devenus des voisins, des amis. Mais, comme dans la quasi-totalité des zones de conflit historique, un événement survient : un changement dans la structure du pouvoir, la chute d'un gouvernement totalitaire qui tenait les populations locales par la peur, une agression sanglante des membres d'une communauté contre ceux d'une autre, et c'est comme si les années de coexistence n'avaient jamais existé. Les amis redeviennent des ennemis, les voisins des rivaux. À défaut d'autres solutions, on construit un mur de séparation, mais souvent, cela ne met pas non plus un terme à la violence.

La vengeance est la réaction instinctive à un acte perçu comme injuste. Montesquieu écrivit que « toute religion qui est réprimée devient elle-même réprimante ; car sitôt que, par quelque hasard, elle peut sortir de l'oppression, elle attaque la religion qui l'a réprimée[2] ». Le nationalisme, dit Isaiah Berlin, « est généralement le produit d'une blessure infligée par une nation à la fierté ou au territoire d'une autre[3]. » Les griefs historiques s'oublient rarement. Ils font partie de la mémoire collective d'un peuple, du narratif que les parents transmettent à leurs enfants, de l'histoire où un groupe puise son sens de l'identité. Une injustice qui n'a pas été vengée s'inscrit dans un scénario, rejoué à chaque moment de crise. C'est ce qui fait du conflit l'option par défaut entre d'anciens adversaires, quel que soit le nombre d'années de paix relative qui se sont écoulées entre-temps. « Personne, dit Ogden Nash, n'oublie où il a enterré la hache de guerre. »

C'est pourquoi le pardon est une idée tellement contre-intuitive. Ce n'est pas une technique de résolution des conflits. C'est une stratégie étonnamment originale. Dans un monde sans pardon, le mal engendre le mal et il n'est aucun moyen, sauf l'épuisement ou l'oubli, d'interrompre le cycle infernal. Le pardon brise la chaîne. Il introduit, dans la logique d'une rencontre interpersonnelle, l'imprévisibilité de la bonté. Il est la décision de ne pas faire ce que l'instinct et la passion commandent de faire. Il répond à la haine par le refus de la haine, à l'inimitié par la générosité. Rarement une idée n'a eu un tel potentiel d'influer sur l'existence humaine. Le pardon signifie que nous ne sommes pas condamnés à ressasser interminablement les griefs du passé. C'est la capacité de vivre avec le passé sans en être captif. Il ne serait pas exagéré de dire que le pardon est le témoignage le plus convaincant de la liberté humaine. Il implique une action qui n'est pas réaction. Il témoigne du refus d'être déterminé par les circonstances. Il représente notre capacité à changer de cap, à recadrer le narratif du passé et ouvrir d'autres perspectives inattendues vers l'avenir. Hannah Arendt l'avait bien compris :

> La rédemption possible de la situation d'irréversibilité – dans laquelle on ne peut défaire ce que l'on a fait, alors que l'on ne savait pas, c'est que l'on ne pouvait pas savoir ce que l'on faisait– c'est la faculté de pardonner. [...] La faculté du pardon sert à défaire les actions du passé, dont les « fautes » sont suspendues comme l'épée de Damoclès au-dessus de chaque génération nouvelle[4].

Face à la tragédie, le pardon ouvre la voie à l'espoir. Ce n'est ni un luxe moral ni une option réservée aux saints. Parfois, c'est le seul chemin à travers les broussailles épineuses de la haine vers les espaces ouverts de la coexistence. Je me souviens de mes années d'étudiant, lorsque je retournais à l'université après les vacances, chargé de bagages. À cette époque, je ne pouvais pas me permettre de prendre un taxi, alors je portais mes valises de la gare jusqu'à l'université. Elles étaient si lourdes, que lorsque ce souvenir me revient à l'esprit, je peux encore sentir mes muscles endoloris et mes poignets engourdis. Voilà ce que signifie porter en soi la haine, le ressentiment et le sentiment d'injustice. Nous ployons sous le poids. Nous ne pouvons penser à rien d'autre. Peut-être nous sentons-nous moralement supérieurs, irréprochables. En effet, personne ne se sent plus irréprochable que celui qui se perçoit comme une victime. Mais, en fin de compte, ce sentiment nous déshumanise. La haine détruit celui qui hait, plus qu'elle ne détruit celui qui est haï.

À l'origine, le pardon est une vertu religieuse. Il n'existe pas dans la nature. Les éléments sont aveugles, et les lois de la nature inexorables. La famine, la sécheresse, la maladie et l'inanition ne font pas d'exception pour les vertueux et les pénitents. Les dramaturges de la Grèce antique furent les sublimes poètes d'un monde impitoyable. Pour eux, le destin des hommes était soumis à la fatalité. Tenter de la subvertir ou de la contourner était une hubris aboutissant à la némésis. Un monde de forces impersonnelles est un univers façonné par la tragédie.

On a souvent attribué aux prophètes et aux visionnaires de la Bible hébraïque la découverte du monothéisme, l'idée qu'il n'y a qu'un seul Dieu. Mais je pense que cette découverte est moins significative que l'autre grande idée du *Tanakh* : celle que chaque individu peut se relier personnellement à Dieu, qu'il y a, au cœur de la réalité, quelque chose qui nous répond et affirme notre existence en tant qu'êtres humains. L'univers est davantage qu'un milliard de galaxies tournant silencieusement dans l'espace. Nous ne sommes pas de la poussière cosmique sur la surface de l'éternité. Nous sommes là parce que quelqu'un l'a voulu. Dieu n'a pas créé l'univers comme un scientifique dans un laboratoire, ou comme un technocrate mettant le big bang en mouvement, mais plutôt comme un parent donnant naissance à un enfant. L'univers n'est ni indifférent ni hostile à notre existence. Ce fut là la grande révolution de la vision biblique.

Au cœur du concept de pardon se trouve la notion d'amour. Non pas l'amour abstrait, mais l'attachement réel, concret, d'un être envers un autre. L'amour fait la distinction entre la personne et l'acte. Un acte peut être cruel, mais puisque la personne est libre, elle n'est pas indissociablement liée à cette cruauté. Les mauvaises actions altèrent la structure de notre monde. Elles créent une injustice. Elles détériorent une relation. Mais ce n'est pas irréparable. Il est possible de redresser les torts et de guérir le mal. Et lorsque le coupable exprime des remords, s'excuse et s'engage à ne plus recommencer, il montre qu'il ne s'identifie plus avec ses actes passés. Le pardon est, et ne peut qu'être, une relation entre personnes libres. Entre celui à qui l'on pardonne et qui a montré qu'il pouvait changer, et celui qui pardonne et croit que l'autre personne changera. La liberté, c'est-à-dire la capacité d'agir de manière imprévisible, est la réfutation de la tragédie.

Le paradigme du pardon est l'amour entre un parent et son enfant. Un parent sait que l'enfant fera des erreurs. La véritable parentalité est la volonté, à un certain stade, d'autoriser l'enfant à se tromper, faute de quoi il ne pourra devenir mature et responsable. Le pardon s'inscrit dans une relation de confiance, car il apprend à l'enfant qu'une erreur n'est pas définitive, qu'un acte répréhensible n'implique pas la rupture de la relation. Il n'est pas fortuit que le mot hébreu *ra'hamim*, miséricorde ou capacité de pardonner, vienne du mot *re'hem*, utérus. Un juge, chargé d'appliquer la loi, ne peut pardonner, mais un parent le peut. Le concept de pardon naît quand Dieu est considéré à la fois comme juge et parent, quand la loi et l'amour, la justice et la miséricorde, se donnent la main. Dieu pardonne, et ce faisant, nous apprend à pardonner.

* * *

L'une des découvertes les plus fascinantes de la sociobiologie a été d'apporter un éclairage scientifique sur le rôle du pardon. Dans un chapitre précédent, nous avons décrit l'application de la théorie des jeux à la question de la survie d'un groupe face à l'incertitude. Par la répétition des applications du dilemme du prisonnier, il a été possible de dresser un tableau des conséquences des différentes interrelations. Nous avons observé que la première découverte était l'efficacité de la stratégie appelée Tit-for-Tat (tac au tac), l'altruisme réciproque, le principe de « mesure pour mesure ». Les mathématiciens, cependant, ont rapidement découvert que Tit-for-Tat présentait une faiblesse majeure. Quand l'un des adversaires était malveillant (toujours prêt à faire défection), le jeu était entraîné dans un cycle de représailles.

Vers la fin des années 1980, un mathématicien polonais, Martin Nowak, conçut un programme plus efficace que Tit-for-Tat. Il introduisit une légère modification dans le programme initial. De manière aléatoire, mais en moyenne une fois tous les trois mouvements, il ignorait le dernier mouvement de son adversaire. Ce mouvement était nécessairement aléatoire, parce que, s'il avait été prévisible, il aurait pu être mis à profit par un adversaire malveillant et agressif. Néanmoins, cette stratégie remédiait efficacement à la faille de la technique précédente – le cycle de représailles – tout en conservant son efficacité contre l'action des fraudeurs. Nowak nomma son programme « Généreux ». En fait, Nowak avait créé une simulation informatique de la réconciliation. L'*oubli* est, pour l'ordinateur, ce qu'il y a de plus proche du *pardon*[5]. Rappelons-nous que le programme initial de Tit-for-Tat était un modèle de justice pénale : il te sera fait ce que tu as fait aux autres. La nouvelle approche de Nowak au dilemme itéré du prisonnier était d'ajouter un nouvel élément à l'équation : la capacité d'ignorer ou d'écarter certains mouvements hostiles dirigés contre l'adversaire. Nowak avait en fait redécouvert l'ancienne vérité énoncée par les Sages juifs : « Au début, Dieu essaya de créer le monde selon le principe de justice, mais Il se rendit compte que cela ne fonctionnait pas. Que fit-Il alors ? Il garda la justice et lui adjoignit la miséricorde[6]. »

* * *

Le pardon est une idée complexe et son émergence dans la sensibilité juive est comparable à une pièce de théâtre en cinq actes, dont chacun ajoute une nouvelle dimension à la richesse du concept. Le premier acte se joue très tôt dans la Bible. Les hommes se sont corrompus. Le monde est « rempli de violence » et Dieu « regretta d'avoir créé l'homme sur la terre » (Genèse 6, 6). Il provoque un déluge, et seuls Noé et sa famille survivent. Sortant de l'arche, Noé fait une offrande à Dieu qui est touché de compassion. « Désormais, Je ne maudirai jamais la terre à cause de l'homme, même si les penchants de son cœur sont mauvais depuis l'enfance » (Genèse 8, 21). Cette détermination sera le fondement d'une Alliance symbolisée par l'arc-en-ciel : « À l'avenir, lorsque J'amoncellerai des nuages sur la terre et que l'arc apparaîtra dans la nue, Je me souviendrai de Mon alliance avec vous, et tous les êtres animés et les eaux ne deviendront plus un déluge pour anéantir toute chair » (Genèse 9, 14-15). Tel est le pardon comme acte de grâce, comme décision unilatérale de la part de Dieu. Il n'y eut ni excuse, ni remords, ni acte de réparation. Ceux qui auraient pu le faire étaient morts dans le déluge. Noé, le survivant, était un homme droit et n'avait aucune raison de se repentir. L'arc-en-ciel est, en quelque sorte, un acte de pardon préventif. Dieu s'engage par avance à tempérer la justice par la miséricorde. Il accepte que l'homme ne soit pas parfait.

Le second acte, le récit biblique le plus long sur le concept de pardon, met en scène les relations entre êtres humains. Joseph, onzième fils de Jacob, est envié par ses frères. Ses rêves et ses airs supérieurs les irritent. Ils sont jaloux du fait qu'il semble être le fils préféré de Jacob. La tunique brodée que Jacob a offerte à Joseph est une constante provocation. Alors que Joseph garde les moutons, ils projettent de le tuer et, finalement, le vendent comme esclave. Après maintes vicissitudes, Joseph devient vice-roi d'Égypte. Il s'ensuit un long épisode tout au long duquel les frères ne reconnaissent pas Joseph. Finalement, Joseph leur révèle son identité. Ils sont frappés de stupeur et Joseph leur dit : « Ne vous affligez point, ne soyez pas irrités contre vous-mêmes de m'avoir vendu pour ce pays, car c'est pour le salut que le Seigneur m'y a envoyé avant vous » (Genèse 45, 5). C'est un immense geste de pardon, mais qui ne suffit pas à apaiser la peur des frères. De toute évidence, ils pensaient que Joseph était tenu par l'une des règles de la vendetta, à savoir que des frères ne se vengent pas l'un de l'autre du vivant de leur père. À la mort de Jacob, Joseph réitère son pardon avec plus de force encore : « Soyez sans crainte ; car suis-je à la place de Dieu ? Vous, vous aviez médité contre moi le mal : Dieu l'a combiné pour le bien » (Genèse 50, 19).

L'histoire de Joseph est l'un des récits les plus fondamentaux de la Bible hébraïque. Long, détaillé, soigneusement structuré, il aborde dans sa totalité l'un des thèmes de la Genèse : la rivalité entre frères. Nous avons tendance à oublier que la *fraternité*, mot clé de la politique moderne, est tout sauf une vertu facile. Dans la Genèse, les relations archétypiques – Caïn et Abel, Isaac et Ismaël, Jacob et Ésaü, Joseph et ses frères – sont marquées de multiples conflits et inimitiés. Comme le dit le Psaume : « Ah ! Qu'il est bon, qu'il est doux à des frères de vivre dans une étroite union ! » (Psaumes 133, 1). On serait tenté d'ajouter : « Et c'est si rare ! » Cependant, la progression d'un récit à l'autre est sensible : Caïn tue Abel, mais Isaac et Ismaël se contentent de vivre à l'écart l'un de l'autre ; Jacob et Ésaü se séparent après une période tendue et troublée, mais bien des années plus tard, Ésaü semble avoir oublié ses griefs. Les deux frères se rencontrent à nouveau et se réconcilient. Avec l'histoire de Joseph, le pardon entre en scène et ouvre une nouvelle voie. La rivalité entre frères n'est pas condamnée à finir en tragédie, dans la mesure où l'un des partenaires est capable de dire : « Vous, vous aviez médité contre moi le mal : Dieu l'a combiné pour le bien. »

À travers l'histoire de Joseph, Dieu transmet le concept de pardon aux hommes. Plus encore, ce récit met en lumière la condition préalable du pardon. Entre la première rencontre des frères en Égypte et la révélation de l'identité de Joseph, se déroule une succession complexe d'événements. Joseph accuse ses frères d'espionnage et leur demande de ramener avec eux leur plus jeune frère, Benjamin, à leur retour en Égypte. Joseph cache de l'argent dans leurs sacs et plus tard, une coupe d'argent, ce qui lui permet d'accuser Benjamin de vol et de menacer de le jeter en prison. Le sens de ces digressions énigmatiques est simple. Joseph cherche à savoir si ses frères sont capables de repentir et de remords. Et ils le sont. Après la première accusation, ils avouent, sans savoir que Joseph les écoute : « En vérité, nous sommes punis à cause de notre frère » (Genèse 42, 21). À leur seconde rencontre, au moment où Benjamin va être condamné, Juda plaide sa cause : « De grâce, que ton serviteur, à la place du jeune homme, reste esclave de mon seigneur » (Genèse 44, 33). Or c'était Juda qui, des années auparavant, avait proposé de vendre Joseph comme esclave. À présent, il préfère être esclave à la place de son jeune frère. Juda devient l'archétype du repentir, tout comme Joseph devient l'archétype du pardon.

Le troisième acte comporte des scènes à forte connotation religieuse. Les Israélites sont devenus un peuple. Délivrés de leur esclavage en Égypte, la révélation du Sinaï leur donne leur constitution. Hélas, leur chute spirituelle ne se fait pas attendre. En l'absence de Moïse, ils construisent et vénèrent un veau d'or. Moïse implore Dieu de leur pardonner. Descendu de la montagne, il voit le peuple danser devant l'idole et brise les tables sur lesquelles Dieu avait gravé les Lois de l'Alliance. Pendant 40 jours et 40 nuits, Moïse intercède en faveur du peuple. Finalement, Dieu accorde son pardon et ordonne à Moïse de graver de secondes Tables. Celles-ci deviennent le symbole de la réconciliation et, dans la tradition juive ultérieure, cet événement sera célébré tous les ans comme un jour de repentir et de pardon : le Grand Pardon, la commémoration du jour où Moïse transmit au peuple les Secondes Tables de la Loi. La prière de Moïse introduit l'idée de pardon *collectif*. Le pardon peut être accordé, non seulement aux individus, mais également à tout un peuple.

Le quatrième acte fait entrer le pardon dans l'espace des relations internationales. Dans l'un de ses discours à la jeune génération, Moïse ordonne aux Israélites : « N'aie pas en horreur l'Égyptien, car tu as séjourné en son pays » (Deutéronome 23, 8). C'est une remarque surprenante. L'Égypte, dans la Bible hébraïque, est l'incarnation même de l'oppression. C'était le lieu où les Israélites vécurent en esclavage et où fut entreprise la première tentative de génocide contre eux. Le commandement de Moïse fait preuve d'une sagesse suprême. Être libre, suggère-t-il, n'est pas seulement être libéré d'un tyran ; c'est aussi refuser d'être captif de la mémoire. Si les Israélites gardaient des griefs contre leurs anciens ennemis, ils seraient encore esclaves, sinon physiquement, du moins mentalement. Moïse leur ordonne de renoncer à la haine et au désir de vengeance.

Au cinquième acte, le pardon est intrinsèquement intégré à la vie religieuse. Il n'est plus optionnel ni dépendant des élans du cœur. Il devient partie intégrante du calendrier annuel. Yom Kippour, le jour du Grand Pardon, est consacré à la réconciliation entre nous et Dieu, entre nous et autrui. L'un des principes du pardon est que seul l'offensé peut l'accorder. La loi juive en tire une conclusion radicale : Dieu ne pardonne que les offenses commises contre Lui. Autrement dit, le Grand Pardon expie les transgressions commises par l'homme contre Dieu, mais non une faute commise par un homme contre un autre ; dans ce cas, le Grand Pardon ne l'expie qu'après que l'offenseur a obtenu le pardon de l'offensé[7]. Ainsi, les jours précédant Yom Kippour deviennent une période de regret, de repentir et de pardon.

En général, la loi juive attache une grande valeur à la réconciliation et connaît les dangers qu'entraîne son absence. Maïmonide donne en exemple l'histoire biblique d'Absalom et Amnon. Amnon avait violé Tamar, la sœur d'Absalom. Sur le moment, Absalom ne réagit pas. Il fait semblant d'avoir pardonné l'offense ou de l'avoir oubliée. Cependant, deux ans plus tard, Absalom se venge et fait tuer Amnon. Le silence n'est pas une preuve de pardon. Mieux vaut, dit Maïmonide, se confronter à l'offenseur directement :

> Lorsqu'une offense est commise, l'offensé ne doit pas éprouver de la haine en silence. Voici ce qui est écrit au sujet des méchants : Absalom n'adressa pas une parole à Amnon, ni bonne ni mauvaise, car il l'avait pris en haine. Il aurait mieux

> fait de lui parler et lui dire : « Pourquoi m'as-tu fait cela ? Pourquoi m'avoir offensé ? » Ainsi il est écrit : « Ne hais point ton frère en ton cœur, réprimande ton prochain. » S'il se repentit et demande pardon, il ne faut pas être sévère, il faut pardonner[8].

Toutefois, cette confrontation n'est pas toujours nécessaire. Pardonner, sans passer par la dialectique de l'accusation et du pardon, comme un acte inconditionnel de grâce, est également prescrit par la loi et constitue un signe de grandeur morale :

> Si un homme est offensé par un autre, et que l'offensé ne désire pas réprimander l'offenseur ni lui dire quoi que ce soit – peut-être parce que l'offenseur est simple d'esprit ou désemparé – il peut lui pardonner dans son cœur, ne pas ressentir d'animosité à son égard et ne pas lui faire de reproche. Telle est la voie de la piété [*midat ha'hassidout*][9].

Pour Maïmonide comme pour d'autres interprètes de la loi juive, l'interdiction biblique « Ne te venge ni ne garde rancune » (Lévitique 19, 18) était la condition préalable essentielle à l'existence sociale :

> Si quelqu'un garde rancune et ne peut oublier l'offense, il peut être amené à se venger. Par conséquent, la Torah est particulièrement préoccupée [à éviter] la rancune, de sorte que la personne oublie le mal qui lui a été fait, et l'efface complètement de son cœur. C'est le trait de caractère approprié qui permet d'établir des relations sociales entre les hommes sur terre[10].

* * *

Le judaïsme est souvent décrit comme une religion de justice, plutôt que de miséricorde et de pardon. J'espère avoir réussi à démontrer que ce n'est pas le cas. Justice et pardon vont de pair. Tous deux constituent une réponse au problème de la vengeance, mais ni l'un ni l'autre n'est suffisant à lui seul. La justice considère le tort infligé et transforme les représailles personnelles – la vengeance – en procédures pénales impersonnelles. Le pardon est la reconnaissance du fait que la justice seule ne suffit pas à faire taire les sentiments de la victime. Une fois les preuves recueillies, le jugement rendu et la sentence prononcée, il reste encore de la douleur et du chagrin à évacuer. La justice est le rétablissement impersonnel de l'ordre moral ; le pardon est son rétablissement à un niveau personnel. La justice redresse des torts ; le pardon reconstruit des relations rompues. Selon Maïmonide, il n'y a pas d'autre solution.

Il est impossible de comprendre la force du pardon sans reconnaître simultanément la difficulté de pardonner. Pardonner s'oppose à notre volonté de rester fidèle au passé. Si un tort a été causé, il est naturel de sentir qu'en contrepartie un tort doit être causé à son auteur. Lorsque ce tort remonte à un passé lointain et que les victimes ne sont plus en vie, nous sentons que l'enjeu requiert davantage que la simple justice. Seule la partie offensée peut pardonner, mais les victimes ne sont plus en vie pour le faire. Nous, la famille ou les amis des victimes, éprouvons un élan de loyauté envers le cri inapaisé de ceux qui ne sont plus. Le pardon peut alors en venir à ressembler à une trahison. Michael Ignatieff a bien cerné le problème :

> Le principal obstacle moral sur le chemin de la réconciliation est le désir de vengeance. Aujourd'hui, la vengeance est généralement considérée comme une émotion basse et indigne, et pour cette raison, sa profonde emprise morale sur les individus est rarement comprise. Mais la vengeance, d'un point de vue moral, est un désir de rester fidèle aux morts, d'honorer leur mémoire en reprenant leur cause là où la mort les a arrêtés. La vengeance maintient la fidélité entre les générations ; la violence qu'elle engendre est une forme rituelle de respect envers les morts de la communauté. Là repose sa légitimité. La réconciliation est difficile, précisément parce qu'elle doit rivaliser avec cette violence, qui constitue une puissante alternative

> morale. La terreur politique est tenace parce qu'elle est une pratique éthique. Il s'agit d'un culte des morts, d'une manifestation de respect absolu et sans appel[11].

Dans ces conditions, le pardon est-il possible ? Il l'est, parce qu'une fois les procédures impartiales de la loi achevées, la justice rendue, les sentences prononcées, les réparations faites et les excuses exprimées, il faut mettre un terme à la voix inconsolable de l'implacable chagrin. Pardonner ne signifie pas oublier, ni même renoncer aux exigences de la justice. Pardonner signifie reconnaître que le passé est le passé, et ne pas lui permettre de recouvrir l'avenir de son ombre. Le pardon cicatrise les blessures morales, de la même manière que le corps cicatrise les blessures physiques. Dans sa forme la plus aboutie, il s'agit d'un processus de deuil partagé entre ceux qui ont commis le tort et ceux qui en ont subi les conséquences. Et comme tout acte de deuil, c'est le seul pont permettant de passer de la douleur de la perte à la réintégration dans le présent et ses tâches.

Laura Blumenfeld est une jeune juive américaine. En 1986, son père, un rabbin, se rendit à Jérusalem. Il marchait dans la Vieille Ville, lorsqu'un terroriste palestinien tira sur lui. La balle passa à quelques millimètres de son cerveau. Bien que gravement blessé, il survécut. Sa fille, cependant, ne pouvait ni oublier ni pardonner. Des années plus tard, devenue journaliste, elle se rendit en Israël. Sans révéler son identité, elle se lia d'amitié avec la famille du terroriste et entama une correspondance avec le terroriste lui-même, alors en prison. Sans savoir qu'il parlait à la fille de la victime, le père du terroriste expliqua pourquoi son fils avait tiré sur un touriste américain. « Il a fait son devoir. Tous les Palestiniens ont ce même devoir. C'est ainsi que justice sera faite. » Un autre fils ajouta : « Mon frère ne connaissait pas cet homme. Ce n'était pas une question personnelle. Il n'y avait rien de personnel, alors ce n'était pas une vengeance. » Laura nota dans son journal : « Mon visage s'embrasa. C'était personnel. Pour moi, c'était personnel. »

Elle assista au procès du terroriste et, toujours sans révéler son identité, elle persuada l'avocat de la laisser témoigner. À la barre des témoins, elle révéla enfin qu'elle était la fille de la victime et qu'elle était venue dans l'intention de faire connaissance avec le terroriste et sa famille, afin qu'ils puissent donner un visage à la famille du blessé et comprennent qu'une victime impersonnelle de la violence, cela n'existe pas. Pendant son contre-interrogatoire, elle fut interrompue par une voix dans la salle :

> Une femme se leva au fond du prétoire. Elle s'exclama en anglais d'une voix forte et tremblante : « Je pardonne à Omar ce qu'il a fait. » Pardonner ? C'était la mère de la jeune femme. Cela n'avait rien à voir avec le pardon ; ne le comprenait-elle pas ? C'était ma vengeance ! se dit la fille en son for intérieur. « Et si la famille Blumenfeld ne peut pardonner à Omar, poursuivit sa mère, il est temps pour l'État d'Israël de lui pardonner[12]. »

Les deux femmes quittèrent le tribunal en larmes, mais la famille du terroriste les rattrapa et les enlaça. Plus tard, le terroriste écrivit à Laura : « Nous étions en guerre, mais à présent, nous traversons une nouvelle étape de réconciliation historique où la haine et la détestation n'ont plus leur place. »

Cette confrontation a-t-elle abouti à quelque chose ? Les questions en jeu au Moyen-Orient sont extrêmement complexes et ont défié toute tentative de résolution. Pourtant, il ne fait aucun doute qu'il existe une solution : une division du pays en deux États, coïncidant plus ou moins avec les foyers de population actuels ; un accord sur Jérusalem et les lieux saints, de sorte que tous aient accès aux lieux importants pour eux ; une supervision conjointe des ressources partagées comme l'eau ; et un accord international sur l'avenir des réfugiés déplacés. La question est : existe-t-il une solution acceptable pour les deux parties ? Les deux peuples ont la mémoire longue ; pour les

Israéliens, la mémoire de 2000 ans de souffrance juive et du besoin existentiel pour les Juifs d'avoir, quelque part sur la terre, un espace protecteur ; pour les Palestiniens, la mémoire de déplacements et de pertes, d'impuissance politique et de difficultés économiques, de défaites humiliantes et de colère. Il y a deux narratifs dont aucun ne laisse de place à l'autre. Comme dans tant d'autres zones de conflit, l'impasse rappelle les termes classiques du dilemme du prisonnier. L'absence de confiance mène les deux parties à des actions qui, bien que rationnelles en elles-mêmes, ont des conséquences désastreuses pour les deux camps. Le pardon semble absurdement inadapté face à des conflits d'intérêts de cette ampleur, face à la suspicion, à la méfiance et aux griefs accumulés.

Si finalement la paix est restaurée, si tant est qu'elle le soit, elle viendra de ceux qui reconnaîtront leurs adversaires comme des personnes. Tant que les Israéliens et les Palestiniens ne seront pas capables de s'écouter, d'entendre l'angoisse et la colère de l'autre et de faire une place cognitive à leurs espoirs respectifs, il n'y aura pas d'issue. L'un des grands récits de la Bible concerne le roi Salomon et la façon dont il trancha qui, des deux femmes qui se présentèrent devant lui, était la vraie mère du nouveau-né dont chacune se prétendait la mère. La vraie mère, comprit-il, était celle qui était prête à céder l'enfant à l'autre, plutôt que de le laisser tuer. L'amour dépasse la possession ; il requiert, en partie, la capacité de renoncer. Le pardon requiert lui aussi la capacité de renoncer, à défaut de quoi nous tuons ce que nous aimons le plus. Chaque acte de pardon répare quelque chose de brisé dans notre monde fracturé. C'est un pas sur le long et difficile chemin vers la rédemption.

Je suis juif. En tant que juif, je porte les larmes et les souffrances de mes grands-parents et de leurs grands-parents au fil des générations. L'histoire de mon peuple est un récit de siècles d'exils et d'expulsions, de persécutions et de pogroms, commençant par la première croisade et culminant dans l'assassinat des deux tiers des Juifs d'Europe, dont plus d'un million d'enfants. Pendant des siècles, les Juifs sont restés conscients qu'eux et leurs enfants risquaient la mort du simple fait qu'ils étaient juifs. Ces larmes ont imprégné le cœur même de la mémoire juive, autrement dit de l'identité juive. Comment me décharger de cette douleur quand elle est inscrite dans mon âme ?

Et pourtant, je le dois. Pour mes enfants, et pour les leurs qui ne sont pas encore nés. Je ne peux construire leur avenir sur les haines du passé, pas plus que je ne peux leur apprendre à aimer davantage Dieu en aimant moins les hommes. En demandant à Dieu de me pardonner, j'entends, au moment même où je formule ma prière, qu'Il exige de moi que je pardonne aux autres. Je pardonne parce que j'ai un devoir envers mes enfants, aussi bien qu'envers mes ancêtres. Et en réalité, l'un détermine l'autre. Mon devoir envers mes ancêtres, qui moururent en raison de leur religion, est de construire un monde où plus personne ne meurt en raison de sa foi. J'honore le passé, non pas en le réitérant, mais en y puisant des leçons, en refusant d'ajouter de la souffrance à la souffrance, et du chagrin au chagrin. C'est pourquoi nous devons répondre à la haine par l'amour, à la violence par la paix, au ressentiment par la générosité de l'esprit, et au conflit par la réconciliation.

Chapitre 11

Une alliance d'espoir

> Supposons qu'avant la Création, l'Auteur de l'univers vous ait soumis le cas : « Je m'en vais, vous aurait-il dit, faire un monde dont le salut n'est pas assuré, un monde dont la perfection sera toute conditionnelle. La condition imposée, c'est que chacun des agents y devra rendre le meilleur possible le niveau qu'il occupera. Je vous offre la possibilité de faire partie du monde que Je vais créer. Son salut, vous le voyez, n'est pas garanti. C'est une réelle aventure à courir, avec un réel danger, mais aussi avec la possibilité d'effectuer une course victorieuse. Il s'agit d'une entreprise sociale de travail coopératif. Voulez-vous être de la caravane ? Voulez-vous avoir assez confiance en vous, assez confiance dans les autres agents, pour affronter ce risque ? » [Ou bien diriez-vous] que, plutôt que de faire partie d'un monde si foncièrement pluraliste et irrationnel, vous préféreriez retomber dans le sommeil du non-être, d'où la voix du tentateur vous aurait momentanément tirés ?
>
> (William James, *Le pragmatisme*[1])

La survie des civilisations n'est pas garantie. Les pages de l'histoire sont jonchées des décombres d'empires qui avaient paru invincibles à leur époque, mais qui, peu après, tombèrent dans la décrépitude et l'oubli. Aujourd'hui, les opportunités données par le capitalisme mondial et le pouvoir de la technologie sont immenses et potentiellement bénéfiques. Elles ouvrent la voie à la réduction de la pauvreté, à la défaite de l'ignorance et au traitement des maladies à une échelle sans précédent. Les risques, cependant, sont énormes.

Il existe actuellement un danger bien réel que le marché, livré à lui-même, continue à concentrer la richesse entre des mains de moins en moins nombreuses. Des nations entières se retrouveraient ainsi démunies, et un grand nombre de personnes, même dans les économies avancées, ne disposeraient plus ni d'un emploi stable, ni d'un revenu, ni de perspectives d'avenir. La jalousie, la colère et le simple sentiment d'injustice sont un terreau fertile pour les protestations, la violence et le terrorisme dont, compte tenu de l'ouverture inhérente à la mondialisation, nul d'entre nous n'est à l'abri. L'érosion constante des familles et des communautés privent les individus de réseaux de soutien. La substitution du prix du marché aux valeurs morales nous laisse désarmés face aux cruautés aléatoires du destin.

Nos habitudes consuméristes dépouillent le monde de ses ressources naturelles, si bien que les générations futures disposeront de moins de ressources pour leur survie. La spoliation de l'environnement menace d'extinction plus d'espèces que jamais depuis que l'*homo sapiens* a fait son apparition sur terre. Le réchauffement climatique met la biosphère en péril. L'introduction des OGM dans la chaîne alimentaire présente d'innombrables risques pour la santé. Le clonage eugénique et autres technologies médicales peuvent entraîner des modifications prométhéennes du génome humain. Celles-ci privilégieront une petite minorité au détriment du plus grand nombre et remettront en cause la notion même de l'unicité et de l'irremplaçabilité de l'être humain, sur laquelle reposent nos conceptions de l'amour, de la personne humaine et de la dignité non négociable de la vie. À cela s'ajoutent, et de manière tout aussi alarmante, la fragmentation croissante de la politique, l'émergence de nouvelles formes de tribalisme et d'extrémismes religieux, la perpétuation des guerres ethniques et la capacité de groupes très décentralisés, parfois limités à quelques individus, à mettre notre sécurité en danger. Nous avons une économie mondiale. Mais nous n'avons pas de culture mondiale, de gouvernance mondiale, ni de vision cohérente des enjeux mondiaux.

* * *

Dans un monde dirigé par des forces économiques, la sagesse des religions peut paraître au mieux hors de propos, au pire dangereuse. En Occident, particulièrement en Europe occidentale, la société s'est laïcisée. Par contre, au Moyen-Orient et dans certaines parties de l'Asie, on assiste à une montée du fondamentalisme qui menace aussi bien le développement économique que la liberté politique. Par conséquent, quelles que soient les perspectives d'avenir, la religion semble trop impuissante pour influencer le cours des événements, ou trop puissante pour se laisser brider par lui. D'un côté comme de l'autre, elle semble destinée à faire partie du problème, plutôt que de sa solution.

Je veux croire que ce point de vue est erroné, bien qu'il ait son pedigree. Deux des ouvrages les plus influents de l'Occident moderne – *Léviathan* de Hobbes et *La richesse des nations* d'Adam Smith – étaient fondés sur l'idée que l'homme est un « animal calculateur ». Sur le plan politique, cette idée conduisit au contrat social ; sur le plan économique, à la division du travail et au marché libre. Mais nous sommes également l'unique « animal en quête de sens ». Nous cherchons à comprendre quelle est notre place dans l'univers. Nous voulons savoir d'où nous venons, où nous allons et à quel narratif nous appartenons. Nous formons des familles, des communautés et des sociétés. Nous racontons des histoires dont certaines ont le statut de textes sacrés. Nous accomplissons des rituels qui mettent en scène la structure de la réalité. Nous disposons de langues, de cultures, de morales et de religions. Tous ces éléments sont essentiels à notre sentiment de continuité avec le passé et de responsabilité envers l'avenir.

Sans eux, il est peu probable que nous ayons des raisons d'agir, en dehors des pulsions de survie les plus élémentaires. C'est pourquoi la religion perdure comme l'un des traits essentiels de l'existence humaine et ne disparaîtra pas tant que nous continuerons à nous poser des questions sur la raison de notre présence sur terre et sur le type de monde que nous cherchons à créer.

Une partie du processus que nous appelons modernité, et qui est de toute évidence lié au Siècle des Lumières en Europe, a consisté à remettre en question l'importance de presque tout ce qui était associé au mot « religion ». « Écrasez l'infâme ! » proclama Voltaire ; et d'autres furent d'accord, quoique de manière moins provocante. Le nouveau paradigme était la science, dont les conclusions ne se fondaient pas sur les nuages éthérés de la révélation et les visions prophétiques, mais sur des hypothèses vérifiables, des expériences et des réfutations. La technologie aiderait l'homme à maîtriser la nature. La monarchie constitutionnelle, suivie par la démocratie représentative, contrôlerait le pouvoir. L'économie maximiserait la richesse. Tous réunis, ils engendreraient une évolution continue qui porterait le nouveau nom de « progrès ».

C'était une noble aspiration qui reste en grande partie d'actualité. Mais l'humanité est maintenant plus vieille, plus triste et plus sage. La raison n'a pas chassé les préjugés. La technologie, qu'elle prenne la forme d'armes de destruction massive, de surexploitation des ressources naturelles, de pollution atmosphérique ou de manipulations génétiques, menace la durabilité de la nature elle-même. La démocratie représentative demeure la meilleure forme de gouvernement découverte jusqu'ici ; mais les États-nations semblent de moins en moins capables de maîtriser les phénomènes mondiaux, qu'il s'agisse des multinationales ou des catastrophes écologiques, et nous n'avons pas encore mis au point une forme de gouvernance mondiale. Le capitalisme de marché a accru la richesse au-delà de l'imagination des générations précédentes, mais ne peut, en lui-même et de lui-même, la distribuer également ni même équitablement. Ce ne sont pas des problèmes solubles dans les conditions fixées par la modernité, pour la simple raison qu'ils ne sont pas proceduraux, mais relèvent d'un système de valeurs, ou plus exactement de la morale. Il est impossible de contourner des choix moraux difficiles au moyen d'un processus décisionnel scientifique qui stipulerait : « Il faut mettre l'accent sur X. » Nous devons auparavant décider sur quel « X » nous souhaitons mettre l'accent, et comment évaluer « X » par rapport à « Y » lorsque la poursuite de l'un nuit à la réalisation de l'autre. Le projet humain est inévitablement un projet moral. C'est pourquoi les grandes religions qui ont de tout temps réfléchi aux questions morales doivent participer au dialogue.

Des superpuissances économiques, apparemment invincibles en leur temps, ont eu une durée de vie relativement courte : Venise au seizième siècle, les Pays-Bas au dix-septième siècle, la France au dix-huitième siècle, la Grande-Bretagne au dix-neuvième siècle, et depuis le vingtième siècle, les États-Unis. Au contraire, les grandes religions perdurent. L'islam a 1500 ans, le christianisme 2000 ans, et le judaïsme 4000 ans. Pourquoi ? Le débat reste ouvert. Mon opinion est que les religions incarnent des vérités inaccessibles à l'économie et à la politique, et dont l'importance demeure, même si tout le reste change. Elles nous rappellent que les civilisations survivent, non par la force, mais par leur comportement envers les faibles ; non par la richesse, mais par l'attention qu'elles portent aux pauvres ; non par le pouvoir, mais par l'intérêt qu'elles témoignent à ceux qui n'en ont pas. La leçon ironique de l'histoire, bien humaine cependant, est que ce qui rend une culture invulnérable est la compassion dont elle fait preuve envers les vulnérables. La valeur ultime que nous devons nous efforcer de promouvoir est la dignité humaine, la dignité de tous les êtres humains, à égalité, en tant qu'enfants d'un Dieu Créateur et Rédempteur.

S'agit-il là d'une vision « religieuse » ? Oui et non. Il y a eu des humanistes laïcs qui l'ont affirmé, et des fanatiques religieux qui l'ont nié. Ce qui importe n'est pas la raison pour laquelle nous nous y accrochons, mais le fait même de nous y accrocher. Le capitalisme mondial annonce la perspective d'une vaste amélioration de la condition humaine. En même temps, il risque d'être la cause d'inégalités et d'un vandalisme culturel qui finiront par devenir intolérables. L'homme n'est pas au service de l'économie ; c'est l'économie qui est au service des hommes ; et je crois profondément que les hommes et les femmes sont faits pour s'entraider, au lieu de ne penser qu'à eux-mêmes. Nous ne pouvons survivre quand d'autres se noient ; nous ne pouvons festoyer quand d'autres meurent de faim ; nous ne sommes pas libres quand d'autres sont asservis ; nous ne nous portons pas bien, quand des milliards de personnes sont malades et meurent prématurément.

* * *

Il y a une autre raison pour laquelle la religion continue à faire l'objet de débats ; nous devons à Francis Fukuyama d'avoir attiré notre attention sur ce point. Dans son célèbre essai de 1989, *La fin de l'histoire*, écrit au terme de la Guerre Froide, il affirma que le monde se dirigeait inexorablement vers les marchés et les sociétés libres, vers ce que Michael Novak appelle le « capitalisme démocratique[2] ». Ce point de vue a été ébranlé – pas nécessairement réfuté, mais certainement compromis – par les événements qui se sont produits depuis lors : la prolifération des conflits ethniques et religieux, l'échec du processus de paix d'Oslo au Moyen-Orient, et par-dessus tout, le 11 septembre.

Toutefois, Fukuyama écrivit plus tard, sous le même titre, un autre ouvrage où il présenta sa pensée de manière plus nuancée. Dans le dernier chapitre, il évoque la possibilité que l'histoire n'ait pas de fin, parce qu'en raison des caprices du caractère humain, tout état de paix génère sa propre perturbation. « Le déclin de la vie communautaire suggère qu'à l'avenir, nous risquons de devenir des derniers hommes sûrs d'eux et égocentriques, écrit-il. Mais le danger contraire existe également, à savoir que nous redeviendrons des premiers hommes engagés dans des batailles de prestige sanglantes et inutiles, mais cette fois avec des armes modernes[3]. »

Le capitalisme a été loué par ses défenseurs, pour avoir orienté l'esprit des hommes vers le commerce plutôt que vers la guerre. Mais pour ses détracteurs, c'est précisément ce qui constitue ses défauts. En effet, les vertus d'un ordre démocratique libéral sont des vices, si on les considère sous un angle différent : les hommes se détournent de la vie publique pour se consacrer à des projets et désirs personnels. Ils deviennent égocentriques, casaniers et bourgeois. Ils n'adhèrent plus aux grandes causes qui, autrefois, appelaient au patriotisme, à la loyauté, au sacrifice de soi au nom d'un pays ou de la foi. Cependant, les pulsions à l'origine de ces passions ne meurent pas. Elles subsistent comme un résidu génétique d'une autre époque, où l'homme devait se battre pour survivre. Le danger, par conséquent, est qu'un instinct primaire resurgisse et s'insurge contre la domestication de l'instinct de violence, réprimé par le capitalisme de marché.

> Supposons maintenant que le monde soit, pour ainsi dire, « rempli » de démocraties libérales, de sorte qu'il n'y ait plus ni tyrannie ni oppression dignes de ce nom à combattre. L'expérience suggère que si les hommes ne peuvent plus lutter pour une juste cause parce que celle-ci a été victorieuse au cours d'une génération antérieure, ils lutteront alors *contre* cette juste cause. Ils lutteront par goût pour la lutte. En d'autres termes, ils se battront en raison d'un certain ennui : ils ne peuvent pas s'imaginer vivre dans un monde sans luttes. Si leur environnement est majoritairement caractérisé par une démocratie libérale prospère et pacifique, alors ils se battront *contre* cette paix et cette prospérité, et contre la démocratie[4].

Ce danger s'est concrétisé d'une manière loin d'être évidente en 1992, lorsque Fukuyama écrivit ce texte. À cette époque, les États-nations étaient les principaux acteurs de la scène mondiale. Depuis, il est devenu possible à des groupes informels de se mobiliser à l'échelle mondiale, grâce à la combinaison d'Internet, des téléphones par satellite et des e-mails cryptés, autant de techniques qui ont été utilisées lors des attaques du 11 septembre. Si ces groupes n'ont ni les moyens ni le pouvoir des États-nations, ils peuvent malgré tout causer des mouvements de panique et des perturbations, sapant ainsi la sécurité et la confiance nécessaires à la vie quotidienne.

Il est bien plus facile de surveiller des États et nous défendre contre eux, que de nous protéger contre des « individus surpuissants ». Ces individus – Oussama ben Laden en est l'exemple criant, mais il en est beaucoup d'autres – répondent à la description de Fukuyama. Ils sont issus de familles aisées, voire riches. Ils sont eux-mêmes les produits du système qu'ils sont résolus à détruire. Le véritable danger survient lorsqu'ils tentent de mobiliser, non pas un groupe de personnes partageant les mêmes idées, mais de larges groupes dispersés dans le monde. C'est alors que le pouvoir de la religion s'avère réel et effrayant. Car les religions, en particulier le christianisme et l'islam, *sont* des phénomènes mondiaux. À eux deux, ils s'attachent les loyautés de plus de la moitié des six milliards d'habitants de la planète, dont beaucoup nourrissent des griefs très différents contre le capitalisme mondial. Ces derniers sont souvent pauvres et sans emploi. Ils vivent sous des régimes répressifs. Un déferlement d'images, véhiculées par la télévision et Internet, montre un Occident riche (et décadent au regard des normes traditionnelles) et attise à la fois l'envie et l'hostilité. Si l'animosité personnelle des élites tourne en lutte religieuse populiste contre les infidèles, les mécréants et le « Grand Satan », nous en arriverons alors aux prémices d'un scénario dangereusement proche du choc des civilisations, prédit par Huntington. Il n'est pas exagéré d'affirmer que c'est le plus grand danger menaçant le vingt et unième siècle.

Nous ne sommes absolument pas préparés à relever ce défi, et cela aussi, Fukuyama l'a compris. Si à l'absence de foi religieuse, se rajoute l'échec du « projet des Lumières » de créer une éthique universelle, on aboutit à un relativisme moral : une façon de réfléchir (ou mieux, de refuser de réfléchir) à des choix de vie, ce qui convient peut-être à la culture consumériste, mais s'avère totalement inappropriée à la défense de la liberté face à un combat passionné, violent et fanatique :

> La pensée moderne n'oppose aucun obstacle à une future guerre nihiliste contre la démocratie libérale, de la part de ceux qui ont été élevés en son sein. Le relativisme – doctrine qui soutient que toutes les valeurs sont simplement relatives et qui attaque indifféremment toutes les « perspectives privilégiées » – finira par miner aussi les valeurs de la démocratie et de la tolérance. Le relativisme n'est pas une arme que l'on peut employer sélectivement contre les seuls ennemis que l'on aurait choisis : elle tire sans discrimination, brisant les jambes non seulement des « absolutismes », des dogmes et des certitudes de la tradition occidentale, mais aussi de la tolérance, de la diversité et de la liberté de penser que cette tradition met en valeur. Si rien n'est absolument vrai, si toutes les valeurs sont culturellement déterminées, alors les principes favoris comme celui de l'égalité des hommes doivent être eux aussi passés à la trappe[5].

Le relativisme est inapproprié pour répondre au défi lancé par des ethnicités affirmées et des systèmes de croyances exclusifs. En fait, l'échec même du relativisme à ancrer l'identité dans quelque chose de plus grand que soi, donne naissance à son contraire : la quête de l'appartenance ; or, il y a un lien entre violence et appartenance. « Plus les liens d'appartenance au groupe sont puissants, écrit Michael Ignatieff, plus les sentiments à l'égard des éléments extérieurs seront violents et hostiles. Il n'est pas possible de concevoir un sentiment d'appartenance exacerbé sans violence, parce qu'une appartenance de cette intensité façonne la conscience individuelle : si la nation donne aux hommes une raison de se sacrifier, elle leur donne en même temps une raison de tuer[6]. » Ces mots, écrits près d'une décennie avant le 11 septembre et la vague d'attentats-suicides qui s'ensuivit au Moyen-Orient, résonnent aujourd'hui avec une urgence encore plus grande.

À la suite des guerres de religion dans l'Europe des seizième et dix-septième siècles, une doctrine vit le jour, qui posa les fondations de l'État-nation moderne. Elle fut appelée *tolérance*. Essentiellement, elle donna à la conscience un caractère privé. Elle permit aux individus d'appartenir à un ordre civil et politique, sans nécessairement souscrire aux croyances de la majorité. On pense généralement que ce phénomène faisait partic d'un processus de laïcisation. John Plamenatz, cependant, observe à juste titre que pour Milton, Locke et d'autres encore, ce processus avait un fondement essentiellement religieux. Il s'agissait de passer de l'idée : « la foi a une importance suprême, et donc tous les hommes doivent partager la seule vraie foi », à l'idée : « la foi a une importance suprême, et donc tout homme doit être autorisé à vivre selon la foi qui lui semble vraie ». Ce n'est pas du relativisme, mais une compréhension profondément religieuse qu'une foi contrainte n'est pas la foi ; que la croyance religieuse doit être libre si elle se veut un authentique assentiment de l'âme. « La liberté de conscience, écrit Ignatieff, est née, non de l'indifférence, non du scepticisme, non d'une ouverture d'esprit plus large, mais de la foi[7]. » C'est ce qui distingue l'approche de la liberté au dix-septième siècle de celle de ses partisans au vingtième siècle, tels que Friedrich Hayek, Karl Popper et Isaiah Berlin. Ces derniers fondèrent leurs idées d'une société libre sur le scepticisme et l'incertitude et, de ce fait, affaiblirent la défense de la liberté qu'ils fragilisèrent face à ceux qui combattent au nom de la certitude.

Un retour au concept de tolérance du dix-septième siècle n'est pas suffisant. Il convenait à l'époque, parce qu'il allait de pair avec le pouvoir central fort de l'État. Divers groupes étaient contraints de vivre ensemble, car aucun n'était en position d'imposer ses vues aux autres. Le pouvoir était centralisé et délégué à une autorité suffisamment forte pour garantir l'État de droit. Avec la mondialisation, c'est l'inverse qui se produit : décentralisation du pouvoir jointe à une vulnérabilité maximale, de sorte que des actes de terrorisme individuels peuvent déstabiliser de grandes parties du monde, tout en échappant au contrôle des États, même d'une superpuissance aussi dominante que les États-Unis. Nous avons besoin d'un concept plus drastique que la tolérance.

J'ai soutenu que si nous voulons trouver une idée à la hauteur des enjeux de notre époque, elle doit venir des traditions religieuses elles-mêmes. Je me suis efforcé d'énoncer une forme possible de cette idée : le Dieu unique, Créateur de la diversité, nous ordonne d'honorer Sa création par notre respect de la diversité. Dieu, le Créateur de tout, a apposé Son image sur l'être humain, avant et indépendamment des diverses cultures et civilisations, conférant ainsi à la vie humaine une dignité et une sainteté transcendant nos différences. Voilà ce qui donne tout son poids à Son alliance avec Noé, et par conséquent avec tous les hommes. C'est le fondement moral de notre humanité commune, et donc, en définitive, des droits universels de l'homme. C'est pourquoi l'alliance ultérieure avec Abraham et ses enfants n'exclut pas d'autres voies vers le salut. Le juste des nations, celui qui honore Dieu et son alliance avec l'humanité, a sa part dans le monde à venir. Tant que les grandes religions se contenteront de tolérer la diversité de la condition humaine sans s'attacher à y découvrir une valeur positive, nous connaîtrons des guerres dont le coût en vies humaines ne cessera d'augmenter.

L'idée de la dignité de la différence n'a rien de relativiste. Elle se fonde sur la transcendance radicale de Dieu par rapport à l'univers ; un univers créé avec une stupéfiante variété de formes de vie qui, comme nous l'apprend la recherche génétique, proviennent toutes d'une source unique ; un univers créé avec une multitude de langues et de cultures à travers lesquelles l'homme, toujours en quête de sens, tente d'appréhender toutes les facettes de l'existence. De même que l'existence de l'homme s'appauvrirait si nous éliminions toutes les formes de vie autres que la nôtre, de même elle serait amoindrie et fatalement compromise, si nous éliminions toutes les cultures et traditions qui nous sont étrangères. Croire que l'on accomplit la volonté de Dieu en faisant la guerre contre les infidèles et en imposant nos propres pratiques, afin que tous les hommes partagent la même religion, tient beaucoup du concept de l'empire, et très peu de l'héritage d'Abraham revendiqué par les juifs, les chrétiens et les musulmans. Ce n'est que lorsque la foi abrahamique est entrée en contact avec l'impérialisme grec et romain qu'elle s'est transformée en une aspiration à conquérir ou convertir le monde. Nous devons y renoncer si nous ne voulons pas finir par nous entretuer. Pour reprendre la formulation d'un chapitre précédent : le fondamentalisme, de même que l'impérialisme, est la tentative d'imposer un seul mode de vie à un monde pluriel. C'est la tour de Babel de notre temps.

Pour mettre ma foi à l'épreuve, il me faut évaluer ma capacité à faire de la place à la différence. Puis-je reconnaître l'image de Dieu chez celui qui n'est pas à mon image, dont la langue, la religion et les idéaux sont différents des miens ? Si je ne le peux pas, c'est que j'ai fait Dieu à mon image, au lieu de Le laisser me faire à la Sienne. Est-ce que les juifs, les musulmans, les hindous, les sikhs, les confucéens, les orthodoxes, les catholiques et les protestants se font de la place les uns aux autres au Moyen-Orient, en Inde, au Sri Lanka, en Tchétchénie, au Kosovo, et dans des dizaines d'autres régions où des groupes ethniques et religieux vivent dans une proximité immédiate ? Pouvons-nous concevoir un changement de paradigme, nous amenant à reconnaître que nous sommes enrichis et non appauvris par la différence, de même que nous sommes enrichis, et non appauvris par les 6000 langues parlées actuellement, chacune dotée de sa sensibilité unique, de ses propres expressions artistiques et littéraires ? Nous ne parlons pas ici du cosmopolitisme de ceux qui n'ont pas d'appartenance, mais de la profonde compréhension humaine entre les hommes qui, connaissant l'importance de leurs propres attaches, comprennent le caractère essentiel des attaches d'autrui.

* * *

J'en reviens maintenant au concept qui a sous-tendu la plupart de mes thèses : le concept d'*alliance*. Initialement forme de traité entre puissances voisines dans le Proche-Orient antique, l'alliance est devenue dans la Bible hébraïque, une forme principale de relation – sinon la principale – chargée d'une signification religieuse et morale. L'alliance est une réponse à la question la plus fondamentale dans l'évolution des sociétés : comment établir des relations suffisamment solides pour créer les bases d'une coopération, sans recourir à la force économique, politique ou militaire ? L'usage de la force est exclu, car cela va à l'encontre de la dignité humaine. Si nous sommes tous les deux liés parce que d'une manière ou d'une autre, je peux t'obliger à faire ce que je veux, alors j'ai assuré ma liberté au détriment de la tienne. J'ai affirmé mon humanité en te privant de la tienne. L'alliance est une tentative de créer un partenariat sans domination ni soumission. Une caractéristique extraordinaire du langage le rend possible. Nous pouvons user des mots pour nous imposer des obligations à nous-mêmes. Le grand philosophe anglais, J.L. Austin, a appelé cela « énoncé performatif ». Il y a alliance lorsque deux individus ou groupes, inégaux quant à leur pouvoir, mais reconnaissant l'intégrité et la souveraineté de l'autre, s'engagent à une loyauté mutuelle pour réussir ensemble ce qu'aucun d'eux ne peut réussir seul. L'alliance est l'usage du langage pour créer un lien de confiance à travers la parole donnée, la parole reçue, et la parole honorée dans une fidélité mutuelle.

Une alliance n'est pas un contrat. Elle en diffère à trois égards. Elle n'est pas limitée à des conditions et circonstances spécifiques ; elle est ouverte et durable ; et elle ne se fonde pas sur l'idée que deux individus, sans lien entre eux, poursuivent leur intérêt personnel. C'est l'idée du « *nous* » qui donne identité au « *je* ». Les contrats y ont leur place, mais les alliances leur sont antérieures et sont autrement plus substantielles. Elles forment la matrice de la réciprocité, sans laquelle les relations contractuelles ne sauraient exister. Comme l'explique Philip Selznick :

> Toute alliance véritable reformule et réaffirme les caractéristiques fondamentales de la morale : déférence à l'égard d'une source de jugement au-delà de la volonté autonome ; estime de soi constructive ; souci du bien-être d'autrui. En même temps, elle établit les principes d'un mode de vie *particulier* [...]. Ce n'est pas une morale abstraite[8].

Ce qui fait de l'alliance un concept de notre temps, c'est qu'elle revendique la dignité de la différence. Les grandes relations d'alliance – qu'elles soient entre Dieu et l'humanité, entre l'homme et la femme mariés, entre les membres d'une communauté ou entre les citoyens d'une société – existent parce que les deux parties reconnaissent « qu'il n'est pas bon que l'homme soit seul ». Dieu ne peut apporter la rédemption au monde sans la participation des hommes ; les hommes ne peuvent apporter la rédemption au monde sans la reconnaissance du Divin. L'homme seul ou la femme seule ne peuvent apporter une vie nouvelle au monde. Les membres d'une communauté et les citoyens ne peuvent se suffire à eux-mêmes, et encore moins établir un cadre d'action collaborative et de bonté collective. Les alliances existent parce que nous sommes différents et cherchons à préserver cette différence, même lorsque nous nous réunissons pour mettre nos divers talents au service du bien commun. Elles se créent parce qu'elles s'inscrivent dans la logique gagnant-gagnant des relations et des interactions.

Étant donné qu'elles sont relationnelles et non ontologiques, les alliances sont intrinsèquement pluralistes. J'ai un type de relations avec mes parents, un autre avec mon épouse, d'autres avec mes enfants, mes amis, mes voisins, mes coreligionnaires, mes concitoyens, et avec les êtres humains partout où ils souffrent et ont besoin de mon aide. Aucune de ces relations n'est exclusive. La nature de la vie réelle, par opposition à l'abstraction philosophique, fait que nous avons de nombreux engagements qui parfois se contredisent. Mais ce n'est pas tragique en soi, quand bien même cela donnerait lieu à des regrets, voire à du chagrin. Le pluralisme est une forme d'espoir, parce qu'il reconnaît que nos différences sont source de contributions uniques au projet commun auquel nous participons. À court terme, il se peut que nos désirs et nos besoins se heurtent, mais la prise de conscience de l'enrichissement que nous apporte la différence nous pousse à rechercher la médiation, la résolution des conflits, la conciliation et la paix – une paix fondée sur la diversité, non sur l'uniformité.

L'alliance me dit que ma foi est une forme de relation avec Dieu, et que *cette relation n'exclut pas les autres.* « La pitié de Dieu s'étend à toutes Ses créatures » (Psaumes 145, 9) d'une façon qui dépasse notre entendement. Il n'en est de plus belle démonstration que la vision d'Isaïe qui prophétise le temps où les deux grands ennemis d'Israël, l'Égypte et l'Assyrie, deviendront un jour les élus de Dieu, aux côtés d'Israël :

> En ce jour, un autel sera consacré à l'Éternel en plein pays d'Égypte, et près de sa frontière, se dressera une stèle en l'honneur de l'Éternel. Ce sera, dans le pays d'Égypte, un signe et un témoignage pour l'Éternel-Cebaot : lorsqu'ils élèveront leurs cris vers l'Éternel, à cause des oppresseurs, Il leur enverra un sauveur, un défenseur qui les délivrera. [...]
>
> En ce jour, une chaussée conduira d'Égypte en Assyrie. Les Assyriens iront en Égypte, les Égyptiens en Assyrie ; l'Égypte et l'Assyrie pratiqueront le même culte. En ce jour-là, Israël uni, lui troisième, à l'Égypte et à l'Assyrie, sera un sujet de bénédiction dans l'étendue de ces pays, car l'Éternel-Cebaot lui aura conféré Sa bénédiction en ces termes : « Bénis soient Mon peuple d'Égypte, l'Assyrie, œuvre de Mes mains, et Israël, Mon bien propre ! » (Isaïe 19, 19-25)

C'est un passage sidérant. D'après Michael Fishbane, il s'agit de « la transposition la plus extrême d'une mémoire historique nationale ». En effet, la délivrance unique d'Israël, la sortie d'Égypte, est réitérée pour ses ennemis de jadis. Fishbane observe à juste titre « qu'Isaïe a légué à l'Égypte la mémoire la plus personnelle d'Israël dans l'intérêt de la paix. La métamorphose est stupéfiante[9] ». Quelque 2700 ans avant qu'Horace Kallen ne conçoive le terme de « pluralisme », Isaïe l'avait revêtu d'un sens religieux. Le monde de Dieu est varié. Les voies vers le salut sont multiples. Il y a une myriade d'univers de sagesse, et chacun d'entre eux capte une parcelle du rayonnement Divin pour la refléter dans la vie de ses adeptes qui, sans réfuter ni exclure les autres, unissent leurs voix en un hymne harmonieux à la gloire du Créateur.

Enfin, les alliances sont intergénérationnelles. « Mais ce n'est pas avec vous seuls que j'établis cette alliance et ce pacte, mais avec ceux qui sont aujourd'hui placés avec nous, en présence de l'Éternel, notre Dieu, et avec ceux qui ne sont pas ici, à côté de nous, en ce jour » dit Moïse à la fin de sa vie (Deutéronome 29, 13-14). Une alliance est, selon Edmund Burke, un partenariat « entre ceux qui vivent, ceux qui sont à naître et ceux qui sont morts[10] ». Elle nous rappelle que nous sommes les gardiens du passé afin de préserver l'avenir. Elle élargit nos horizons, en nous faisant prendre conscience de la chaîne des générations dont nous sommes un maillon. Elle nous oblige à assumer les conséquences de nos actions, que ce soit la surexploitation de l'environnement, la commercialisation à outrance de la société, l'impardonnable commerce des armes, et toute autre situation où l'intérêt personnel immédiat met l'avenir en danger. L'alliance implique une responsabilité qui s'étend horizontalement dans l'espace, verticalement dans le temps, à tous les aspects de la totalité dont nous faisons partie.

* * *

La situation mondiale actuelle n'est pas sans rappeler celle des nations européennes durant les guerres de religion qui suivirent la Réforme aux seizième et dix-septième siècles. À l'époque, comme aujourd'hui, les conflits déchiraient les sociétés. Une question se posa alors : comment des personnes aux convictions violemment conflictuelles pouvaient-elles coexister pacifiquement ? De cette crise naquit l'idée d'un contrat social, diversement formulée par Hobbes, Locke et Rousseau. Dans le cadre de ce contrat, les individus consentent à céder certains de leurs pouvoirs personnels à une autorité centrale, chargée de maintenir l'ordre et d'œuvrer pour le bien commun.

Nous sommes encore loin d'un contrat mondial en vertu duquel les États-nations accepteraient de sacrifier une partie de leur souveraineté pour créer une forme de gouvernance mondiale. Il existe toutefois une alternative, à savoir une *alliance* mondiale. Les alliances sont plus fondatrices que les contrats. Les alliances sociales créent des sociétés ; les contrats sociaux créent des États. L'Israël antique établit son contrat social lorsque, à la demande du peuple, Samuel oignit Saül comme roi, marquant ainsi la naissance du premier gouvernement national d'Israël. Israël avait déjà conclu son alliance sociale plusieurs siècles auparavant, lors de la révélation au mont Sinaï. La relation entre alliance et contrat s'apparente à celle existant entre la Déclaration d'Indépendance des États-Unis (1776) et leur Constitution (1789). Celle-ci précise la structure constitutionnelle de l'État, et celle-là les principes moraux de la société sur lesquels se fonde l'État. Les alliances sont des commencements, des actes d'engagement moral. Elles sont formulées dans des termes généraux dont la signification précise fait l'objet de constants débats, mais qui constituent des pierres de touche, des idéaux, des points de référence à l'aune desquels les politiques et les pratiques sont jugées. Ce dont nous avons besoin aujourd'hui, ce n'est pas d'un contrat donnant naissance à une structure politique mondiale, mais plutôt d'une alliance englobant notre vision commune de l'avenir de l'humanité.

Une idée relie le premier chapitre de la Genèse à la Déclaration d'Indépendance des États-Unis, à savoir que « tous les hommes sont créés égaux ». La façon dont Philip Selznick commente cette idée est saisissante : « L'égalité morale, écrit-il, est le postulat selon lequel toutes les personnes ont la même valeur intrinsèque. Elles sont inégales en termes de talents, de contributions à la vie sociale, ainsi que dans leurs droits aux récompenses et aux ressources. Mais tout individu est présumé avoir droit à la reconnaissance de son statut d'individu. » En conséquence, tous ont droit aux « conditions de base qui rendent l'existence possible, tolérable et porteuse d'espoir », c'est-à-dire à tout ce qui est nécessaire pour préserver « leur dignité et leur intégrité en tant que personnes[11] ». Cette Déclaration pose au moins le point de départ d'une alliance mondiale dans laquelle les nations du monde, non seulement exprimeraient collectivement leur engagement en faveur des droits de l'homme, mais aussi reconnaîtraient leurs responsabilités. Il s'agit d'une conception non seulement politique, mais aussi économique, environnementale, morale et culturelle, d'un bien commun construit sur le double fondement d'une humanité partagée et du respect de la diversité.

Au cours de mes réflexions sur l'histoire juive, j'ai appris à faire la distinction entre *optimisme* et *espoir*. L'optimisme est la conviction que les choses vont s'améliorer. L'espoir est la certitude qu'ensemble, nous pouvons améliorer les choses. L'optimisme est une vertu passive, l'espoir une vertu active. Il n'est pas nécessaire d'avoir du courage pour être optimiste, mais il en faut beaucoup pour avoir de l'espoir. Compte tenu de ce qu'ils savent de leur passé, les Juifs ne peuvent être optimistes. Pourtant, malgré une histoire marquée de souffrances parfois indicibles, ils n'ont jamais perdu espoir. Il n'est pas fortuit qu'ils aient appelé l'hymne national de leur nouvel État « *Hatikva* », l'espoir.

L'espoir n'existe pas dans un vide conceptuel. Il s'intègre à des contextes culturels dont certains inhibent même son expression. Il est né de la conviction que les sources de l'action se trouvent en nous-mêmes. Nous ne sommes pas les produits involontaires de causes aveugles : le gène égoïste, la lutte darwinienne pour la survie, la dialectique hégélienne de l'histoire, la lutte des classes marxiste, le conflit des volontés nietzschéen, l'ensemble des tendances sociales durkheimien, ou le complexe freudien des pulsions psychologiques dont nous ne sommes que vaguement conscients. L'humanité n'a jamais été à court de visions du monde qui placent la source de l'action en dehors de nous-mêmes, confiant notre existence aux vents et marées du destin que nous pouvons au mieux espérer apaiser, au pire, nous résigner à subir. L'espoir, c'est savoir que nous pouvons choisir, que nous pouvons apprendre de nos erreurs et agir différemment la prochaine fois ; c'est savoir que l'histoire n'est pas ce que Joseph Heller a décrit comme « un sac-poubelle qui, rempli de coïncidences fortuites, a été éventré par le vent », mais un long et lent voyage vers la rédemption, quels que soient les détours et les impasses rencontrés en chemin.

L'espoir est une vertu humaine, mais dont les fondements sont religieux. C'est la conviction, non pas que Dieu a écrit le scénario de l'histoire, qu'Il interviendra pour nous racheter de nos erreurs ou nous protéger contre les pires fléaux, mais simplement qu'Il se soucie de nos aspirations, qu'Il nous accompagne dans nos efforts maladroits, et qu'Il nous a donné les moyens de nous sauver de nous-mêmes ; c'est la certitude que nous n'avons pas tort de rêver, de désirer un monde meilleur et d'y travailler. En fin de compte, les grands systèmes de pensée se valident d'eux-mêmes. Pour celui qui croit que la condition humaine est essentiellement tragique, la vie se révélera comme une série de tragédies. Pour celui qui croit que nous avons le pouvoir d'influencer le cours des événements, l'histoire apparaîtra comme un cheminement lent et incertain vers un ordre social plus bienveillant.

Je crois qu'en notre qualité de chefs religieux, nous ne pouvons plus prétendre que rien n'a changé dans l'existence des hommes. Car *quelque chose a changé* : notre capacité à faire le bien et le mal, ainsi que la portée et les conséquences de nos actes. Nous nous trouvons désormais face à face avec l'étranger, et il ne tient qu'à nous de voir en lui une menace ou un enrichissement. Dans chaque religion, les Écritures comportent des textes qui peuvent être lus littéralement comme l'expression d'un particularisme étroit, d'une suspicion envers les étrangers et d'une intolérance envers ceux qui ne pensent pas comme nous. Mais elles comportent également des textes qui mettent l'accent sur la solidarité avec l'étranger, l'empathie à son égard, le courage qui pousse les hommes à tendre la main au-delà des frontières ségrégatives et hostiles. À nous de choisir. Les textes généreux de notre tradition serviront-ils de clés herméneutiques pour décrypter l'ensemble des textes ? Ou bien les passages corrosifs détermineront-ils notre idée de ce que nous sommes et de ce que nous sommes appelés à faire ? Aucune tradition n'échappe à la nécessité constante de réinterpréter son message, d'appliquer des vérités éternelles à un monde en perpétuelle évolution, d'écouter ce que la parole de Dieu exige de l'homme, ici et maintenant. C'est ce que les chefs religieux ont fait de tout temps, hier comme aujourd'hui.

La question est de savoir comment nous considérerons notre interdépendance actuelle : comme une menace ou comme un défi ?

Comme l'œuvre de l'homme, ou comme un appel de Dieu à une plus grande humanité et une plus grande retenue ? Pour ma part, je crois que Dieu nous appelle à voir dans « l'autre humain » une trace de « l'Autre Divin ». L'épreuve à laquelle les grandes puissances du vingtième siècle ont lamentablement échoué, consiste à percevoir la présence Divine sur le visage de l'étranger ; à entendre le cri des faibles face aux pouvoirs sans précédent de notre époque ; à ressentir la détresse de ceux qui ont faim, qui sont pauvres, ignorants et inéduqués, et dont le potentiel humain n'a aucune chance de s'exprimer. Telle est la foi d'Abraham et de Sarah, auxquels les grandes religions, judaïsme, christianisme et islam, font remonter leur ascendance spirituelle ou biologique. Telle est la foi de celui qui, tout en se disant poussière et cendres, demanda à Dieu lui-même : « Celui qui juge toute la terre serait-Il un juge inique ? » Nous ne sommes pas des dieux, mais Dieu nous appelle à accomplir Son œuvre d'amour, de justice, de compassion et de paix.

Il y a bien des années, j'ai eu le privilège de rencontrer l'un des grands chefs religieux du monde juif. Il était à la tête d'un large groupe de disciples, animés d'un véritable élan mystique. J'ai été inspiré par ses enseignements et impressionné par la spiritualité de ses élèves. Mais j'avais une question à lui poser à propos du mode de vie qu'il préconisait et qui me paraissait trop exclusif. Dans sa piété fervente et hermétique à toute influence extérieure, il se coupait du reste du monde. N'y avait-il pas, lui ai-je demandé, de beauté et de valeur en dehors des murs étroits entre lesquels il vivait ? Il me répondit par une parabole :

Imagine, me dit-il, deux hommes qui passent leur vie à transporter des pierres. L'un porte des sacs de diamants, l'autre, des sacs de cailloux. On leur demande maintenant de transporter un sac de rubis. Lequel des deux comprend la valeur de ce qu'il porte ? L'homme qui porte des diamants sait que certaines pierres sont précieuses, même si ce ne sont pas des diamants. Mais pour l'homme qui n'a jamais transporté que des cailloux, les pierres ne sont qu'un fardeau. Elles pèsent lourd, mais n'ont pas de valeur. Les rubis dépassent son entendement.

Il en va de même de la foi, dit-il. Si nous chérissons notre religion, nous comprendrons la valeur des autres religions. Nous pouvons voir notre religion comme un diamant et une autre comme un rubis, mais nous savons que toutes deux sont des pierres précieuses. Mais si la foi est un fardeau, nous n'estimerons pas notre religion, ni celle d'un autre. Nous les considérerons toutes deux comme inutiles. La vraie tolérance, dit-il, ne vient pas de l'absence de foi, mais de sa présence vivante. Comprendre la particularité de ce qui compte pour nous est la meilleure manière d'apprécier ce qui compte pour les autres.

La différence n'amoindrit pas ; elle élargit la sphère des possibilités humaines. Notre dernier espoir est de nous rappeler le poème de John Donne, ainsi que la très ancienne histoire de Noé après le déluge ; au cœur de notre hypermodernité, il nous faut écouter un appel à la fois ancien et nouveau, en faveur d'une alliance mondiale de responsabilité et d'espoir. Ce n'est que lorsque nous prendrons conscience du danger d'un monde où tous seraient identiques – la même religion d'un côté, le même McWorld de l'autre – que nous empêcherons le choc des civilisations, issu de la menace et de la peur. Nous apprendrons à vivre avec la diversité, une fois que nous aurons compris que la dignité de la différence nous est donnée par Dieu, et qu'elle est source d'enrichissement pour le monde.

Bibliographie

Abrams, Elliott (2001), *The Influence of Faith* [L'influence de la foi]. Lanham, MD: Rowman & Littlefield.

Acton, H. B. (1993), *The Morals of Markets and Related Essays* [La morale du marché et autres essais]. Indianapolis, IN: Liberty Press.

Adorno, T. W. (1982), *The Authoritarian Personality*. New York: W.W. Norton.

(2017), *Études sur la personnalité autoritaire*, trad. Hélène Frappat. Paris : Allia.

Althusius, Johannes (1995), *Politica*. Indianapolis, IN: Liberty Press.

(2023), *La politique méthodiquement ordonnée et illustrée par des exemples sacrés et profanes*, trad. Gaëlle Demelemestre. Genève : Droz.

Anderson, Benedict (1991), *Imagined Communities*. London: Verso.

(2006), *L'imaginaire national : Réflexions sur l'origine et l'essor du nationalisme*, trad. P.-E. Dauzat. Paris : La Découverte.

Arendt, Hannah (1958), *The Human Condition*. New York: Doubleday.

(1961), *Condition de l'homme moderne*, trad. Georges Fradier. Paris : Calmann-Lévy.

Aristote (1874), *La Politique*, trad. J. Barthélémy-Saint-Hilaire. Paris : Ladrange.

Aristotle (1988), *The politics* (ed. Stephen Everson). Cambridge: Cambridge University Press.

Barber, Benjamin (1992), « Jihad vs. McWorld », *Atlantic Monthly* (March).

(1996), *Djihad versus McWorld. Mondialisation et intégrisme contre la démocratie*, trad. Michel Valois. Paris : Desclée de Brouwer.

(2001), *Jihad vs McWorld*. New York: Ballantine.

Baron, Salo (1945), *The Jewish Community* [La communauté juive] Vol. 2. Philadelphia, PA: Jewish Publication Society.

Barzun, Jacques (2000), *From Dawn to Decadence* [De l'aube à la décadence]. New York: HarperCollins.

Baum, Gregory and Wells, Harold (eds) (1997), *The Reconciliation of Peoples* [La réconciliation des peuples]. New York: Orbis.

Bauman, Zygmund (1998), *Globalization: The Human Consequences* [Mondialisation: Les conséquences humaines]. Cambridge: Polity Press.

Bellah, Robert, Madsen, Richard, Sullivan, William, Swidler, Ann and Tipton, Steven (1988), *Habits of the Heart* [Les habitudes du cœur]. London: Hutchinson.

Bentley, Tom and Stedman Jones, Daniel (2001), *The Moral Universe* [L'univers moral]. London: Demos.

Berger, Peter (1967), *The Sacred Canopy* [Le dais sacré]. New York: Doubleday.

(ed.) (1999), *The Desecularization of the World*. Grand Rapids, MI: Eerdmans.

(2001), *Le réenchantement du monde*, trad. Jean-Luc Poutier. Paris : Bayard.

Berger, Brigitte and Kellner, Hansfried (1973), *The Homeless Mind* [L'esprit sans abri]. London: Penguin.

Berlin, Isaiah (1990), *Éloge de la liberté*. Paris : Pocket.
(2002), *Liberty*. Oxford: Oxford University Press.

Booth, Ken, Dunne, Tim and Cox, Michael (eds) (2001), *How Might we Live? Global Ethics in the New Century* [Comment vivre ? Éthique mondiale du nouveau siècle]. Cambridge: Cambridge University Press.

Brown, Gordon (2002), *Tackling Poverty: A Global New Deal* [Lutter contre la pauvreté: un New Deal mondial]. London: HM Treasury.

Brown, William P. (1999), *The Ethos of the Cosmos* [L'ethos du cosmos]. Grand Rapids, MI: Eerdmans.

Brittan, Samuel (1995), *Capitalism with a Human Face* [Capitalisme à visage humain]. London: Edward Elgar.

Buber, Martin (1996), *Paths in Utopia*. Syracuse, NY: Syracuse University Press.
(2016), *Utopie et socialisme*. Paris : L'échappée.

Burke, Edmund (1823). *Réflexions sur la Révolution de France*. Paris : E. Egron imprimeur.
(1993), *Reflections on the Revolution in France*. Oxford: Oxford University Press.

Burley, Justine (1999), *The Genetic Revolution and Human Rights* [La révolution génétique et les droits de l'homme] Oxford: Oxford University Press.

Cahill, Thomas (1999), *The Gifts of the Jews* [Les présents des Juifs]. New York: Anchor.

Clinton, Bill (2001), « The Struggle for the Soul of the 21st Century » [La lutte pour l'âme du 21e siècle], BBC, Dimbleby Lecture (14 December).

Cupitt, Don (1984), *The Sea of Faith* [La mer de la foi]. London: BBC.

Dale, Graham (2000), *God's Politicians* [Les politiciens de Dieu]. London: HarperCollins.

Darwin, Charles (1871), The Descent of Man and Selection in Relation to Sex. London: John Murray.

La descendance de l'homme et la sélection sexuelle 1881, trad. E. Barbier. Paris : G. Reinwald.

Demos (1998), *The Good Life* [La bonne vie]. London: Demos.

Dennis, Norman and Halsey, A. H. (1988), *English Ethical Socialism* [Le socialisme éthique anglais]. Oxford: Clarendon Press.

Diamond, Jared (1992), *The Third Chimpanzee*. New York: Harper Perennial.

(2011), *Le troisième chimpanzé : Essai sur l'évolution et l'avenir de l'animal humain*, trad. Marcel Blanc. Paris : Folio Essais.

Dionne, E. J. (1998), *Community Works* [Œuvres communautaires]. Washington, DC: Brookings Institution.

Diringer, David (1958), *The story of the Aleph Beth* [L'histoire de l'Aleph Beth]. London: Lincolns-Prager.

(1962), *Writing* [Écrire]. London: Thames & Hudson.

Donne, John (1930), *Complete Poetry and Selected Prose*. London: Nonesuch.

(2001), *Méditations en temps de crise*, trad. Franck Lemonde. Paris : Payot-Rivages.

Dunning, J. H. (1997), *Alliance Capitalism and Global Business* [Capitalisme d'alliance et commerce mondial]. London and New York: Routeledge.

(2002), « Relational Capital, Networks and International Business Activity » [Capital relationnel], in F. Contractor and P. Lorange, *Cooperative Strategies and Alliances* [Stratégies et alliances de coopération]. Oxford: Elsevier Science.

Eberly, Don (ed.) (1994), *Building a Community of Citizens* [Construire une communauté de citoyens]. Lanham, MD: University Press of America.

(ed.) (2000), *The Essential Civil Society Reader* [Le lecteur essentiel de la société civile]. Lanham, MD: Rowman & Littlefield.

Elazar, Daniel (1989), *People and Polity* [Peuple et régime politique]. Detroit: MI: Wayne State University Press.

(1995), *Covenant and Polity in Biblical Israel* [Alliance et régime politique dans l'Israël biblique]. New Brunswick: Transaction.

Enright, Robert and North, Joanna (eds), (1998), *Exploring Forgiveness* [Explorer le pardon]. Madison, WI: University of Wisconsin Press.

Etzioni, Amitai and Carney, David (eds), (1997), *Repentance: A Comparative Perspective* [Le repentir: Une perspective comparative]. Lanham, MD: Rowman & Littlefield.

Finkielkraut, Alain (1996), *L'humanité perdue. Essai sur le XXe siècle.* Paris : Seuil.

(2001), *In the Name of Humanity.* London: Pimlico.

Flavius Josèphe (1879), Réponse de Flavius Josèphe à Appion en justification de son histoire ancienne des Juifs, dans Œuvres complètes de Flavius Josèphe. Paris : Delagrave.

Frank, Thomas (2002), *One Market under God* [Un marché unique sous la souveraineté de Dieu.] London: Vintage.

Friedman, Thomas (2000), *The Lexus and the Olive Tree.* London: HarperCollins.

(2001), *La puce et l'olivier,* trad. Monique Berry. Nouveaux Horizons.

Fukuyama, Francis (1989), « The End of History? », *The National Interest,* 16 (Summer): 3-18.

(1992), *The End of History and the Last Man.* London: Hamish Hamilton.

Fukuyama, Francis (1992), *La fin de l'histoire et le dernier homme,* trad. Denis-Armand Canal. Paris : Flammarion.

(1995), *Trust* [Confiance]. London: Hamish Hamilton.

(1997), *La confiance et la puissance : vertus sociales et prospérité économique,* trad P.-E. Dauzat. Paris : Plon.

(1999), *The Great Disruption.* London: Profile.

(2003), *Le grand bouleversement : La nature humaine et la reconstruction de l'ordre social,* trad. Denis-Armand Canal. Paris : Table ronde.

Galbraith, John Kenneth (1992), *The Culture of Contentment* [La culture du contentement]. London: Sinclair-Stevenson.

George, Henry (1907), *Moses* [Moïse]. Lecture given in St Andrew's Hall, Glasgow, 28 December 1884. Glasgow: Land Values Publication Dept.

Gladwell, Malcolm (2001), *The Tipping Point.* London: Abacus. (2016), *Le point de bascule. Comment faire une grande différence avec de très petites choses,* trad. Danielle Charron. Paris : Flammarion.

Glendon, M. and Blankenhorn, D. (eds) (1995), *Seedbeds of Virtue* [Les semences de la vertu] Lanham, MD: Madison Books.

Glover, Jonathan (1999), *Humanity* [Humanité]. London: Jonathan Cape.

Gompertz, Lewis (1992), *Moral Inquiries on the Situation of Man and the Beasts* [Enquêtes morales sur la situation de l'homme et des animaux]. Fontwell, Sussex: Centaur Press.

Gopin, Marc (2000), *Between Eden and Armageddon* [Entre Éden et Armaggedon]. Oxford: Oxford University Press.

Gottwald, Norman K. (1980), *The Tribes of Yahweh* [Les tribus de Yahvé]. London: SCM Press.

Gray, John (1997), *Endgames* [La fin des jeux]. Oxford: Blackwell.

Gunton, Colin (1993), *The One, The Three and the Many* [Un, trois et beaucoup]. Cambridge: Cambridge University Press.

Harrison, Lawrence and Huntington, Samuel (eds) (2000), *Culture Matters* [Questions de culture]. New York: Basic Books.

Havel, Václav (1998), *The Art of the Impossible* [L'art de l'impossible]. New York: Fromm.

Held, David (ed.) (2000), *A Globalizing World?* [Mondialisation du monde ?]. London: Routeledge.

Held, David and McGrew, Anthony (eds) (2000), *The Global Transformations Reader* [Lecteur des transformations mondiales]. Cambridge: Polity Press.

Henderson, Michael (2002), *Forgiveness: Breaking the Chain of Hate* [Le pardon: Briser la chaîne de la haine]. London: Grosvenor Books.

Hertz, Noreena (2001), *The Silent Takeover* [La prise de contrôle silencieuse]. London: William Heinemann.

Heschel, A. J. (1962), *The Prophets* [Les prophètes]. Philadelphia, PA: Jewish Publication Society.

Hill, Christopher (1994), *The English Bible and the Seventeenth Century Revolution* [La Bible anglaise et le dix-septième siècle]. London: Penguin.

Hillers, Delbert (1969), *Covenant: The History of a Biblical Idea* [L'alliance: L'histoire d'une idée biblique]. Baltimore, MD: Johns Hopkins University Press.

Hirsch, Samson Raphael (1969), *The Nineteen letters*. New York: Feldheim.

(1987), *Dix-neuf épîtres sur le judaïsme*, trad. de l'allemand par Maurice-Ruben Hayoun. Paris : Les éditions du cerf.

Hirschman, Albert (1997), *The Passions and the Interests*. Princeton, NJ: Princeton University Press.

(2014), *Les passions et les intérêts. Justifications politiques du capitalisme avant son apogée*, trad. Pierre Andler. Paris : PUF.

Hobbes, Thomas (1991), *Leviathan*. Cambridge: Cambridge University Press.

(2004), *Léviathan*, trad. Philippe Folliot. Québec: Classiques des sciences sociales.

Howard, Michael (2000), *The Invention of Peace* [L'invention de la paix]. London: Profile.

Huntington, Samuel (1996), The Clash of Civilizations and the Remaking of World Order. New York: Simon & Schuster.

(2000), *Le choc des civilisations*. Paris : Odile Jacob.

Ignatieff, Michael (1993), *Blood and Belonging* [Sang et appartenance]. London: Viking.

(1997), *The Warrior's Honor*. New York: Metropolitan Books.

(2000), *L'honneur du guerrier. Guerre ethnique et conscience moderne*, trad. J. Des Chênes. Paris : La découverte.

(2001), *Human Rights as Politics and Idolatry* [Les droits de l'homme comme politique et idolâtrie]. Princeton, NJ: Princeton University Press.

James, Oliver (1997), *Britain on the Couch* [La Grande-Bretagne sur le divan]. London: Century.

James, William (1911), *Le pragmatisme*, trad. E. Brun. Paris : Flammarion.

Jay, Peter (2001), *Road to Riches* [La route de la richesse]. London: Phoenix.

Johnston, Douglas and Sampson, Cynthia (eds) (1994), *Religion, The Missing Dimension of Statecraft* [Religion, la dimension manquante de l'État]. Oxford: Oxford University Press.

Jonas, Hans (1984), *The Imperative of Responsibility*. Chicago, IL: University of Chicago Press.

(1996), *Mortality and Morality* [Mortalité et morale]. Evanston, IL: Northwestern University Press.

(2013), *Le principe responsabilité : Une éthique pour la civilisation technologique*. Paris : Flammarion.

Klein, Naomi (2001), *No Logo*. London: Flamingo.

(2002), *No logo. La tyrannie des marques*, trad. Michel Saint-Germain. Arles : Actes Sud.

Korten, David (2000), *Post-Corporate World* [Le monde de l'après-entreprise]. West Hartford, CT: Kumarian.

Landes, David (1998), *The Wealth and Poverty of Nations*. London: Little, Brown & Co.

(2000). *Richesse et pauvreté des nations*. Paris : Albin Michel.

Lang, Berel (1996), *Heidegger's Silence* [Le silence d'Heidegger]. London: Athlone Press.

Lasch, Christopher (1991), *The True and Only Heaven*. New York: W. W. Norton.

(2006), *Le seul et vrai paradis. Une histoire de l'idéologie du progrès et de ses critiques*. Paris : Flammarion.

Leadbeater, Charles (2000), *Living on Thin Air* [Vivre à l'air libre]. London: Penguin.

Lemercier de la Rivière (1767/2024), *L'ordre naturel et essentiel des sociétés politiques*. Paris : Institut Coppet.

Levi, Primo (1987), *If This is a Man*. London: Abacus.

(1988), *Si c'est un homme*. Paris : Pocket.

Lindblom, Johannes (1962), *Prophecy in Ancient Israel* [Prophétie dans l'Israël antique]. Oxford: Blackwell.

MacIntyre, Alasdair (1981), *After Virtue*. London: Duckworth.

(1997), *Après la vertu : Étude théorie morale*, trad. Laurent Bury. Paris : PUF Quadrige.

Maïmonide, Moses (1866), *Le guide des égarés. Traité de théologie et de philosophie*, trad. S. Munk. Paris : A. Franck, Libraire.

Man, John (2001), *Alpha Beta: How our Alphabet Shaped the Western World* [Alpha Beta: Comment notre alphabet a façonné le monde occidental]. London: Headline.

Marx, Karl (1843/2010). *Contribution à la critique de la philosophie du droit de Hegel*, trad. de l'allemand par « du mauvais côté ». Genève : Entremonde.

Mathis, Charles-François (dir.), (2009), *Le monde britannique (1815-1931)*, CNED/SEDES.

Mead, George Herbert, (2006). *L'esprit, le soi et la société*, trad D. Cefaï et L. Quéré, Paris : PUF.

Meilaender, Gilbert (2000), *Working: Its Meaning and Its Limits* [Le travail : son sens et ses limites]. Notre Dame, IN: University of Notre Dame Press.

Mendes-Flohr, Paul and Reinharz, Judah (1980), *The Jew in the Modern World* [Le Juif dans le monde moderne]. New York: Oxford.

Micklethwait, John and Woolridge, Adrian (2001). *A Future Perfect* [Un avenir parfait]. London: Random House.

Monbiot, George (2001), *Captive State: The Corporate Takeover of Britain* [L'État captif : La prise de contrôle de la Grande-Bretagne par les entreprises]. London: Pan.

Montesquieu (1857), *L'esprit des lois*, Paris : L. Parelle.

Moore, K. and Lewis, D. (1999), *Birth of the Multinational* [La naissance des multinationales]. Copenhagen: Copenhagen Business Press.

Naisbitt, John and Aburdene, Patricia (1990), *Megatrends 2000*. London: Sidgwick & Jackson.

(1990). *Mega tendances 1990-2000. Ce qui va changer*, trad. Lorraine Gentil. Paris : First.

Nisbet, Robert (1980), *History of the Idea of Progress* [Histoire de l'idée de progrès]. New York: Basic Books.

Novak, Michael (1987), *Une éthique économique*. Paris : Cerf.

(1991), *The Spirit of Democratic Capitalism*. London: Institute of Economic Affairs.

(1992), *This Hemisphere of Liberty* [Cet hémisphère de liberté]. Washington, DC: American Enterprise Institute.

(1993), *The Catholic Ethic and the Spirit of Capitalism* [L'éthique catholique et l'esprit du capitalisme]. New York: Free Press.

(1996), *Business as a Calling* [L'entreprise, une vocation]. New York: Free Press.

(1999), *On Cultivating Liberty* [Cultiver la liberté]. Landham, MD: Rowman & Littlefield.

Nye, Joseph S. (2002), *The Paradox of American Power* [Le paradoxe du pouvoir américain]. New York: Oxford University Press.

Ogburn, William (1964), *Social Change* [Changement social]. Gloucester, MA: Peter Smith.

Ong, Walter J., (1992), *Orality and Literacy*. London: Routledge.

(2014), *Oralité et écriture : La technologie de la parole*, trad. Hélène Wiessler. Paris : Les Belles Lettres.

Passmore, John (1980), *Man's Responsibility for Nature* [La responsabilité de l'homme envers la nature]. London: Duckworth.

Perlas, Nicanor (2000), *Shaping Globalization* [Façonner la mondialisation]. Philippines: Centre for Alternative Development Initiatives.

Picco, Giandomenico (2001), *Crossing the Divide: Dialogue Among Civilizations* [Franchir le fossé: Le dialogue entre les civilisations]. South Orange, NJ: Seton Hall University.

Plamenatz, John (1963), *Man and Society* [L'homme et la société]. Vol. 1. London: Longman.

Plato (1955), *The Republic* (trans. H. D. P. Lee). Harmondsworth: Penguin.

Platon (1987), *La République*, trad. Robert Baccou, Paris : Garnier-Flammarion.

Rawls, John (1993), *Political Liberalism*. New York: Columbia University Press.

(1998), *Le droit des gens*. Paris: 10/18.

(1999), *The Law of Peoples*. Cambridge, MA: Harvard University Press.

(2016), *Libéralisme politique*, trad. Catherine Audard. Paris : PUF.

Reich, Robert (1992), *The Work of Nations*. New York: Vintage.

(1997), *L'économie mondialisée*, trad. Daniel Temam. Paris: Dunod.

(2001), *The Future of Success* [L'avenir de la réussite]. London: William Heinemann.

Ridley, Matt (1996), *The Origins of Virtue* [Les origines de la vertu]. London: Viking.

(1999), *Genome*. London: Fourth Estate.

(2001), *Génome : Autobiographie de l'espèce humaine en vingt-trois chapitres*, trad. Bella Arman. Paris : Robert Laffont.

Rifkin, Jeremy (1999), *The Biotech Century* [Le siècle de la biotechnologie]. London: Phoenix.

(2000), *The Age of Access*. London: Penguin.

(2005), *L'âge de l'accès : La nouvelle culture du capitalisme*, trad. Marc Saint-Upéry. Paris : La Découverte.

Rorty, Richard (1980), *Philosophy and the Mirror of Nature*. Oxford: Blackwell.

(1989), *Contingency, Irony and Solidarity*. Cambridge: Cambridge University Press.

(1997), *Contingence, ironie et solidarité*. Paris : Armand Colin.

(2017), *La philosophie et le miroir de la nature*. Paris : Seuil

Rotenstreich, Nathan (1984), *Jews and the German Philosophy* [Les Juifs et la philosophie allemande]. New York: Schocken.

Sacks, Jonathan (1990), *Tradition in an Untraditional Age* [Tradition à l'âge de la non-tradition]. London: Vallentine Mitchell.

(1995), *Community of Faith* [Communauté de foi]. London: Peter Halban.

(1999), *Morals and Markets* [Morale et marchés]. London: Institute of Economic Affairs.

(2000), *The Politics of Hope* [La politique de l'espoir]. 2nd ed. London: Vintage.

(2001), *Radical Then, Radical Now* [Radical hier, radical aujourd'hui]. London: HarperCollins.

Sandel, Michael (1982), *Liberalism and the Limits of Justice*. Cambridge: Cambridge University Press.

(ed) (1984), *Liberalism and its Critics*. Oxford: Blackwell.

(1999), *Le libéralisme et les limites de la justice*, trad. Jean-Fabien Spitz. Paris : Seuil.

Schumpeter, Joseph (1947), *Capitalism, Socialism, and Democracy*. London: George Allen & Unwin.

(1942), *Capitalisme, socialisme et démocratie*, trad. Gaël Fain. Paris : Payot.

Scruton, Roger (1996), *Animal Rights and Wrongs* [Droits et maux des animaux]. London: Demos.

(1998), *An Intelligent Person's Guide to Modern Culture* [Guide de la culture moderne à l'usage des personnes intelligentes]. London: Duckworth.

Seligman, Adam (1997), *The Problem of Trust* [Le problème de la confiance]. Princeton, NJ: Princeton University Press.

Selznick, Philip (1994), *The Moral Commonwealth* [Communauté morale] Berkeley, CA: University of California Press.

Sen, Amartya (1999), *Development as Freedom*. Oxford: Oxford University Press.

(2003), *Un nouveau modèle économique. Développement, justice, liberté*. Paris : Odile Jacob.

Shriver, Donald (1995), *An Ethic for Enemies* [Une éthique de l'ennemi]. Oxford: Oxford University Press.

Smith, Adam (1843), Recherches sur la nature et les causes de la richesse des nations, trad. M. Blanqui. Paris : Guillemin.

(1937), *An Inquiry into the Nature and Causes of the Wealth of Nations*. New York: Modern Library.

(1976), *The Theory of Moral Sentiments*. Indianapolis, IN: Liberty Press.

(1986), *The Wealth of Nations, Books I-III*. London: Penguin Classics.

(1999), *La richesse des nations*, D. Diatkine (dir.), G. Garnier (trad.). Paris : Garnier-Flammarion.

(2003), *Théorie des sentiments moraux*, trad., intro. et notes M. Biziou, C. Gauthier, J.-F. Pradeau. Paris: PUF.

Sombart, Werner (1923), *Les Juifs et la vie économique*, trad. Serge Jankélévitch. Paris : Payot.

(1997), *The Jews and Modern Capitalism*. New Brunswick: Transaction.

Soros, George (1998), *The Crisis of Global Capitalism* [La crise du capitalisme mondial]. London: Little, Brown & Co.

(2000), *Open Society: Reforming Global Capitalism* [Société ouverte : réformer le capitalisme mondial]. London: Little, Brown & Co.

(2002), *On Globalization* [Sur la mondialisation]. Oxford: Public Affairs.

Stackhouse, Max (ed.) (2000), *God and Globalization. Volume 1: Religion and the Powers of the Common Life* [Dieu et la mondialisation. Volume 1: La religion et les pouvoirs de la vie commune]. Harrisburg, PA: Trinity Press International.

Stitskin, Leon (1982), *Letters of Maimonides* [Lettres de Maïmonide]. New York: Yeshiva University Press.

Tabb, William (2001), *The Amoral Elephant* [L'éléphant amoral]. New York: Monthly Review Press.

(2002), *Unequal Partners* [Partenaires inégaux]. New York: New Press.

Tamari, Meir (1987), *With all your Possessions: Jewish Ethics and Economic Life* [Avec toutes vos possessions: Éthique juive et vie économique]. New York: Free Press.

(1995), *The Challenge of Wealth* [Le défi de la richesse]. Northvale, NJ: Jason Aronson.

Tocqueville, Alexis de (1850). *De la démocratie en Amérique*. Paris : Pagnerre.

(1968). *Democracy in America*. London: Fontana.

Toffler, Alvin (1971), *Future Shock*. London: Pan.

(1972), *Le choc du futur*, trad. Sylvie Laroche, Solange Metzger. Paris : Denoël.

Vico, Giambattista (1827), *Principes de la philosophie de l'histoire*, trad. de l'italien par Jules Michelet. Paris : J. Renouard.

Voegelin, Eric (1956), *Order and History. Volume 1, Israel and Revelation* [Ordre et histoire. Volume 1, Israël et la révélation]. Columbia, MO: University of Missouri Press.

Walzer, Michael (1994), *Thick and Thin*. Notre Dame, IN: University of Notre Dame Press.

(2004), *Morale maximale, morale minimale*, trad. C. Fort. Paris Bayard.

(ed.) (1995), *Toward a Global Civil Society* [Vers une société civile mondiale]. Providence, RI: Berghahn Books.

Warren (ed) (1999), *Democracy and Trust* [Démocratie et confiance]. Cambridge: Cambridge University Press.

(2001), *Democracy and Association* [Démocratie et association]. Princeton, NJ: Princeton University Press.

Weber, Max (1952), *Ancient Judaism*. New York : Free Press.
(1985), *The Protestant Ethic and the Spirit of Capitalism*. London: Unwin.
(1991), *L'éthique protestante et l'esprit du capitalisme*, trad. Jacques Chavy. Paris : Pocket.
(2010), *Le judaïsme antique*, trad. de l'allemand par Isabelle Kalinowski. Paris : Flammarion.

Wells, H. G. (n.d.), *The Study of History* [L'étude de l'histoire]. London: George Newnes.
(1936), *Abrégé de l'histoire du monde*. Paris : Jeheber.

Whitehead, Alfred North (1942), *Adventures of Ideas* [L'aventure des idées]. Harmondsworth: Penguin.

Williams, Bernard (1985), *Ethics and the Limits of Philosophy* [La morale et les limites de la philosophie]. London: Fontana.

Wilson, Edward O. (1999), *Consilience*. London: Abacus.
(2000) *L'unité du savoir. De la biologie à l'art, une même connaissance*, trad. C. Winter. Paris : Robert Laffont, 2000.

Wright, Robert (1995), *The Moral Animal*. London: Little, Brown & Co.
(2005), *L'animal moral : Psychologie évolutionniste et vie quotidienne*, trad. Anne Béraud-Butcher. Paris : Folio Documents.
(2000), *Nonzero: The Logic of Human Destiny* [Somme nulle: La logique de la destinée humaine]. New York: Pantheon.

Notes de fin de chapitres

CHAPITRE 1 : PROLOGUE

1 Parmi les ouvrages qui examinent la dimension morale, voir Booth et al. 2001 ; Bentley et Jones 2001 ; et Stackhouse 2000 et 2001.
2 Rawls 1993, pp. 212-254, et Rawls 1999, pp. 129-180. En français : Rawls 2016 et 1998.
3 Samuel Huntington, « Religious Persecution and Religious Relevance in Today's World » [« Persécution religieuse et cohérence religieuse dans le monde d'aujourd'hui »], in Abrams 2001, pp. 60-61.
4 Jonathan Swift, Pensées sur divers sujets moraux et divertissants.
5 Voir Howard 2000. [Traduction libre].
6 Voir Cupitt 1984, pp. 139-147. En français : Marx 2010, p. 10.
7 Fukuyama 1999, pp. 231-245. En français : Fukuyama 2003.
8 Voir Sacks 2001.
9 Berlin 2002, p. 217. En français : Berlin 1990. [Traduction libre].
10 Sandel 1984, p. 8. En français : Sandel 1999. [Traduction libre].
11 *Maïmonide, Michné Torah, Hilkhot Melakhim,* 8, 11. Voir R. Abraham Isaac Kook, *Igrot Raya,* l, 89, qui affirme que le Sage a sa place dans l'au-delà.

CHAPITRE 2 : LA MONDIALISATION ET SES MÉCONTENTS

1 Whitehead 1942. [Traduction libre].
2 Naisbitt et Aburdene 1990. [Traduction libre].
3 Clinton 2001.

4 Donne 1930, pp. 537-538. En français : Donne 2001, Méditation XVII.
5 Moore et Lewis 1999.
6 Voir Landes 1998 ; Jay 2001. En français : discours cité dans Mathis 2009, p. 93.
7 Cité dans Barber 2001, p. 130. En français : Barber 1996.
8 Hertz 2001, pp. 36-37.
9 Barber 2001, p. 27. En français, Barber 1996.
10 Held 2000, p. 175.
11 Gordon Brown, Discours à l'Assemblée générale des Nations Unies, Session extraordinaire consacrée aux enfants, 10 mai 2002.
12 Harrison et Huntington 2000, p. xviii.
13 Held et McGrew 2000, pp. 342-343.
14 Hertz 2001, pp. 38-61.
15 Barber 1992. En français : Barber 1996.
16 Schumpeter 1947, p. 143. En français : Schumpeter 1942, 2e partie, p. 155.
17 James 1997.
18 Reich 1992 et 2001. En français : Reich 1997.
19 MacIntyre 1981, p. 2. En français : MacIntyre 1997, p. 4.
20 Williams 1985.
21 Jonas 1984. En français, Jonas 2013.
22 Rawls 1993. En français : Rawls 2016.
23 Bauman 1998.
24 Tocqueville 1968, p. 364. En français : Tocqueville 1850, p. 357.
25 Berger 1999. En français : Berger 2001.
26 Fukuyama 1989. En français : Fukuyama 1992.
27 Huntington 1996. En français : Huntington 1996.
28 Barber 1992. En français : Barber 1996.
29 Ignatieff 1996, p. 2. [Traduction libre].
30 *Ibid.*, p. 189. [Traduction libre].
31 Schumpeter 1947. En français, Schumpeter 1942, p. 94.
32 Voir Hirschman 1997. En français : Hirschman 2014.
33 Aristote 1988, p. 1261a. En français, Aristote 1874, Livre II, ch. 1, par. 4, p. 51 : « Ainsi, fût-il possible de réaliser ce système, il faudrait s'en garder, sous peine d'anéantir la cité. »

CHAPITRE 3 : LA DIGNITÉ DE LA DIFFÉRENCE : EXORCISER LE SPECTRE DE PLATON

1 Berlin 2002, p. 212. En français : Berlin 1990.
2 Voir Barzun 2000, pp. 692-712.
3 Platon 1955. Partie 7, 7. En français : Platon, 1987, Livre VII, pp. 273-276.

4 Après avoir développé cette idée, j'ai découvert un autre penseur qui était parvenu à la même conclusion : voir Gunton 1993, notamment pp. 41-73.
5 Dans son commentaire *Ha'amek Davar* de la Genèse, chap. 11.
6 Tosefta, *Sanhedrin*, ch. 13 ; Maïmonide, *Michné Torah, Hilkhot Techouva*, 3, 5.
7 Ridley 1999, pp. 21-22. En français : Ridley 2001. [Traduction libre].
8 Cette idée est longuement discutée dans la littérature du mysticisme juif.
9 Psaumes 145, 9. Sur la bénédiction donnée à Ismaël, voir Genèse 17, 20. Sur le commandement de ne pas haïr les enfants d'Esaü, voir Deutéronome 23, 8.
10 Voir Sandel 1982. En français : Sandel 1999.
11 Walzer 1994, p. 8. En français : Walzer 2004. [Traduction libre].
12 Voir Sacks 2000.
13 L'étranger biblique est soit le résident étranger qui ne partage pas notre religion, soit le converti qui ne partage pas notre ascendance biologique.
14 Exode 23, 9.
15 Lévitique 19, 33-34.
16 Michna, *Sanhedrin*, chap. 4, par. 5.
17 Berlin 2002, p. 345. En français : Berlin 1990. [Traduction libre].
18 *Berechit Rabba* 8, 5.
19 Tels sont les principes duels de la révélation et de l'interprétation : la première vient « du Ciel », la seconde « n'est pas au Ciel ». Michna, *Sanhedrin* 10, 1 ; *Baba Metsia* 59b.
20 Rabbi A. I. Kook, *Onot*, Jérusalem, 1990, 152.
21 Michna, *Avot* 4, 1.

CHAPITRE 4 : LE CONTRÔLE : LE DEVOIR DE RESPONSABILITÉ

1 En français : Maïmonide 1866, III, 32, p. 250.
2 Wright 2000, p. 50.
3 Toffler 1971, p. 341. En français : Toffler 1972.
4 Friedman 2000, p. 112. En français : Friedman 2001.
5 Gladwell 2001. En français : Gladwell 2016.
6 Bellah et al. 1988, p. 277. [Traduction libre].
7 Geer et al. 1970.
8 Langer et Rodin 1976.
9 Voir, par exemple, Berger et al. 1973.
10 Cité dans Bauman 1998, p. 91.
11 Demos 1998, p. 3.
12 Bauman 1998, pp. 77-102.
13 Burke 1993, pp. 95-96. En français : Burke 1823, pp. 173 et 175.
14 Reich (2001), pp. 172-189.

15 Smith (1976), p.126. En français : Smith 2003, p. 103.
16 Ici, voir Sacks (2000).
17 Friedman (2000), pp. 101-111. En français : Friedman 2001.

CHAPITRE 5 : LA CONTRIBUTION : LA DIMENSION MORALE DE L'ÉCONOMIE DE MARCHÉ

1 Friedman 2000, pp. 101-111. En français : Friedman 2001.
2 Soros 1998.
3 Talmud de Babylone, *Chabbat*, 119b.
4 *Mekhilta* sur l'Exode 15, 26.
5 Talmud de Babylone, *Baba Kama*, 30a.
6 Weber 1985. En français : Weber 1991.
7 Novak 1993.
8 Wright 2000, pp. 156-158, 376-377.
9 Sombart 1997, p. 19. En français : Sombart 2012, p. 42.
10 Voir Buber 1996. En français : Buber 2016.
11 Voir Dennis et Hasley 1988 ; Dale 2000.
12 Plato 1955, p. 161. En français : Platon 1987, p. 59.
13 Aristotle 1988, p. 168. En français : Aristote 1874, VI, III, 11.
14 Cité dans Hirschman 1997, p. 106.
15 Voir Acton 1993, pp. 32-33.
16 Cité in Acton 1993, p. 57. [Traduction libre].
17 Landes 1998. En français : Landes 2000.
18 Michna, *Avot*, 3, 2.
19 *Avot de Rabbi Natan*, Chapitre II.
20 Talmud de Babylone, *Berakhot*, 8a.
21 Talmud de Babylone, *Pessa'him*, 118a.
22 Rabbénou Be'hayé ben Acher, *Kad hakema'h*, cité dans Tamari 1987, p. 31.
23 Maïmonide, *Michné Torah, Hilkhot Guezéla véAvéda*, 6, 8-11.
24 Voir Meilaender 2000, p. 6.
25 Tosefta, *Kiddouchin*, 1, 11.
26 Maïmonide, *Michné Torah, Hilkhot Talmud Torah*, 3, 10.1
27 Voir Stitskin 1982, p. 83.
28 Talmud de Jérusalem, *Berakhot*, 9, 2.
29 *Mekhilta* de Rabbi Shimon bar Yo'haï, 18, 13.
30 Midrach Tan'houma, *Tazria* dans Lévitique 12, 3.
31 Cité dans Acton 1993, p. 45. En français : Lemercier de la Rivière 2024, p. 307.
32 Weber 1952. En français : Weber 2010. Voir aussi Berger 1967.
33 Talmud de Jérusalem, *Kiddouchin*, 4, 12.
34 Deutéronome 26, 11.

35 Talmud de Babylone, *Nedarim*, 7b ; *Baba Batra*, 116a ; *Chemot Rabba* 31, 14.

36 Smith 1986, Livre I, Chapitre II, p. 119. En français : Smith 1999, t. 1, p. 12.

37 Smith 1937, p. 423. En français : Smith 1999, t. 2, p. 245.

38 *Berechit Rabba* 9, 7.

39 Galbraith 1992.

40 Talmud de Babylone, *Baba Batra*, 21a, 22a.

41 Novak 1992, p. 64. [Traduction libre].

42 Je suis redevable de cette idée à Joshua Rowe de Manchester.

43 *Voir Ridley 1996*, pp. 207-209.

44 Althusius 1995, p. 23. En français : Althusius 2023, p. 51. Un sentiment similaire est exprimé, au dix-huitième siècle, dans le texte de Jacques Savary, *Le parfait négociant* : « [La Providence de Dieu] n'a pas voulu que tout ce qui était nécessaire à la vie se trouvât en un même lieu, il a dispersé ses dons, afin que les hommes eussent commerce ensemble et que la nécessité mutuelle qu'ils ont de s'entraider pût entretenir l'amitié entre eux ».

45 Cité in Hirschman 1997, p. 80. En français : Montesquieu 1857, Livre XX, ch. II, p. 349.

46 Friedman 2000, pp. 248-275. En français : Friedman 2001. Friedman note que depuis qu'il a avancé cette théorie pour la première fois, il y a eu une exception : la campagne de l'OTAN au Kosovo en 1999.

CHAPITRE 6 : LA COMPASSION : LE CONCEPT DE TSEDAKA

1 *Financial Times*, 6 novembre 2001.

2 Micklethwait et Woolridge 2001, p. 256.

3 Zygmunt Bauman, *Whatever Happened to Compassion* [Qu'est-il advenu de la compassion], dans Bentley et Stedman-Jones 2001, pp. 51-56.

4 Held et McGrew 2000, pp. 341-347.

5 Reich 2001, p. 124.

6 Micklethwait et Woolridge 2001, p. 259.

7 Joseph Stiglitz, « Globalism' Discontents » [Les mécontents de la mondialisation], *The American Prospect*, 13.1 (1er janv. 2002-14 janv. 2002).

8 Susan Sechler, « Starved for Attention » [Affamés d'attention], *The American Prospect*, 13.1 (1er janv. 2002-14 janv. 2002).

9 Reich 2001, p. 230. [Traduction libre].

10 Waltzer 1994. En français : Waltzer 2004.

11 Gottwald 1980, p. 699. [Traduction libre].

12 *Ibid.*, p. 700.

13 Sen 1999, p. 284. [Traduction libre]. En français : Sen 2003.

14 *Ibid.*, p. 3.

15 Brown 2002.
16 Talmud de Babylone, *Ketoubot* 67b.
17 Maïmonide, *Michné Torah, Hilkhot Matanot Aniyim* 10, 7.
18 Lindblom 1962, p. 344. [Traduction libre].
19 Heschel 1962, p. 16. [Traduction libre].
20 Soros 2002, p. 14. [Traduction libre].
21 Talmud de Babylone, *Berakhot* 3b.
22 Bauman 1998, p. 2.

CHAPITRE 7 : LA CRÉATIVITÉ : LE RÔLE ESSENTIEL DE L'ÉDUCATION

1 Voir Hill 1994 ; Wright 2000, pp. 174-194.
2 Hill 1994, pp. 12-16.
3 Anderson 1991. En français : Anderson 2006.
4 Diringer 1962.
5 Ong 1992, p. 85. En français : Ong 2014.
6 *Ibid.*, pp. 78-116.
7 Diringer 1968 ; Man 2001.
8 *Voegelin 1966.*
9 *Troïlus et Cressida*, Acte I, sc. 3.
10 Voir Hillers 1969 ; Elazar 1995 et 1998.
11 Gottwald 1980, pp. 692-693. [Traduction libre].
12 Harrison et Huntington 2000, pp. xviii-xix.
13 Nye 2002. Le terme français pour « soft power » est un néologisme avalisé par la Commission d'enrichissement de la langue française du ministère français de la Culture (NdT).
14 Klein 2001. En français : Klein 2002.
15 Flavius Josèphe, *Contra Apionem*, pp. ii, 177-178. En français : Flavius Josèphe 1879, Livre second, chapitre VI.
16 Wells, Vol. 1, p.176. En français : Wells 1936.
17 Baron 1945, Vol. 2, p. 172. [Traduction libre].
18 Soros 2002, pp. 37, 84 ; Clinton 2001.
19 Assemblée Générale des Nations Unies, 10 mai 2002.

CHAPITRE 8 : LA COOPÉRATION : LA SOCIÉTÉ CIVILE ET SES INSTITUTIONS

1 Hobbes 1991, p. 70. En français : Hobbes 2004, 1ere partie, p. 88.
2 Hirschman 1997. En français : Vico 1827, p. 28.
3 Smith 1937, p. 423. En français : Smith (1843), Livre IV, ch. 2, p. 245.

4 L'histoire est très bien racontée dans Wright 1995 ; Ridley 1996 et Fukuyama 1999.
5 Charles Darwin, 1871, Vol. 1, p. 161. En français : Darwin 1881, p. 141.
6 Gladwell 2001, pp. 169-192. En français : Gladwell 2016.
7 Sur la confiance, voir Fukuyama 1995. En français : Fukuyama 1997. Voir aussi Seligman 1997.
8 En français : Mead 2006.
9 Elazar 1989, p. 19. [Traduction libre].
10 *Ibid.*
11 Fukuyama 1995, p. 11. En français : Fukuyama 1997, p. 11.
12 Burke 1993, p. 198. En français : Burke 1823, p. 366.
13 Tocqueville 1968. En français : Tocqueville 1850.
14 Sur le communautarisme et la société civile, voir Sacks 2000 et les ouvrages qui y sont cités. Voir aussi Dionne 1998 ; Eberly 1995 et 2000 ; Glendon et Blankenhorn 1995 ; Warren 1999 et 2001.
15 Robert Putnam, « Bowling Alone : America's Declining Social Capital » [Bowling en solitaire : le déclin du capital social en Amérique], *Journal of democracy*, (Janvier 1995) : pp. 65-78.
16 Reich 2001, pp. 65-83.
17 *Ibid.*, p. 83.
18 Soros 1998, p. 80. [Traduction libre].
19 Rifkin 2000, p. 112. En français : Rifkin 2005.
20 Gray 1997, p. 120. [Traduction libre].
21 Soros 2000. [Traduction libre].
22 Scruton 1998, p. 84. [Traduction libre].
23 Brittan 1995.

CHAPITRE 9 : LA CONSERVATION : LA DURABILITÉ ENVIRONNEMENTALE

1 Voir Diamond 1992, pp. 317-362. En français : Diamond 2011. [Traduction libre].
2 *Ibid.*, p. 365. [Traduction libre].
3 Mary Midgley, « L'individualisme et le concept de Gaia », dans Booth et al. 2001, pp. 29-44.
4 Passmore, 1980.
5 *Ibid.*, p. 27. [Traduction libre].
6 En français : Maïmonide 1866, *Le guide des égarés* 3, 13, p. 92. Sur les images bibliques de la nature, voir Brown 1999.
7 Hirsch 1969, p. 79. En français : Hirsch 1987.
8 Gompertz 1992, p. 51.
9 Hamlet, III, sc. 1.
10 Talmud de Babylone, *Taanit* 23a.

11 Jonas 1984. En français : Jonas 2013.
12 Hilary Putnam, « Cloning people » [Le clonage des personnes], in Burley 1999, pp. 1-13.
13 Scruton 1996, p. 108.
14 Voir, par exemple, la série d'ouvrages sur les religions et l'écologie du monde : M. Batchelor et K. Brown (éd.), *Christianisme et écologie* ; R. Prime (éd.), *Hindouisme et écologie* ; F. Khalid et J. O'Brien (éd.), *Bouddhisme et écologie* ; A. Rose (éd.), *Judaïsme et écologie* (Londres : Cassel 1992)
15 Lasch 1991, p. 530. En français : Lasch 2006. [Traduction libre].
16 Cité dans Nisbet 1980, p. 355. En français : Tocqueville 1850, t. II, p. 167.
17 Wilson 1999, pp. 332-333. En français : Wilson 2000.
18 Midrach *Kohelet Rabba* 7, 20.

CHAPITRE 10 : LA CONCILIATION : UN MOT POUR CHANGER LE MONDE

1 Sur le pardon et la conciliation, voir Johnston et Sampson 1994 ; Shriver 1995 ; Baum et Wells 1997 ; Etzioni et Carney 1997 ; Enright et North 1998 ; Gopin 2000 et Henderson 2002.
2 Montesquieu 1857, Livre XXV, ch. 9, p. 419.
3 Berlin 2002, p. 347. [Traduction libre].
4 Cité dans Shriver 1995, p. 34. En français : Arendt 1961, p. 301.
5 Ridley 1996, pp. 76-78.
6 Rachi sur la Genèse 1, 1.
7 Michna, *Yoma* 9.
8 Maïmonide, *Michné Torah, Hilkhot Déot*, 6, 6. [Traduction libre].
9 *Ibid.*, 6, 9. [Traduction libre].
10 *Ibid.*, 7, 8. [Traduction libre].
11 Ignatieff 1997, p. 188. En français : Ignatieff 1997. [Traduction libre].
12 *The Times*, 25, 26 mars 2002.

CHAPITRE 11 : UNE ALLIANCE D'ESPOIR

1 James, 1911, p. 194
2 Novak 1991. En français : Novak 1987.
3 Fukuyama 1992, p. 328. En français : Fukuyama 1992, p. 468.
4 *Ibid.*, p. 330. En français, p. 470.
5 *Ibid.*, p. 332. En français, p. 473.
6 Plamenatz 1963, p. 50. [Traduction libre].
7 Ignatieff 1993, p. 188. En français : Ignatieff 2000.
8 Setznick 1994, p. 480. [Traduction libre].

9 Michael Fishbane, « Torah et Tradition » dans Douglas Knight (éd.), Tradition et théologie dans l'*Ancien Testament* (Philadelphie, PA : *Fortress Press*, 1977), p. 278. [Traduction libre] ; voir aussi Michael Fishbane, *Interprétation biblique dans l'Israël antique* (Oxford, Clarendon Press, 1985), pp. 367-368.

10 Burke 1993, p. 96. En français : Burke 1823, p. 176.

11 Selznick 1994, p. 483. [Traduction libre].

Maggid Books
Le fleuron de la pensée juive contemporaine
Éditions Koren, Jérusalem

Imprimé en France par CPI
en mars 2025

Dépôt légal : mars 2025
N° d'impression : 183735